McLeods Töchter

Willkommen daheim

Trügerische Gefühle

2 Romane in einem Band

McLeods Töchter

Willkommen daheim

Roman von Thea Silva

Bibliografische Information Der Deutschen Bibliothek
Die Deutsche Bibliothek verzeichnet diese Publikation in der
Deutschen Nationalbibliografie;
detaillierte bibliografische Daten sind im Internet über
http://dnb.ddb.de abrufbar.

Die Romane »McLeods Töchter – Willkommen daheim« und
»McLeods Töchter – Trügerische Gefühle« von Thea Silva entstanden
auf Basis der gleichnamigen Fernsehserie von Posie Graeme-Evans und
Caroline Stanton und beruhen auf Episoden, verfasst von Michaeley O'Brien,
Margaret Wilson, Charlie Strachan, Claire Haywood, Sarah Smith, Jackie McKimmie
und Alexa Wyatt (Willkommen daheim) sowie John Honey, Chris Hawkshaw,
Dave Warner, Deborah Parsons und Alexa Wyatt (Trügerische Gefühle).
Eine Produktion von Nine Network, South Australian Film Corporation
und von Millennium Television, ausgestrahlt bei VOX.

© 2001 Nine Films and Television Pty Limited, Millennium Television Pty Limited
and The South Australian Film Corporation.

Originalausgabe: © 2007 vgs
verlegt durch EGMONT Verlagsgesellschaften mbH,
Gertrudenstraße 30-36, 50667 Köln
Alle Rechte vorbehalten

1. Auflage
Redaktion: Jutta Wallrafen
Lektorat: Christine Weidenweber
Produktion: Sandra Pennewitz
Umschlaggestaltung: Petry & Schwamb, Freiburg
Titelfoto und Bildstrecke: © 2001 Nine Films and Television Pty Limited,
Millennium Television Pty and The South Australian Film Corporation.
Satz: Achim Münster, Köln
Druck & Verarbeitung: Clausen & Bosse, Leck
ISBN 978-3-8025-3612-0

www.vgs.de

1. Kapitel

Wie an einem endlosen Band brausten Autos über die breiten Boulevards von Melbourne. Neonreklamen sandten zuckende Strahlen in den morgendlich grauen Himmel. In rhythmischem Wechsel floss der Verkehr oder hielt inne, wenn an den Straßenkreuzungen die Fußgängerampel auf Grün sprang und sich ungezählte Beinpaare rasch zur gegenüberliegenden Straßenseite bewegten.

Eine hübsche junge Frau überquerte die Straße, ohne auf das Chaos zu achten, das sie umgab. Sie schlenkerte aufgedreht ihre Tasche, während sie ein Handy an ihr Ohr hielt.

»Ja«, bestätigte sie ihrem Gesprächspartner lachend, und ihr Gesicht strahlte vor Glück. »Ich kann es selbst noch gar nicht fassen. Der reine Wahnsinn! Doch ... ja, natürlich, du kannst es erzählen. Du kannst es allen erzählen. Und stoßt auf mich an!«

Sie legte auf und lächelte, schüttelte aber gleichzeitig ungläubig den Kopf. Bilder, die in starkem Kontrast zur Hektik der Stadt standen, tauchten plötzlich in ihrem Gedächtnis auf: ruhige, sonnige Landschaften im australischen Outback, unendlich weite, grüne Wiesen und Herden von Rindern und Schafen, die gelassen dahinzogen, von Cowboys bewacht.

»Du bist reich«, sagte die junge Frau zu sich selbst. »Tess Silverman, du bist unglaublich reich!«

Wenige Tage später machte sich Tess in ihrem alten Käfer Cabriolet auf den Weg. Seit ihrer Kindheit war sie nicht mehr dort gewesen – draußen auf dem Land, etwa vierhundert Kilometer von Melbourne entfernt, auf Drover's Run, der Farm, die ihr Vater Jack McLeod bis zu seinem Tod bewirtschaftet hatte. Einen kurzen Augenblick lang fragte sie sich, ob es eigentlich glückliche Jahre gewesen waren, die sie dort verbracht hatte. So glücklich, wie sie sein können, wenn man eine Halbschwester zur Spielkameradin hat, jede Menge Tiere auf der Farm und das Gefühl unendlicher Freiheit, das sich in Anbetracht der Landschaft einstellt, gab sie sich selbst die Antwort. Und so unglücklich, wie jedes Kind ist, wenn die Eltern sich immer schlechter verstehen und nur noch streiten. Bis sie eines Tages auseinandergehen.

Die Nachricht vom Tod ihres Vaters hatte Tess mit einigen Wochen Verspätung erreicht. Hätte sie es nicht irgendwie spüren müssen, dass ihr Vater tot war? Mit einer fahrigen Bewegung wischte sie sich eine Haarsträhne aus der Stirn, die der Fahrtwind gelöst hatte. Die große Traurigkeit über den Tod der Mutter hatte einfach keine anderen Gefühle zugelassen. Ruth Silverman, Tess' Mutter, war vor zwei Monaten nach langer Krankheit gestorben. Eine Woche vor Jack McLeod, ihrem Ex-Mann.

Sobald Drover's Run in Sicht kam, drosselte Tess die Geschwindigkeit ihres Wagens. Für einen Augenblick schien ihr der Anblick fast fremd. Aber mit jedem Meter, den sie näher kam, kamen auch die Erinnerungen wieder: die Biegungen des Weges, die sanften Hügel, der Blick durch die

Bäume und Sträucher auf das Anwesen mit dem Haupthaus und dem davor gelegenen kleinen Haus der Haushälterin.

Aller Zweifel wich aus Tess' Gesicht und machte einem Lächeln Platz. Das war Drover's Run, ihr altes Zuhause! Genau so, wie sie es in Erinnerung hatte. Sie schaltete einen Gang zurück und fuhr endlich auf den mit Kies bestreuten Hof.

Als sie ausstieg und über den knirschenden Kies auf das Haupthaus zuschritt, schlug ihr eine trockene Hitze entgegen. Das Zirpen der Zikaden erfüllte die Luft wie das Zwitschern eines Vogelschwarms. Tess betrachtete die weiß lackierte Haustür. Es schien eine Weile her zu sein, dass sie einen neuen Anstrich erhalten hatte. Tess klopfte erwartungsvoll an, schüttelte aber gleich darauf mit schmerzverzerrtem Gesicht ihre Hand und blies sich auf die Knöchel. Sie hatte vergessen, wie solide Drover's Run – und damit auch die Tür – gebaut war.

Im Inneren des Hauses war Meg gerade mit dem Abwasch beschäftigt. Die etwa vierzig Jahre alte Frau arbeitete schon sehr lange als Haushälterin auf der Farm. Sie wischte sich die Hände an der Küchenschürze ab und ging hinüber ins Esszimmer, wo sich Claire McLeod, die älteste Tochter des verstorbenen Farmbesitzers, noch eine kurze Pause nach dem Essen gönnte und ein Kreuzworträtsel löste.

»Wer benutzt denn da die Haustür?«, wunderte sich Meg.

Claire hatte bereits das Geräusch des heranfahrenden Wagens gehört und war nicht gerade begeistert. Sie klemmte sich eine Strähne ihres mittellangen braunen Haars hinter das Ohr.

»Das sind immer dieselben«, antwortete sie. »Makler!« Damit stand sie auf und ging zur Tür. »Ich habe doch gesagt, ich verkaufe nicht!«, rief sie schon vom Flur aus.

Sie umfasste energisch den Türknauf und zog. Die Tür bewegte sich jedoch nur ein winziges Stück, gerade so, dass die Zunge des Schlosses aus der Lade rutschte. »Die Tür klemmt!«, rief Claire. »Kommen Sie außen herum!«

»Außen herum?«, antwortete eine Frauenstimme von draußen. »Rechts oder links?«

Claire seufzte. Sie war eine praktische Frau. Das musste sie sein. Schon zu Lebzeiten ihres Vaters – und jetzt noch viel mehr, da sie die Farm allein führen musste. Und ob man rechts oder links um ein Haus herumlief – welchen Unterschied machte das?

»Warten Sie!«, sagte sie deshalb ungeduldig durch die geschlossene Tür. »Ich komme.«

»Vielleicht ... vielleicht geht sie auf, wenn ich von außen drücke?«, schlug Tess im selben Moment vor. Sie fasste den Knauf und warf sich mit der gesamten Kraft ihres zierlichen Körpers dagegen. Einmal, zweimal – beim dritten Mal gab die Tür nach. Tess machte einen Schritt in den kühlen Flur des Hauses, der im Gegensatz zum grellen Sonnenlicht draußen recht dunkel wirkte. Nur schemenhaft nahm sie das Mobiliar wahr: den dunklen Tisch mit dem Telefon, einen Stuhl ... Alles war genau so wie in ihrer Kindheit.

»Was wollen Sie?«, drang Claires Stimme wieder an ihr Ohr.

Claire stand nun im Hof. Sie trug Jeans und ein Top, dem die Arbeit in der Landwirtschaft deutlich anzusehen war.

Das Hemd, das die junge Frau im Freien brauchte, um sich gegen die Sonne zu schützen, hatte sie sich um die Hüfte geknotet.

Tess, die durch den Flur wieder nach draußen gelangt war, erkannte in der resoluten Frau, die ihr gegenüberstand, ihre Halbschwester und lächelte herzlich.

»Claire!«, sagte sie, und ihre Stimme klang warm. »Ich bin's. Tess!«

Claires Gesichtsausdruck wechselte von Argwohn zu Zweifel – und im selben Augenblick zu einer eigentümlichen Art von Verwunderung. »Tess«, wiederholte sie, und an ihrer Stimmlage war nicht zu erkennen, ob es sich um ein ungläubiges Nachfragen oder um eine kühle Feststellung handelte. Sie musterte ihre Halbschwester kurz. »Du siehst aus wie deine Mutter.«

Tess lachte. Sie wusste, dass sie ihrer Mutter wie aus dem Gesicht geschnitten war. Und sie war sich sicher, dass auch Claire – wie jeder, der die Ähnlichkeit bemerkte – dies als Kompliment gemeint hatte.

Sie öffnete die Arme, um ihre Schwester zu begrüßen. »Hallo, Claire ...«

Ohne sich von der Stelle zu rühren, blieb Claire stehen und sah ihre Schwester irritiert an.

Verunsichert ließ Tess die Arme sinken. »Wollen wir ... wollen wir nicht vielleicht hineingehen?«, fragte sie.

Claire deutete wortlos auf die halb geöffnete Tür.

Eine spärliche Beleuchtung, die Claire im Inneren des Hauses einschaltete, erhellte den Flur nun ein wenig. Tess sah sich scheu um. Ihr Blick glitt über die mittlerweile abgewetzten Teppiche hinauf zu den Wänden mit den Bildern. »Ich hatte fast vergessen, wie schön es hier ist«, versuchte sie ein Gespräch zu beginnen. »Das Haus, die Bäume und die Hügel – wie auf einem alten Bild. Und dass es so groß ist, hatte ich schon fast vergessen. Und jetzt soll mir die Hälfte davon gehören«, brach es plötzlich aus ihr heraus, nachdem sich ihre Augen allmählich an das Dämmerlicht gewöhnt hatten und sie die Zeugnisse alter und gediegener Wohlhabenheit erkannte. »Ich kann es wirklich noch gar nicht richtig glauben!«

Vorsichtig, wie ein Kind, das sich einem Geschenk nähert, von dem es niemals erwartet hätte, dass es ihm jemals gehören könnte, machte Tess einige Schritte den Gang entlang.

»Dieser Geruch«, sagte sie und atmete tief ein. »Dieser Geruch nach ... nach Moder. Ja, Moder. Das ist der Geruch meiner Kindheit«, stellte sie fest. »Ich ... ich liebe diesen Geruch«, fügte sie dann schnell hinzu, als ihr klar wurde, dass die meisten Leute in ihren Häusern einen modrigen Geruch eher vermeiden würden. Schließlich wollte sie ihre Schwester nicht beleidigen. Tatsächlich schenkte Claire ihr einen recht misstrauischen Blick.

»Es ist ein angenehmer, ländlicher Duft«, fuhr Tess fort, während sie weiter durch den Flur schritt und dabei die Fotos an der Wand über dem dunklen Tisch mit dem Telefon darauf betrachtete; Fotos von der Farm, von Pferden, von Jack, von Jack und Claire.

Claire hörte ihrer Schwester kaum zu. Wie ein Blitz hatte sie dieses Wort getroffen, das Tess ganz beiläufig erwähnt hatte: die Hälfte. Die Hälfte der Farm. Schon als sie sich auf dem Hof gegenüberstanden, ahnte Claire nichts Gutes. Und warum kam sie jetzt erst? Ihr Vater war seit zwei Monaten tot. Aber vielleicht ist das nur konsequent, dachte sie bitter. Wenn man zwanzig Jahre nichts mehr von sich hat hören lassen – warum soll man es dann plötzlich eilig haben?

Tess bewegte sich auf eine dunkle Holztür im hinteren Teil des Flures zu.

»Und das hier«, sagte sie, »das war doch Jacks Büro, nicht wahr?«

Augenblicklich kehrten Claires Gedanken in die Gegenwart zurück. »Möchtest du etwas trinken?«, fragte sie, bevor Tess die Tür zum Büro öffnen konnte.

Tess wandte sich um. »Ja, gern«, antwortete sie verbindlich und folgte Claire in die Küche. Noch bevor Claire Wasser in ihre Gläser füllen konnte, kam Meg hinzu.

»Tess?«, fragte sie, nachdem sie die junge Frau einen Augenblick lang erstaunt angesehen hatte. »Das ist ja eine Überraschung!« Herzlich umarmten sich die beiden. »Soll ich jetzt sagen, dass du groß geworden bist?« Lachend hielt sie Tess nun wieder ein Stück von sich und betrachtete sie. »Du siehst aus wie deine Mutter. Wie geht es ihr?«

Mit dieser Frage hatte Tess gerechnet. Und obwohl ihr die Antwort schwerfiel, war sie doch erleichtert, den Menschen, die zumindest irgendwann mal ihre Familie gewesen waren, vom Tod ihrer Mutter berichten zu können.

»Eigentlich doch romantisch, nicht wahr?«, schloss sie und bemühte sich tapfer um ein Lächeln. »Innerhalb von einer Woche. Erst Ruth und dann Jack. Entschuldigung«, sagte sie schnell und wandte sich ab. Sie war den Tränen nahe und brauchte ein Glas Wasser, um den Knoten hinunterzuspülen, der sich plötzlich in ihrem Hals gebildet hatte.

»Na ja«, fuhr sie dann fort, nachdem Meg dafür gesorgt hatte, dass sich in ihrem Glas frisches Wasser aus dem richtigen Hahn befand – und nicht das braune ungenießbare aus der alten Zisterne. »Jedenfalls dachte ich, wir müssten mal besprechen, wie es jetzt weitergehen soll. Mit dem Besitz, meine ich ...«

Für einen Augenblick waren Claires Gesichtszüge ganz weich geworden, als Tess vom Tod ihrer Mutter erzählte und berichtet hatte, wie sie seitdem häufig hin- und hergezogen war. Nun warf sie Meg einen vielsagenden Blick zu. »Ich ... ich muss wieder an die Arbeit«, informierte sie ihre Schwester kurz.

»Natürlich, ich dachte nur ...«, begann Tess. Mit einem Mal durchzuckte sie ein Gedanke, der ihr bislang keinen Moment in den Sinn gekommen war. Dass man hier vielleicht nicht gerade auf sie gewartet hatte ... »Ich dachte, ich bleibe zum Essen«, beendete sie ihren Satz leise.

»Wir haben schon gegessen, und ich habe keine Zeit mehr«, antwortete Claire, ohne eine weitere Regung zu zeigen. »Ich muss zu den Rindern. Aber du kannst gern noch etwas essen«, fügte sie hinzu. »Fühl dich ganz wie ...«, sie verschluckte den Rest des Satzes. »Nimm dir einfach, was du brauchst.« Damit verließ sie die Küche und stapfte im nächsten Augenblick über den Kieshof.

Tess sah ihr nach. Dann rieb sie sich mit den Händen über ihre nackten Arme. Trotz der Hitze draußen war ihr plötzlich kalt.

*E*s war keine Ausrede. Selbstverständlich hatte Claire zu tun. Auch wenn sie sich vor der Ankunft ihrer Schwester einen Moment Ruhe gegönnt hatte. Aber jetzt war es Zeit, weiterzumachen!

Seitdem ihr Vater gestorben war, war sie allein für die Farm verantwortlich, was weder bei den Leuten in der kleinen Stadt Gungellan noch bei den übrigen Farmern im näheren Umkreis auf positive Resonanz stieß. Dass eine Frau – weder verheiratet noch mit einem Mann an ihrer Seite – allein eine Farm führte, an diesen Gedanken musste man sich im australischen Outback wohl erst noch gewöhnen.

Bruce, Gary und Ian saßen vor einer kleinen Hütte neben der Pferdekoppel. Sie hatten eine Box mit Sandwiches zwischen sich stehen. Claires Vater hatte die drei Männer erst vor wenigen Monaten eingestellt. Es war nicht einfach, tüchtige und zuverlässige Cowboys zu finden, aber mittlerweile waren die drei ein eingespieltes Team. Sie schienen gerade irgendwelche finanziellen Dinge miteinander zu regeln. Aber worum es sich handelte – das ging sie nichts an. Auch wenn sie die Chefin auf Drover's Run war.

»Auf, Männer, weiter geht's«, rief sie den Cowboys beim Näherkommen zu.

Gary, der Wortführer unter den dreien, steckte schnell sein Geld in die Tasche. Er erhob sich und ging auf Claire zu. »Jack hat uns immer eine ganze Stunde Mittagspause gegeben«, sagte er in vorwurfsvollem Ton und schob die Hände in die Hosentaschen.

»Eine Stunde – sofern die Arbeit es zuließ«, ergänzte Claire. »Was im Moment nicht der Fall ist. Außerdem: Jetzt habe ich hier das Sagen«, fuhr sie fort. »Und ich sage: an die Arbeit!« Damit ging sie selbst voran.

Obwohl sie die Blicke der Männer im Rücken spüren konnte, ließ sie sich nichts anmerken. Bereits seit einigen Tagen gab es Schwierigkeiten. Morgen sollten die Rinder in der etwas weiter entfernt gelegenen größeren Stadt Pinnaroo versteigert werden, und Claire bestand auf einer möglichst schonenden, ruhigen Behandlung der Tiere. Dafür hatten ihr die Männer schon den Spitznamen »die Kuhflüsterin« verpasst. Claire störte sich nicht daran, denn ruhige, nicht gehetzte Rinder, das wusste sie, erzielten bei Versteigerungen die höchsten Preise. Und nur darum ging es ihr am morgigen Tag.

Unterdessen sah Tess sich ein wenig im Haus um. Dazu hatte Claire sie zwar nicht ausdrücklich aufgefordert – aber immerhin hatte Tess hier auch einmal gewohnt. Grund genug also, sich alles anzusehen.

Trotzdem betrat sie nur zögerlich den ersten Stock des Hauses. Sie näherte sich gerade dem Zimmer ihres Vaters, als eine Stimme sie aus ihren Gedanken riss: »Da würde ich nicht hineingehen.«

Tess fuhr herum. Vor ihr stand ein vielleicht siebzehn Jahre altes Mädchen. Sie hatte blondes, lockiges Haar und wirkte in ihrer Trainingskleidung sehr sportlich. Ein eher untypisches Merkmal für die Bewohner von Drover's Run.

»Hallo, ich bin Jodi«, stellte sie sich vor. »Du siehst Claire aber gar nicht ähnlich!«, platzte sie gleich heraus.

Tess lächelte verlegen. »Nun, weißt du, das hat eigentlich einen ganz einfachen Grund: Wir ... wir haben verschiedene

Mütter. Aber ... aber denselben Vater«, erklärte sie ein wenig hilflos.

Jodi schien gut informiert zu sein. Sie nickte beiläufig und bot Tess an, sie herumzuführen.

»Arbeitest du hier?«, fragte Tess, während sie dem unbekannten Mädchen durch den Flur folgte.

»Nein«, antwortete Jodi mit einem Lachen, das die Abwegigkeit dieses Gedankens erkennen ließ. »Ich wohne hier. Das heißt drüben, in dem kleinen Haus. Mit meiner Mutter. Mit Meg.«

Meg hat eine erwachsene Tochter!, schoss es Tess durch den Kopf. Und ich habe sie noch nie gesehen!

Während Jodi erzählte, dass sie gerade die Highschool beendet hatte und während der Ferien auf Drover's Run nun die Ergebnisse der Prüfungen abwartete, wurde Tess bewusst, wie viel Zeit vergangen war. Sie gelangten zu einer Tür, die bei ihr besondere Erinnerungen wachrief. »Das da! Das war mein Zimmer.« Sie ging ein wenig schneller darauf zu.

»Dein Zimmer? Das kann nicht sein. Das war doch immer schon ...«, rief Jodi und wollte ihr zuvorkommen. Aber Tess hatte die Tür bereits aufgestoßen. Vor ihr türmte sich ein unbeschreibliches Chaos auf.

»Das war immer schon die Abstellkammer. Jedenfalls so lange, wie ich mich erinnern kann«, beendete Jodi ihren Satz seufzend.

Nach diesem Anblick hatte Tess erst einmal genug vom Haus gesehen. Jodi wollte sie gerade hinunterführen, als draußen das Brummen eines Helikopters zu hören war.

Tess beschloss, sich draußen ein wenig umzusehen. Da Jodi mit der Farm selbst eigentlich gar nichts zu tun hatte, verabschiedetet sie sich und verschwand mit einem freundlichen Winken.

Der Hubschrauber war in unmittelbarer Nähe der Pferdekoppel gelandet. Der Pilot stand neben Claire auf der Wiese, und es schien, als würden sich die beiden gut kennen. Und wieder durchzuckte Tess der Gedanke, dass seit ihrer Kindheit auf Drover's Run viel Zeit vergangen war. Dass sich die Nachbarn in dieser Gegend mittlerweile mit Hubschraubern besuchten und nicht mehr nur mit Pferden, war wohl mittlerweile normal.

Als Tess die Koppel betrat, hörte sie noch, wie der Pilot und Claire über Rinderpreise sprachen. Claire erklärte gerade, dass ihre Rinder bei der morgigen Versteigerung mit Sicherheit den besten Preis erringen würden.

Der Pilot erblickte Tess, die ihm im Näherkommen die Hand entgegenstreckte.

»Guten Tag, ich bin Tess Silverman, Claires Schwester aus Melbourne«, stellte sie sich vor. »Starker Auftritt, wie Sie hier angekommen sind. Haben wir auf Drover's Run eigentlich auch so ein Ding?«, erkundigte sie sich bei Claire mit einer Kopfbewegung Richtung Hubschrauber.

»Klar. Und der Rolls-Royce ist gerade in der Inspektion«, kam die prompte Antwort.

Der Hubschrauberpilot ließ Tess' Hand nur langsam wieder los. »Ich bin Alex Ryan«, stellte er sich vor. »Einer der Söhne von der Killarney-Farm. Ich wusste gar nicht, dass du eine Schwester hast«, wandte er sich dann an Claire.

»Eine Halbschwester«, korrigierte Claire kühl.

»Bleiben Sie länger?«, überging Alex ihren Einwand.

»Ich ... äh ... ich weiß nicht. Ich muss ein paar Dinge mit Claire besprechen ...«, antwortete Tess irritiert. Hatte Claire sie verletzen wollen? Oder gehörte es einfach zu ihrer Schwester, sich in der rauen, schnörkellosen Sprache der Farmer auszudrücken?

»Falls Claire Sie nicht unterbringen kann«, fuhr Alex fort und lächelte Tess charmant an, »gehen Sie nicht in den Pub. Kommen Sie zu uns! Wir haben immer ein Bett frei.«

Tess lächelte. Hatte da nicht jemand gerade bewiesen, dass auch die raue, schnörkellose Sprache der Farmer durchaus charmant und freundlich sein konnte? »Das ist sehr nett von Ihnen. Danke«, antwortete Tess.

»Also, Alex«, schaltete Claire sich jetzt wieder in das Gespräch ein. »Wann bist du morgen mit dem Aufladen deiner Herde fertig?«

»Wie immer«, antwortete Alex. »Zwischen sieben und halb acht.«

»Okay. Dann kann ich also gegen acht mit dem Viehtransporter rechnen.« Sie fasste Alex am Arm und zog ihn mit sich.

»Auf Wiedersehen, Tess«, rief Alex im Weggehen. »Bis demnächst.«

»Bis demnächst«, antwortete Tess lächelnd. Sie ging zum Haus zurück, und ihr im Wind flatternder Rock verursachte ein angenehm kühlendes Gefühl auf den nackten Beinen.

Claire rammte Alex, der sich noch einmal nach Tess umsah, den Ellbogen in die Seite. »Lass das!«, warnte sie ihn.

»Warum denn?«, entgegnete Alex. »Ich bin ein Mann. Und sie – eine Frau.«

»Tatsächlich? Eine Frau also?«, fragte Claire und sah ihn von der Seite an. »Und was bin ich deiner Meinung nach?«

Alex erwiderte ihren Blick einen Moment lang. »Du bist ...«, sagte er dann grinsend, »du bist Claire.«

Während Tess zum Wohnhaus zurückkehrte, fuhr ein Pick-up auf den Hof und bog rasant um eine Mauer herum. Nur flüchtig konnte Tess die Aufschrift eines Ladens auf der Wagentür erkennen. Am Steuer saß ein junges, hübsches Mädchen mit einem blonden Pferdeschwanz. Offenbar brachte sie Lebensmittel, die Claire oder auch Meg in Gungellan bestellt hatten.

Zur gleichen Zeit schlenderten auch die Cowboys über den Hof und bogen um die Ecke. Wahrscheinlich wurde auch für sie einiges mitgebracht. Als Tess kurz darauf den Pick-up erblickte, blieb sie erst einmal schockiert stehen.

Das Mädchen, das eben noch hinter dem Steuer des Pick-ups gesessen hatte, stand jetzt neben dem Wagen und hob gerade ihr Top, um den Männern einen Blick auf ihre durchaus sehenswerten Brüste zu gewähren. Als sie Tess erblickte, zog sie das Top wieder nach unten, und die Cowboys verschwanden.

»Kann ich ... kann ich Ihnen helfen?«, sprach das Mädchen Tess etwas verschämt an.

Tess schüttelte den Kopf und lachte. »Kann ich dir vielleicht helfen?«, gab sie zurück.

»Nein. Ich fahre nur die Lebensmittel aus.«

Zur Bestätigung nahm sie einen der prallgefüllten Pappkartons von der Ladefläche des Pick-ups.

»Auch dabei kann man sich helfen lassen«, erwiderte Tess. Sie schnappte sich ebenfalls einen Karton mit Lebensmitteln. »Ich bin Tess. Claires Schwester.«

»Ich bin Becky«, antwortete das Mädchen und musterte Tess. »Du siehst Claire aber gar nicht ähnlich.«

»Wir sind Halbschwestern«, erklärte Tess.

Becky blies sich den blonden Pony aus der Stirn. »Und ich hab schon gedacht, wir wären die einzige kaputte Familie im Land«, antwortete sie grinsend.

Den ganzen übrigen Nachmittag nahm niemand richtig Notiz von Tess. Sie vertrieb sich die Zeit damit, um das Haus herumzustreichen und ihren Gedanken und Erinnerungen nachzuhängen.

Es wurde schon fast dämmrig, als Claire auf den Treppenstufen der Terrasse saß und mit Meg redete.

»Hat sie dir schon gesagt, weswegen sie hier ist?«, erkundigte sie sich bei ihrer Haushälterin.

Meg, die mit einem großen Besen dabei war, die trockenen Blätter der umstehenden Bäume aufzukehren, hielt inne. Sie sah Claire an. »Darüber muss man ja wohl nicht lange nachdenken«, entgegnete sie.

Ohne dass Meg sich genauer ausgedrückt hätte, war Claire vollkommen klar, was sie meinte. Sie seufzte und sah zu Boden. Natürlich ging es um das Erbe. Es hatte keinen Sinn, sich deswegen etwas vorzumachen. »Aber ... ich weiß nicht, was ich ihr sagen soll«, sagte sie mit einem Schulterzucken.

Meg stützte das Kinn auf den Besenstiel und sah Claire nachdenklich an. Seit vielen Jahren lebten sie zusammen auf der Farm.

»Vielleicht solltest du Tess für den Anfang einfach mal fragen, ob sie über Nacht bleiben möchte«, schlug sie vor.

Claires erster Impuls war Ablehnung. Aber bevor sie etwas einwenden konnte, wurden Schritte hörbar. Schritte, die sich über die Veranda zur Terrasse bewegten.

»Ich hoffe, ich störe nicht«, sagte Tess mit ihrer freundlichen, warmen Stimme.

Es gelang Claire kaum, sich nach ihr umzusehen. Hilfe suchend wanderten ihre Augen zu Meg.

Meg erwiderte ihren Blick mit einer Mischung aus Nachsicht und Ermutigung.

»Nein, Tess, du störst nicht«, antwortete sie und stützte sich wieder auf ihren Besen.

Claire wusste genau, dass dies der Moment war. Der Moment, in dem sie die Einladung aussprechen musste. Aber sie brachte es nicht über sich.

»Im Gegenteil«, fuhr Meg an ihrer Stelle fort. »Wir haben gerade von dir gesprochen. Claire wollte dich fragen, ob du über Nacht bleiben möchtest«, endete sie mit einem vielsagenden Blick zu Claire.

»Über Nacht?«, jubelte Tess. »Oh ja, liebend gern.«

Meg lächelte und fegte weiter. »Gut, dann werde ich dir gleich ein Bett beziehen.«

»Und ich muss unter die Dusche.« Claire stand auf, sah ihre Schwester kurz an und verschwand im Haus.

2. Kapitel

Tess war also eingeladen, über Nacht zu bleiben. Immerhin. Dennoch fühlte sie sich unbehaglich, als sie jetzt das Wohnzimmer betrat, wo Claire gerade den Tisch für das Abendessen deckte.

»Äh ... in meinem Zimmer ist ein Gecko«, begann sie etwas unsicher. »Nicht, dass ich Angst vor ihm hätte, aber ...«

Bevor sie zu Ende sprechen konnte, drehte ihre Schwester sich zu ihr um. Eine ihrer Augenbrauen war leicht in die Höhe gezogen. Tess kannte diese Miene. Claire hatte sie schon als Kind aufgesetzt, wenn sie mit ihrer jüngeren Schwester unzufrieden war.

»Wie stehst du zu Mücken?«, erwiderte sie auf Tess' Feststellung.

»Nun ja, ich würde sagen ... sie lieben mich«, begann Tess zögernd. »Und entsprechend umschwirren sie mich und ...«

»Du hast die Wahl«, schnitt Claire ihr das Wort ab. »Entweder du lässt dich von den Mücken fressen – oder von einem reißenden Gecko vergewaltigen.« Der sarkastische Ton ihrer Worte war unüberhörbar. Kunststück! Claire hatte jeden Tag mit wesentlich größeren Tieren als mit Geckos zu tun. Auch wenn die Rinder und Pferde nicht direkt in ihrem Zimmer saßen.

Ohne eine Antwort ihrer Schwester abzuwarten, deckte sie weiter den Tisch und wechselte das Thema. »Was möchtest du trinken?«

»Äh ... Wasser, danke«, antwortete Tess. Sie ärgerte sich über sich selbst. Warum hatte sie den blöden Gecko überhaupt erwähnt?

Sie betrachtete den riesigen Tisch, auf dem nur zwei Gedecke aufgelegt waren.

»Isst du immer allein?«, fragte sie.

Claire deutete ein Kopfschütteln an. »Erst seit Jacks Tod«, erklärte sie knapp. »Meg und Jodi essen drüben, im kleinen Haus. Setz dich.«

Tess nahm Platz. Sie hatte das Gefühl, von einem Fettnapf in den nächsten zu stolpern.

Während Claire ihrer Schwester das Besteck reichte, versuchte Tess ein Gespräch zu beginnen.

»Es ist schon eigenartig, dass sie so kurz hintereinander gestorben sind. Vielleicht hat Mom Dad gerufen«, überlegte sie laut.

Claire warf ihrer Schwester einen unwirschen Blick zu.

»Sie waren doch einmal vollkommen verrückt nach einander ... damals, meine ich«, fuhr Tess schon etwas unsicherer fort.

»Jack hatte einen Herzinfarkt«, entgegnete Claire kurz, die von dieser Theorie ganz offenkundig überhaupt nichts wissen wollte.

»Das mag ja sein«, versuchte Tess die Sache aufzufangen. »Rein ... rein medizinisch gesehen. Aber ich meine, vielleicht hat Jack das Gefühl gehabt, dass Mom ihn ruft«, fuhr sie angestrengt fort. »Findest du es nicht auch irgendwie tröstlich, sich vorzustellen, dass Dad Mom aus Liebe gefolgt ist?«

»Dad ist niemandem gefolgt.« Claire sprach ziemlich nachdrücklich. »Er ist gestorben, nachdem … Es … es war ein Herzinfarkt«, schloss sie dann wieder abrupt.

In diesem Moment kam Meg ins Wohnzimmer. Sie trug zwei Teller mit köstlich duftendem Essen herein. »Das Abendessen«, sagte sie in ihrer ruhigen, freundlichen Art, der nicht anzumerken war, ob sie auch nur einen Bruchteil der Unterhaltung zwischen den Schwestern mitbekommen hatte. Sie stellte die Teller vor Claire und Tess auf den Tisch. »Lasst es euch schmecken!« Mit diesen Worten ließ sie die beiden Schwestern wieder allein.

Claire griff nach der Ketchup-Flasche und verteilte den Inhalt großzügig auf ihrem Teller.

Tess hatte plötzlich das Gefühl, dass ihr jeder Bissen im Hals stecken bleiben würde, wenn sie nicht umgehend das Thema anschnitt, das wie eine Wand zwischen Claire und ihr zu stehen schien.

»Claire, hör mal«, begann sie, während sie mechanisch ein paar Stücke ihres Essens auf ihrem Teller hin und her schob. »Uns bleibt gar nichts anderes übrig. Wir müssen darüber reden.«

Claire sah auf. Ihr war vollkommen klar, wovon Tess jetzt anfangen würde.

»Die Farm gehört uns beiden. Zu gleichen Teilen«, fuhr Tess jetzt tatsächlich fort. »Ich habe mit einem Rechtsanwalt geredet. Er sagt, es gibt drei Möglichkeiten.«

Claire blickte wieder auf ihren Teller. Sie wollte Tess nicht das Gefühl geben, dass sie ihren Worten allzu viel Aufmerksamkeit schenkte.

»Erstens«, zählte Tess auf, »wir verkaufen alles und teilen uns das Geld. Aber du willst bestimmt nicht hier weg«, schränkte sie die Option gleich selbst ein. »Die zweite Möglichkeit ist: Wir teilen den Besitz in zwei Hälften. Dann kann jede von uns ihren Teil ohne die Zustimmung der anderen verkaufen – was du aber sicher auch nicht willst. Darum bleibt eigentlich nur die dritte Lösung übrig: Du zahlst mich aus.«

Während Tess sprach, rang Claire um Beherrschung. Sie hatte versucht, gleichmäßig zu atmen und sich so unter Kontrolle zu halten. Jetzt aber zogen sich ihre Augenbrauen urplötzlich zusammen.

»Dies hier ist mein Haus«, sagte sie in einem Ton, der keinen Widerspruch zu dulden schien. »Mein Land, meine Farm und mein Zuhause. Ich lebe hier. Und ich arbeite hier.«

Tess hatte Mühe, ihre Schwester anzusehen. So fest Claire auch klang – sie kämpfte mit den Tränen.

»Ja, aber Dad hat die Farm als Hinterlassenschaft für uns beide ...«, wandte Tess vorsichtig ein.

»Du und Ruth – ihr habt uns verlassen«, fiel ihre Schwester ihr ins Wort. Ihre Tränen schien sie wieder hinuntergeschluckt zu haben.

Dennoch bebte ihre Stimme. »Und ihr habt zwanzig Jahre lang nichts von euch hören lassen«, stellte sie bitter fest. »Kein einziges Wort. Während Dad und ich hier geschuftet haben. Ihr habt uns verlassen«, wiederholte sie noch einmal, wobei sie jedes einzelne Wort betonte. Dann stand sie auf und verließ das Wohnzimmer.

Wie vom Donner gerührt blieb Tess allein am Tisch sitzen und starrte vor sich hin. Bis sie nach einer Weile mit einem unterdrückten Seufzen die Teller zusammenstellte und sie in die Küche trug. Sie kam gerade die Treppe hinauf, um in das Zimmer zu gehen, das Meg ihr netterweise als Gästezimmer eingerichtet hatte, als Claire mit einem Bündel Klamotten und ihrem Bettzeug unter dem Arm auf Jacks Zimmer zuging.

»Oh«, machte Tess überrascht. »Ich dachte, das ist Jacks Zimmer.«

»Es ist das größte Schlafzimmer im Haus. Und ab sofort ist es mein Zimmer«, antwortete Claire kalt.

»Oh Claire!«, stieß Tess aus. »Bitte, ich möchte dich zu nichts zwingen...«, begann sie. »Wir müssen nur beide...«

»Ich muss jetzt ins Bett«, sagte Claire und öffnete die Tür zu Jacks Zimmer.

»Aber es ist doch erst halb neun!« Tess schaute ihre Schwester verwundert an.

»Auf dem Land geht man früh zu Bett. Wir müssen schließlich auch früh wieder raus. Du kannst ja noch aufbleiben.« Claire gab sich alle Mühe, ganz normal zu klingen, aber ihre Gefühlslage war nicht zu übersehen.

»Nein, nein, schon gut«, wiegelte Tess schnell ab. »Ich bin auch Frühaufsteherin.«

Claire rang sich den Anflug eines Lächelns ab. »Also dann: Nacht.«

Tess sah ihrer Schwester nach. »Gute Nacht«, antwortete sie in Richtung der bereits geschlossenen Tür. Dann drehte sie sich um und ging in ihr Zimmer.

Sie packte ein paar Dinge aus ihrer Reisetasche aus. Die Schublade, in die sie etwas Unterwäsche hatte legen wollen, schob sie schnell wieder zu. Hier saß nämlich der Gecko. »Mach dich wenigstens nützlich!«, ermahnte Tess den ungebetenen Gast.

Sie wollte gerade weiter auspacken, als ihr ein kleiner Stapel Fotos in die Hand fiel. Ein Bild von zwei kleinen Mädchen, einem älteren mit dunklen Haaren und einem jüngeren mit blonden, lag zuoberst. Die beiden mochten vielleicht fünf und sieben Jahre alt sein. Sie standen auf einer Wiese und hielten sich an den Händen, im Hintergrund die unendliche Weite der Landschaft.

Vorsichtig strich Tess mit ihrem Finger über den Scheitel des älteren Mädchens.

Ich dachte, wenn wir uns wiedersehen, würde alles wieder so wie früher, schoss es Tess durch den Kopf, während sie Claires Silhouette auf dem Foto weiter mit dem Finger folgte. Aber ich habe mich wohl getäuscht.

Es war das erste Mal seit Jacks Tod, dass Claire das Zimmer ihres Vaters betrat. In Panik und halb blind vor Tränen hatte sie ihre Sachen zusammengerafft und sich, ohne lange nachzudenken, zu diesem Schritt entschlossen. Jetzt stand sie im Halbdunkel des Raums und starrte auf die Umrisse des Mobiliars, die das von außen einfallende Licht des Mondes schemenhaft erkennen ließ.

Sie schaltete die Nachttischlampe ein. Alles war genau so, wie Jack es vor zwei Monaten hinterlassen hatte. Niemand hatte seither den Raum betreten.

Ein Geräusch ließ Claire für einen Moment aufsehen. Jemand hatte anscheinend die Verandatür im Erdgeschoss kurz geöffnet und wieder geschlossen. Claire beugte sich vor, um aus dem Fenster sehen zu können, und erkannte Tess im Halblicht des Mondes. Sie macht wohl noch einen Abendspaziergang, sagte Claire sich mit einem Schulterzucken. Das beste Mittel gegen Schlaflosigkeit.

Claire legte ihr Bündel aus Kleidung und Bettzeug ab, schlug die Bettdecke von Jacks Bett zurück und schob die Kissen ein Stück hoch. Unter dem Kopfkissen kam ein Taschentuch zum Vorschein. Es war frisch gewaschen und gebügelt, und es trug ein aufgesticktes »J« – für Jack.

Überwältigt von dieser plötzlichen Präsenz ihres Vaters ergriff sie das Taschentuch und presste es auf ihr Gesicht. Sie nahm den schwachen Duft von Jacks Aftershave wahr und spürte die Nähe des Vaters umso deutlicher. Nie wollte sie diese Erinnerung vergessen und ihn so für immer bei sich behalten.

Abrupt riss sie das Bettzeug, ihre Kleider und die übrigen Utensilien, die sie mitgenommen hatte, wieder an sich. Sie warf sich in den Sessel, der dem Bett gegenüberstand, und drückte ihre Habe mit einer Hand fest an sich, während sie die andere auf ihren Mund presste, um ihren Schmerz, ihre Furcht und ihre Verzweiflung nicht laut herauszuweinen.

Ein Bilderrahmen, der unter den Sachen war, die sie im Arm hielt, rutschte ein Stück hinab. Claire fasste ihn, bevor er zu Boden gleiten konnte.

Ihr tränenverschleierter Blick betrachtete das Foto lange und intensiv. Es zeigte zwei kleine Mädchen, vielleicht fünf und sieben Jahre alt, das eine mit blonden Haaren, das andere mit dunklen. Sie hielten sich an den Händen, vor dem Hintergrund einer unendlich weiten Landschaft.

Es war schon hell, als Tess durch das Getrappel eiliger Füße auf der Treppe geweckt wurde. Claire war angezogen und offensichtlich drauf und dran, das Haus zu verlassen.

»Claire, um Himmels willen, was ist denn los?«, rief Tess. Sie stand im Schlafanzug am oberen Ende der Treppe und sah ihrer Schwester hinterher.

»Die Rinder«, gab Claire knapp zurück. Sie hatte keine Zeit für eine ausführliche Antwort. »Die Rinder sind ausgebrochen.«

»Mein Gott – wie viel ... wie viel Uhr ist es denn?«

»Fünf. Aber tut das was zur Sache?«, gab Claire über die Schulter zurück.

Tess seufzte. Nein, natürlich tat das nichts zur Sache! Schon gar nicht für die Rinder, die sich sicher wenig um die Schlafbedürfnisse der Menschen kümmerten, und schon gar nicht um die Schlafgewohnheiten einer Großstädterin wie Tess. Auch wenn sie nach ihrem kleinen Spaziergang am Abend zuvor doch relativ früh zur Ruhe gekommen und schnell eingeschlafen war.

Als Tess ein wenig später zusammen mit Meg zu den Viehweiden kam, war Claire schon dabei, Anweisungen zu geben.

»Bruce, Gary, ihr kommt mit mir!«, rief sie den beiden Cowboys zu. »Wir suchen unten am Fluss. Vielleicht sind sie ja dort ...« Sie unterbrach sich, sah sich irritiert um. »Wo ist eigentlich Ian?«, wollte sie wissen.

Bruce und Gary wechselten einen kaum merklichen Blick miteinander.

»Der ist ziemlich früh mit dem Pick-up nach Gungellan gefahren«, antwortete Bruce. »Irgendwas besorgen. Konnte ja keiner ahnen, dass die Viecher abhauen.«

Claire schien schon gar nicht mehr zuzuhören.

»Bis der Viehtransporter kommt, haben wir zwei Stunden Zeit«, überlegte sie. »Wenn wir Glück haben und die Rinder finden, kommen wir vielleicht noch pünktlich zur Versteigerung.«

In diesem Moment erfasste Tess das eigentliche Problem an der ganzen Sache erst richtig. Natürlich! Die Versteigerung! Heute war der Tag der Versteigerung. Erst gestern hatte Claire doch gegenüber Alex erklärt, dass sie fest davon ausgehe, für ihre Tiere die besten Preise abzuräumen. Und jetzt waren die verdammten Viecher ausgebrochen!

»Ich kann mir überhaupt nicht erklären, wie die da rausgekommen sind«, Gary deutete auf den mächtigen Karabinerhaken, mit dem das Tor zur Viehweide normalerweise verschlossen war. Jetzt baumelte er mitsamt der Kette lose neben dem Gatter herunter.

Als Tess Garys Stimme hörte, kam ihr plötzlich der gestrige Abend in den Sinn. Denn auch gestern Abend hatte sie Garys Stimme gehört, als sie ihren Spaziergang machte. Er war zusammen mit den anderen Cowboys noch mit irgendetwas beschäftigt gewesen. Obwohl es spät und nach ihrer Arbeitszeit war, hatten sie äußerst konzentriert und rasch

Fässer auf den Pick-up geladen und Tess wohl nicht bemerkt.

Sie hatte sich nicht weiter um die Männer gekümmert, sondern war an ihnen vorbeigegangen, durch das Gatter, auf die Viehweide ...

»Äh, Claire«, begann Tess jetzt langsam. »Ich glaube fast, ich könnte mit der Sache zu tun haben ...«

Ihre Schwester Claire, die eben noch damit beschäftigt war, den Karabiner wieder einzuhaken, sah auf. »Du? Wieso denn das?«

»Ich bin doch noch mal spazieren gegangen«, gab Tess zu. »Und ich war auch auf der Viehweide. Aber ich habe das Gatter nachher wieder zugemacht. Ich schwör's«, fügte sie schnell hinzu.

»Tatsächlich? Mit dem Karabinerhaken?«, erkundigte sich Claire gereizt.

Tess sah zu Boden. »Ich glaube, den habe ich vergessen. Tut mir leid, Claire, ich bin so ein ...«, ›Rindvieh‹ wollte sie sagen. Aber so richtig passend schien ihr dieser Ausdruck jetzt nicht.

Claire achtete sowieso schon nicht mehr auf sie. »Los, an die Arbeit!«, rief sie allen zu. »Wir haben keine Zeit zu verlieren. Meg, du fährst mit dem anderen Pick-up die Straße ab!« Damit lief sie mit den Cowboys zu den Pferden.

Meg saß fast schon im Wagen, als Tess an die Scheibe klopfte. »Kann ich mit dir mitfahren?«

Meg nickte. »Steig ein!«

Tess war aufrichtig verzweifelt. »Ich bin so ein Idiot! Haben unsere Rinder schon öfter das Gatter aufgemacht?«

Meg sah sie nachsichtig von der Seite an. »Du warst einfach lange nicht mehr hier«, sagte sie.

»Ja. Leider«, seufzte Tess. »Wenn wir die Rinder jetzt nicht finden«, fuhr sie dann fort, »wenn wir nicht alle zusammengetrieben haben, bis der Viehtransporter kommt ... Nächsten Monat ist doch wieder Viehauktion, nicht wahr?«

Meg antwortete nicht gleich. Obwohl die Sicht noch ganz gut war, betätigte sie erst einmal die Scheibenwischanlage. »Der Viehpreis ist jetzt gerade hoch«, antwortete sie dann. »Claire hat fest mit dem Verkauf gerechnet.«

Tess zog die Augenbrauen in die Höhe. Der Anflug eines Verdachts stieg in ihr auf. Ein Umstand, mit dem sie nicht im Entferntesten gerechnet hätte.

»Ist ... ist die Farm in Schwierigkeiten? In finanziellen Schwierigkeiten, meine ich?«

Wieder ließ Meg sich mit ihrer Antwort eine Sekunde mehr Zeit, als eine spontane Entgegnung erfordert hätte. »Es gibt eben leider jeden Monat eine Menge Rechnungen zu bezahlen«, sagte sie schließlich. »Und Claire hat den Verkauf der Rinder für diesen Monat fest eingeplant.«

Tess lehnte sich in ihrem Sitz zurück und blickte nach vorn auf die Straße. »Verstehe«, sagte sie leise.

Die Straße führte leicht aufwärts. Noch bevor der Wagen die Hügelkuppe erreicht hatte, hörten Tess und Meg einen ohrenbetäubenden Knall. Gleichzeitig stieg in unmittelbarer Nähe vor ihnen eine dicke schwarze Rauchwolke in den Himmel.

Sie waren auf dem höchsten Punkt des Hügels angelangt und erkannten nun deutlich, was passiert war. Nur kurz unterhalb der Kuppe, auf einer der ausgetrockneten Wiesen neben der Straße, lag ein umgestürzter Pick-up. Der gleiche wie der, in dem Meg und Tess saßen. Er brannte lichterloh. Fässer waren von seiner Ladefläche gerutscht, und ein offensichtlich verletzter Mann schleppte sich eilig davon. Über die Wiesen galoppierten verschreckte Rinder in alle Himmelsrichtungen davon.

»Ian!«, rief Meg aus, als sie den Mann erkannte. »Und unsere Rinder! Unsere Herde! Er muss mitten in unsere Herde hineingefahren sein!«

Tatsächlich lagen am Straßenrand zwei junge Rinder, verletzt, oder vielleicht schon tot? Der Rest der Herde irrte anscheinend im Gelände herum.

Meg hielt den Wagen an, griff nach dem Erste-Hilfe-Paket und stürzte hinaus zu Ian. Tess folgte ihr.

»Ian! Ian!«, rief Meg, während sie neben dem Verunglückten niederkniete. »Bist du verletzt?«

Ians Gesicht war schmerzverzerrt. »Mein Arm. Ich kann meinen Arm nicht bewegen!«

»Ian, was um Himmels willen ...«, begann Meg, während sie ein Dreieckstuch auseinanderfaltete, um eine Armbinde zu knüpfen. Sie warf einen Blick über die Schulter. »Das sind doch Benzinfässer, die da brennen? Wie kommen die auf das Auto?«

»Ich ... äh ... ich wollte nur eben ...«, stammelte Ian.

»Schon gut«, schnitt Meg ihm bitter das Wort ab. »Verstehe.«

In diesem Moment kamen Claire, Gary und Bruce angaloppiert. Sie gab den Männern ein Zeichen, die Herde zusammenzutreiben, während sie selbst schnell zu Ian, Meg und Tess ritt.

»Ian?«, fragte sie ungläubig und zügelte ihr Pferd.

»Es tut mir leid, Claire, ich kam über die Anhöhe ... Ich konnte nicht mehr bremsen«, stammelte der Cowboy mit schmerzverzerrtem Gesicht.

Erst jetzt bemerkte Claire die Rinder am Straßenrand, eilig stieg sie ab und lief zu ihnen.

»Claire, Claire, es ist alles meine Schuld«, rief Tess zerknirscht. »Aber ich habe ja nicht geahnt, dass ...«

Claire achtete nicht auf ihre Schwester. Sie betrachtete die jungen Rinder, von denen eins sich überhaupt nicht mehr rührte, während das andere merkwürdig hechelnd, mit bebenden Flanken und geradezu grotesk verrenktem Kopf auf der Straße lag.

»Man muss schnell den Tierarzt holen!«, stellte Tess nervös fest.

Claire schüttelte den Kopf. »Dafür ist es zu spät.« Ohne eine Gefühlsregung zu zeigen, lief sie zum zweiten Pick-up, griff auf den Rücksitz und zog ein Gewehr hervor, das dort unter einer Decke gelegen hatte.

Sie lud durch, setzte es an, zielte und drückte ab. Ein letztes Zucken, und das Tier bewegte sich nicht mehr.

»Gebrochenes Rückgrat.« Claires Stimme klang bitter. »Jetzt müssen wir sie wegschaffen, und zwar schnell. Mit den Hinterbeinen an den Wagen binden und von der Straße ziehen!«

»Aber das ist schrecklich!« Tess hatte das Gefühl, die offenen Augen des Tieres blickten sie vorwurfsvoll an.

»Das ist nicht schrecklich«, bemerkte Claire kühl. »Das ist Landwirtschaft.«

Aus der Gegenrichtung kam ein roter Wagen auf sie zugefahren und hielt an. Ein Mann mittleren Alters stieg aus. »Claire, ist alles in Ordnung? Was ist passiert?« Es war Harry Ryan, der Besitzer der Killarney-Farm und sozusagen der nächste Nachbar.

»Die Herde ist ausgebrochen, Harry«, antwortete Claire resigniert. »Und Ian ist in sie hineingefahren.«

»Es riecht nach Benzin«, stellte Harry fest. Auch sein Sohn Alex war mit einem Mitarbeiter der Ranch an den Unglücksort gekommen. Mit einem Feuerlöscher in der Hand rannte er auf den brennenden Pick-up und die Fässer zu.

In all dem Treiben kam Tess sich plötzlich hilflos und überflüssig vor. Während sie herumstand, wussten die anderen anscheinend genau, was zu tun war. Meg brachte jetzt den verletzten Ian zusammen mit dem Mitarbeiter von Harry zu dessen Wagen. Von dort aus riefen sie die Feuerwehr an, während Alex und Claire abseits standen und den immer noch brennenden Pick-up betrachteten.

»Wie hat das Vieh denn überhaupt ausbrechen können?«, wollte Alex von Claire wissen.

»Das spielt jetzt keine Rolle mehr«, antwortete sie kurz angebunden.

»Und der Transport zur Auktion? Wirst du den denn jetzt noch schaffen?«, fragte Alex weiter mit Blick auf den Horizont, der das Voranschreiten des Morgens mehr als deutlich machte.

»Wohl kaum«, antwortete Claire.

»Schade. Dann werden wir auch niemals wissen, wer den besten Preis für die Rinder erzielt hätte«, versuchte Alex zu scherzen. »Du oder ich.«

Claire verzog die Lippen zu einem gequälten Grinsen. »Wir wissen beide, wer es gewesen wäre. Nämlich ich.«

Für einen kurzen Augenblick lehnte sie sich fast an Alex an, der ihr kameradschaftlich auf die Schulter klopfte. Dann drückte sie sich ihren Hut in die Stirn und ging zurück zu ihrem Pferd.

Fieberhaft suchte Tess nach einer Möglichkeit, wie sie ihren Fehler wenigstens halbwegs wieder gutmachen konnte. Während sie über den Hof schritt und die Front des Hauses betrachtete, hatte sie plötzlich eine Idee.

Schnell ging sie in die Küche und bat Meg um den Werkzeugkasten. Nur beiläufig hörte sie, wie Jodi sich offenbar über ihren Fehler, das Gatter offen zu lassen, lustig machte. Nach Megs Weisung holte sie sich das Werkzeug aus der Waschküche und ging damit zur Haustür.

Ob sie halb offen stand, ganz offen oder geschlossen war – egal. Das Ding klemmte in jeder Position. Tess stieg auf einen Stuhl, schraubte an den Scharnieren, dem Schloss, der Aufhängung und überhaupt allem, was zu dieser Tür gehörte. Sie verpasste ihr Tritte und Fausthiebe.

»Du blöde Tür!«, schimpfte sie schließlich, als all ihre Bemühungen nicht fruchten wollten.

Aber anscheinend hatten ihre Anstrengungen nun doch Erfolg. Ohne zu stocken, öffnete sich die Tür plötzlich weit – wie um Tess in das Innere des Hauses einzuladen.

Ein triumphierendes Lächeln legte sich auf Tess' Lippen. »Du gute, brave Tür!«, sagte sie zufrieden.

Unterdessen befand sich Claire noch am Ort des Unglücks. Auch wenn es nicht mehr brannte – immer noch lag der Geruch von Benzin in der Luft. Wozu hatte Ian die Fässer aufgeladen? Und vor allem – woher hatte er all das Benzin gehabt?

Mit einem Mal beschlich Claire ein schrecklicher Verdacht. Sie stieg auf ihr Pferd und ritt zurück nach Drover's Run. An der Stelle, wo sich der unterirdische Benzintank befand, machte sie Halt. Sie stieg ab, kniete nieder und zog den Messstab aus dem Rohr, das aus dem Boden ragte. Sie suchte die Markierungen ab: voll, halb leer, leer ... Claire ließ den Stab sinken. Erst kurz nach Jacks Tod hatte sie den Tank auffüllen lassen. Das Benzin hätte ein halbes Jahr reichen müssen. Mindestens. Aber jetzt war der Tank so gut wie leer.

Aufgebracht stürzte Claire in die Küche zu Meg, Jodi und Tess.

»Ian hat mir Benzin gestohlen. Die Fässer, die er auf dem Pick-up hatte ... das war Benzin aus den unterirdischen Tanks der Farm.«

Meg faltete eines der Wäschestücke zusammen, die sie vor sich liegen hatte. Sie schien nicht besonders überrascht zu sein. »Terry glaubt schon eine ganze Weile, dass er etwas im Schilde führt.«

»Claire!« Ohne dass sie es wollte, schrie Tess den Namen ihrer Schwester geradezu heraus. Aber der Verdacht, der ihr plötzlich kam, beziehungsweise die Gewissheit, nahm ihr fast den Atem. »Ich glaube, es war nicht nur Ian!«

Claire sah ihre Schwester verblüfft an. »Wie bitte?«

»Ich ... ich bin doch gestern Abend noch spazieren gegangen«, begann Tess. »Und da sah ich sie alle. Ich meine, Ian, Bruce und Gary. Sie luden Fässer auf den Pick-up. Ich ... ich habe mir nichts dabei gedacht. Ich kenne mich in der Landwirtschaft eben nicht aus«, gab sie zu und sah zu Boden.

Einen winzigen Augenblick blieb Claire noch in der Küche stehen. Dann wandte sie sich urplötzlich um und stürzte aus dem Haus.

Meg, Jodi und Tess folgten ihr. »Was hast du vor?«, rief Tess im Laufen.

»Holst du die Polizei?«, wollte Jodi wissen.

»Du hältst die Klappe!«, zischte Meg ihrer Tochter zu.

Sie hatten die Viehweiden fast erreicht. Gary und Bruce, die das Gatter eben verschlossen hatten, hörten die Frauen kommen.

In gelassenem Tempo kam Gary auf die Frauen zu.

»Also, die meisten Rinder haben wir wieder«, sagte er, sobald Claire vor ihm stand. »Aber etwa fünfzig fehlen noch. Die gehen wir jetzt suchen.« Er hob schon die Hand, um Bruce mit sich zu winken.

»Nein. Das werdet ihr nicht«, hielt Claire ihn energisch zurück.

Garys Miene verfinsterte sich. »Was ... wie?«, fragte er ungläubig. Claire fauchte ihn richtig an. »Vergiss es! Packt euren Kram. Ihr seid gefeuert. Und zwar alle.«

Bruce kam grinsend herbei. »Hey, soll das ein Witz sein?«

Claires Miene war allerdings deutlich anzusehen, dass ihr nicht nach Späßen zumute war. Ihre Stirn war zusammengezogen und ihre Augen tiefdunkel. »Ihr habt mein Benzin gestohlen.«

Gary lachte auf. »Du meinst, weil Ian da vielleicht ein Ding gedreht hat, sollen wir alle ...«

»Nicht Ian hat das Ding gedreht, sondern ihr alle drei«, schnitt Claire ihm das Wort ab. »Ihr alle drei habt mich bestohlen.«

»Hey, was heißt denn hier bestohlen?« Bruce steckte lässig die Daumen hinter seine Weste. »Bei Jack konnten wir doch immer volltanken. Als Bonus sozusagen ...«

Claires Wangenknochen zitterten angespannt. »Du lügst!«, entgegnete sie. »Bei Jack hättet ihr euch das nie gewagt.«

»Also, jetzt mal der Reihe nach.« Gary baute sich mit seiner mächtigen Statur vor Claire auf. »Wenn du uns feuern willst, musst du uns vorher dreimal abgemahnt haben. Einmal davon schriftlich.«

Um Claires Lippen spielte ein Zucken. Vielleicht hätte man es für ein spöttisches Lachen halten können. Oder eher Nervosität? Furcht?

Claire atmete kaum merklich tief ein. »Ihr wollt nach den Regeln spielen?«, fragte sie die Männer mit fester Stimme.

Bruce und Gary nickten. »Allerdings. Nach den Regeln«, bestätigte Bruce.

»Okay, dann hole ich jetzt Senior Constable Cook. Der wird sich ganz sicher für eure Version der Geschichte interessieren.«

Bruce und Gary wechselten einen kurzen Blick. »Du wirst hier niemals klarkommen«, stieß Gary mit kaum unterdrücktem Zorn aus. »Ohne Jack, ohne uns ...«

Claires Augen verengten sich sichtlich. Sie musste schlucken, als Bruce den Namen ihres Vaters erwähnte. Aber ihre Wut war in diesem Moment stärker als ihre Trauer, und schnell kehrte ihr gewohnt spöttischer Gesichtsausdruck zurück. Sie stieß ein kurzes, heiseres Lachen aus.

»Das werden wir ja sehen«, sagte sie. »Haut ab! Verschwindet von meinem Besitz! Und lasst euch hier ja nie mehr blicken!«

Garys Blick war hasserfüllt. Einen kurzen Moment lang schien er noch etwas erwidern zu wollen. Dann aber gab er Bruce ein Zeichen, ihm zu folgen, wandte sich um und ging.

»Super! Du warst klasse!«, gratulierte Tess ihrer Schwester begeistert. »Du hast es ihnen gezeigt und dich nicht unterkriegen lassen.«

Claire sah den Cowboys nach. Ihr Blick war dunkel und müde. »Ich bin erledigt«, flüsterte sie tonlos.

3. Kapitel

Es war noch früh am Vormittag und die Hitze noch einigermaßen erträglich. Dennoch eilte Claire, so schnell sie konnte, in die Waschküche, um ihr Gesicht unter den Wasserhahn zu halten. Sie hoffte, dass auf diese Weise die Tränen, die ihr die Wangen hinunterliefen, keine allzu deutlichen Spuren hinterließen.

Mit einer heftigen Bewegung nahm sie das Handtuch vom Haken und drückte es auf ihre Augen. Als sie es abnahm, fiel ihr Blick auf den Werkzeugkasten, der zwischen verschiedenen Hausutensilien auf einer Anrichte stand. Ohne lange zu zögern, griff sie danach. Sie musste jetzt etwas tun. Irgendetwas! Ihre Frustration durch Arbeit kompensieren! Die Haustür! Sie würde endlich die Haustür instand setzen! Als Claire zielbewusst auf die Tür zuschritt, tauchte Tess neben ihr auf.

»Claire«, begann sie. »Es ... es tut mir alles so leid! Wenn ich nicht vergessen hätte, den Karabinerhaken zu schließen, dann wäre das alles nicht passiert ... der Unfall ... die toten Tiere.«

Claire blickte sie nur kurz an. »Wenn die Rinder nicht weggelaufen wären, hätte ich nie gemerkt, dass meine Cowboys mich bestehlen«, antwortete sie.

»Wenn du die Sache so siehst – das ist wirklich sehr großzügig von dir.« Tess schien ein wenig beschämt und schob sich verlegen eine Haarsträhne aus der Stirn.

Claire zuckte nur die Schultern. »Sehen wir nach vorne«, schlug sie vor. »Hey, was ist das denn?« Verblüfft sah sie die Haustür an. »Die war doch kaputt?«

Jetzt glitt ein stolzes Strahlen über Tess' Gesicht. »Ich habe gedacht, ich mach mich zur Abwechslung mal nützlich. Ein bisschen was habe ich von Jack ja auch gelernt«, setzte sie fast verlegen hinzu. »Dass sich die Dinge nicht von selbst erledigen, wenn man sie immer nur anguckt ...«

Claire sah ihre Schwester erstaunt an, aber Tess versuchte schnellstens die Situation zu überspielen.

»Hallo, Kleiner, komm doch mal her«, rief sie den Hofhund herbei, der gerade einen seiner Wachgänge unternahm.

»Das ist Roy«, erklärte Claire, die den Werkzeugkasten jetzt abgesetzt hatte. »Ich glaube, er mag dich«, stellte sie fest, während der Hund Tess' Streicheleinheiten mit heftigem Schwanzwedeln kommentierte.

»Roy?«, fragte Tess. »Wie Roy Orbison?«

»Nein, Roy, wie ein Ex-Freund von mir. Der sich leider als ziemlicher Bastard herausgestellt hat.« Claire konnte plötzlich ein Lachen kaum unterdrücken. Sie wunderte sich plötzlich über sich selbst, dass sie Tess so etwas überhaupt anvertraute.

Tess sah zu ihr auf. »Ich mag seine Musik. Nicht die des Bastards, meine ich. Sondern die von Roy Orbison. ›Pretty Woman‹ zum Beispiel.« Sie lächelte.

Auch Claire lächelte jetzt. Im Gegensatz zu ihr hatte Tess immer schon eine Schwäche für alles Schöne gehabt: schöne Kleider, schöne Puppen ... »Ich mag den Song auch«, sagte sie schließlich. Dann schickte sie Roy voraus, und sie gingen zurück in Richtung Küche.

Becky brachte gerade wieder neue Lebensmittel. Nachdem Claire die Lieferung abgezeichnet hatte, bat sie die junge Frau, den fälligen Betrag zu den übrigen offenen Beträgen zu addieren. Sie wollte dann alles bei Beckys Chef Jan auf einmal bezahlen.

Becky holte sich gerade das Bier aus dem Kühlschrank, das Claire ihr als Botenlohn angeboten hatte, als Tess ins Wohnzimmer kam. Obwohl sie der Tür den Rücken zugewandt hatte, bemerkte Claire ihr Kommen.

»Hör zu, Tess, es ist ein ungünstiger Zeitpunkt«, begann Claire, während sie sich eine Notiz in ihrer Buchführung machte. »Ich muss erst mal mit einem Anwalt reden. Und du ... du willst doch sicher auch wieder nach Hause ...«

»Nach Hause? Ach so, ja, natürlich. Eigentlich schon.« Tess machte nicht gerade einen glücklichen Eindruck. Ihr Blick irrte über den dunklen Fußboden.

Claire stutzte. »Und? Was ist das Problem?«, fragte sie nach.

»Das Problem ist«, antwortete Tess und holte tief Luft, »dass ich im Moment kein Zuhause habe. Ich habe zwar nach etwas Neuem gesucht, nachdem Mom gestorben war, aber vorerst eine Weile bei Freunden gewohnt. Mal hier, mal dort. Und dann kam dieser Brief vom Anwalt«, endete sie, indem sie Claire wieder ansah.

Claire brauchte einen Moment, um zu realisieren, was Tess da gerade gesagt hatte. Es war die etwas umständlich formulierte Bitte, sie hier auf Drover's Run aufzunehmen. Was sollte sie darauf antworten?

»Also«, begann sie. »Nicht nur die Geckos werden dir missfallen.«

Tess zog verblüfft die Augenbrauen in die Höhe. »Wie bitte?«

»Hier gibt es Spinnen und Schlangen im Klo und alles mögliche Viehzeugs«, fuhr Claire fort. »Das heiße Wasser ist knapp, und der Fernseher funktioniert nicht mehr. Wir stehen im Morgengrauen auf und fallen abends kaputt in die Betten. Ich habe echt keine Zeit, mich auch noch um dich zu kümmern.«

Tess ließ Claires Tirade einen Moment nachhallen. »Das brauchst du auch nicht, Schwester!«, antwortete sie dann. »Ich kann bestens für mich allein sorgen. Seit ich zwölf bin, arbeite ich. Ich habe mir die Ausbildung zur Hotelfachfrau selbst finanziert und mir einen Wagen gekauft. Den ich auch durchaus selbst reparieren kann – manchmal jedenfalls«, fügte sie vorsichtshalber zu. »Ich bin genauso erwachsen wie du. Du musst dir um mich keine Sorgen machen. Falls du mir anbieten willst, hier zu bleiben«, ergänzte sie mit leiser werdender Stimme.

Claire räusperte sich. Sie schien ihr Aufbrausen zu bereuen. »Ja«, sagte sie dann ein wenig verlegen. »Doch, doch. Das tue ich. Aber es kann schon einige Wochen dauern, bis wir die Sache mit der Erbschaft geklärt haben«, endete sie dann schnell.

Tess lächelte schon wieder. »Also, ich habe vorsichtshalber ein paar Unterhosen mehr eingepackt ...« Sie verstummte, als sie merkte, dass Meg, Jodi und Becky plötzlich im Wohnzimmer standen. Sie hatte sie nicht kommen gehört.

»Na ja«, meinte Claire. Ein leichtes Lächeln schien auch ihre Lippen zu umspielen. »Zur Not haben wir hier sogar eine Waschmaschine. Okay«, schloss sie plötzlich das Gespräch ab und wandte sich zum Gehen, »dann sehe ich jetzt mal, ob ich die restlichen Rinder wieder einfangen kann.«

»Wie? Allein?« Es war Jodi, die ganz verblüfft nachfragte.

Claire zuckte mit einem hilflosen Grinsen die Schultern. »Es sind ja nur rund fünfzig.«

»Jodi und ich, wir helfen dir«, bot Meg sofort an.

»Wenn ihr noch ein Pferd habt, komme ich auch mit«, erklärte Becky. »Ich habe heute Zeit.«

»Klar haben wir Pferde übrig«, antwortete Claire.

»Äh ... ich kann auch reiten«, warf Tess jetzt schnell ein.

Claire zog überrascht die Augenbrauen hoch. »Tatsächlich?«, fragte sie. »Gut. Dann suchen wir dir auch ein Pferd. Jodi?«, rief sie Megs Tochter hinterher, während sie selbst ebenfalls schon durch den Flur lief. »Kannst du Oskar von der Rentner-Koppel mitbringen?«

Tess hatte einen alten Mantel und einen leicht verbeulten Hut gefunden. Jetzt stand sie vor Oskar, einem nicht allzu großen, ältlichen Schimmel, und strich ihm über Hals und Widerrist.

»Sei brav«, beschwor sie das Pferd. »Hörst du? Sei schön brav. Ich muss wenigstens eine Sache richtig machen.«

Sie setzte einen Fuß in den Steigbügel, fasste den Sattelknauf und schwang sich auf den Rücken des Pferdes.

Claire lächelte anerkennend. »Auf Drover's Run kannst du das aber nicht gelernt haben«, sagte sie. »Dazu warst du zu klein.«

»Ich war in Melbourne im Pony-Club«, gab Tess leicht beschämt zu. Vorsichtig trieb sie ihr Pferd an und ritt los.

»Sie war in einem Pony-Club?«, wiederholte Claire, während sie ihrer Schwester hinterhersah. »Die Tochter von Jack McLeod war in einem Pony-Club?« Sie schüttelte nur ungläubig den Kopf.

Die fünf Frauen ritten gemeinsam über grüne Wiesen, sanfte Hügel und Ebenen, vereint im gleichmäßigen Rhythmus der trabenden Pferde. Auf einer Anhöhe hielt Claire die Gruppe an. Tess stand mit ihrem Pferd neben ihrer Schwester.

»Und?«, erkundigte sich Claire. »Wie geht es denn deinem Hintern?«

»Bestens«, antwortete Tess begeistert. »Danke der Nachfrage.« Dann ließ sie ihren Blick über das Land gleiten, das sich zu ihren Füßen in all seiner Ruhe und Endlosigkeit ausbreitete. »Das gehört also alles dir«, sagte sie beeindruckt zu ihrer Schwester.

Claire folgte ihrem Blick über die breite, grüne Ebene bis zur nächsten Hügelkette.

»Nein«, antwortete sie, und ein melancholisches Lächeln huschte über ihr Gesicht. »Es gehört ... es gehört uns.«

Damit wendete sie ihr Pferd und jagte es im Galopp zurück zur Farm.

4. Kapitel

Es war fünf Uhr dreißig, als Tess' Wecker klingelte. Seit drei Tagen war sie nun schon auf Drover's Run. Und ihr war ziemlich schnell klar geworden, dass sie sich dem Leben auf der Farm anpassen musste, wenn sie auch nur die geringste Chance haben wollte, irgendwann eine Einigung mit Claire zu erzielen.

Claire war schon auf den Beinen. Vom Fenster aus sah Tess sie über den Hof laufen, auf einen Wagen zu, aus dem gerade ein junger Mann ausstieg. Er mochte ungefähr in Claires Alter sein, und offenbar kannten sich die beiden gut.

Tatsächlich war Marty, der Mann, der als Schafscherer mit einer Truppe Männer umherzog, nicht zum ersten Mal auf Drover's Run. Er kam seit Jahren hierher. Von Jacks Tod hatte er jedoch noch nichts gehört.

»Das tut mir leid«, sagte er zu Claire, als sie ihm davon erzählte. »Und wer schmeißt den Laden jetzt?«, fragte er und blickte dabei über das Gelände der Farm.

»Das werde wohl ich sein«, antwortete Claire mit einem Seufzen, ohne darauf einzugehen, dass Marty erstaunt den Kopf ein wenig hob. »Wir hatten doch eigentlich vier Leute zum Scheren erwartet«, wechselte sie dann das Thema. »Ich habe ein Termingeschäft und muss in achtundvierzig Stunden liefern.«

»Das schaffen wir«, versicherte Marty. »Der vierte Mann ist unterwegs.«

Die Zusage Martys beruhigte Claire. »Jetzt gibt es erst einmal Frühstück.« Auf einem Tisch unter dem Vordach hatte Meg bereits ein kräftiges Frühstück bereitgestellt. »Danach fangen wir an.«

»Auf gute Zusammenarbeit«, meinte Marty mit einem freundlichen Lächeln.

»Auf gute Zusammenarbeit«, erwiderte Claire. »So wie es mit Jack war.« Damit ging sie hinüber, Richtung Haus.

Ihre Schwester Tess kam ihr im Pyjama entgegen. »Unglaublich!«, stieß sie aus. »In drei Tagen lernt man hier mehr Männer kennen als in der Stadt in einem Monat.« Sie drehte sich kurz nach Marty um. Offenbar gefiel er ihr.

»Sind das die Schafscherer, die du engagiert hast?«, erkundigte sie sich weiter. Claire hatte ihr am Abend zuvor von dem Termingeschäft erzählt und davon, dass sie Aushilfskräfte angeheuert hatte. »Also, ich kann gern helfen«, bot Tess jetzt an. »Ich verstehe sogar ein bisschen was von Wolle«, fügte sie mit einem Grinsen hinzu.

»Ach ja?«, fragte Claire, ohne auch nur einen Moment stehen zu bleiben. »Was denn?«

»Dass man sie nicht in den Trockner stecken darf«, antwortete Tess glucksend.

Claire bedachte sie mit einem mitleidigen Blick.

»Nein, jetzt im Ernst«, fuhr Tess schon fort. »Ich will wirklich helfen. Was kann ich tun?«

Jetzt blieb Claire stehen. Mit ironischem Blick und spöttischem Lächeln sah sie ihre Schwester, die in ihrem himmelblauen Pyjama mitten auf dem Hof stand, von oben bis unten an. »Dich erst einmal anziehen«, schlug sie vor.

Als Tess dann zum Frühstück kam, hatten die anderen bereits begonnen. Claire und Marty saßen einander gegenüber und hatten gerade den Preis ausgehandelt, den Claire pro geschorenes Schaf zahlen würde. Nun unterhielten sie sich darüber, dass es nicht einfach sei, in Jacks Fußstapfen zu treten.

Jodi saß zwischen zwei anderen Schafscherern. Der angekündigte vierte Mann war gerade auf dem Motorrad eingetroffen – zusammen mit Becky. Becky, die heute anscheinend ihren freien Tag hatte, war mitgekommen, um die Post nach Drover's Run hinauszubringen. Trotz ihrer beiden Jobs im Supermarkt und im Pub bot sie an, den ganzen Tag auf der Farm zu bleiben und mitzuhelfen.

Meg, die eifrig damit beschäftigt war, Kaffee und Rührei auszuteilen, blickte recht skeptisch. Sie lebte in der ständigen Sorge, dass Becky, die mit ihren langen blonden Haaren keine Probleme hatte, Männer aufzureißen, einen schlechten Einfluss auf Jodi ausüben könnte.

Und dass Becky den Tag nicht unbedingt nur deswegen auf der Farm verbringen wollte, um kräftig zuzupacken, darüber war sie sich völlig im Klaren. Vielmehr ging es ihr wohl eher darum, Luke, dem vierten Schafscherer und ihrer neuesten Errungenschaft, auch nach der gemeinsamen Nacht noch nah zu sein.

»Hier sind die Briefe«, sagte Becky und reichte Claire einen Stapel Post über den Tisch. »Alles Rechnungen, so wie's aussieht«, fügte sie hinzu. »Und der hier ist für dich«, wandte sie sich dann an Tess. »Dein Freund scheint dich schon aufgespürt zu haben«, setzte sie mit breitem Grinsen hinzu.

Tess nahm den Brief entgegen und las den Namen des Absenders. »Vor Rechtsanwälten ist man nirgendwo sicher«, stellte sie fest und warf Claire einen Blick zu. Aber die schien ihre etwas unpassende Bemerkung nicht gehört zu haben.

Nachdem Claire kurze Zeit später den Beginn der Arbeit angekündigt hatte, erhoben sich die Männer, um ihre Geräte aus dem Wagen zu holen.

Jodi, die jetzt direkt neben Becky saß, sah ihnen nach. Vor allem Vernon, der größte und kräftigste unter ihnen, hatte scheinbar ihr Interesse erregt. Es war zwar durchaus bekannt, dass man unter Schafscherern nicht gerade die sensibelsten Charaktere findet. Aber zweifellos hatte Vernon mit Abstand die brutalste Ausstrahlung.

»Weißt du, was Terry gerade drinnen in der Küche gesagt hat?«, wandte Jodi sich mit gesenkter Stimme an Becky.

Sie war wenige Augenblicke zuvor mit sichtbar neugieriger Miene aus der Küche zurückgekehrt, nachdem sie ein paar leere Teller hineingetragen hatte. Terry, Harry Ryans Gehilfe, stattete dort ihrer Mutter Meg gerade einen kleinen Besuch ab, was Jodi aber nicht weiter zur Kenntnis nahm. Meg war das nur recht, denn dass sie und Terry in letzter Zeit zarte Bande zueinander geknüpft hatten, das sollte vorerst noch ein Geheimnis bleiben – zumindest vor Jodi.

Jodi warf den Männern einen verstohlenen Blick hinterher. »Dieser Vernon soll ein Killer sein«, raunte sie Becky zu.

»Echt?«, antwortete Becky interessiert und sah sich ebenfalls nach dem Mann um. »Er hat jemanden abgemurkst?«

»Ja«, bestätigte Jodi. »Zumindest hat er einen Landarbeiter fast totgeprügelt. Und seine Familie soll ganz plötzlich spurlos verschwunden sein. Sagt Terry jedenfalls.«

»Er soll seine Familie umgebracht haben?«, wiederholte Becky und nahm nachdenklich einen Schluck aus ihrem Saftglas. »Also, da könnte ich ihn glatt verstehen ...«

»Hast du seine Hände gesehen?«, fuhr Jodi mit makabrer Begeisterung fort. »Bestimmt hat er alle eigenhändig erwürgt. Oder zerstückelt ...«

»Und ich hab schon gedacht, nur meine Familie wäre ein bisschen komisch ...«, meinte Becky.

Claire war nur kurz im Haus gewesen und ging nun zielstrebig zu den Ställen hinüber.

Tess hielt den Moment für günstig, um ihre Schwester kurz abzupassen. »Claire – dieser Brief von meinem Rechtsanwalt, du weißt schon ... es geht wirklich um keine große Sache ... aber könnten wir vielleicht mal eben schnell darüber reden?«

Claire warf einen kurzen Blick zu Martys Wagen, wo die Schafscherer ihre Utensilien zusammensuchten.

»Willst du nicht vielleicht noch lauter schreien?«, zischte sie ihre Schwester grob mit unterdrückter Stimme an. »Die denken doch sowieso schon, dass ich Drover's Run allein nicht führen kann! Wenn sie jetzt noch irgendetwas von einem Anwalt hören ...«

»Was soll denn daran schlimm sein?«, unterbrach Tess ihre Schwester.

»Hör zu«, sagte Claire beschwörend und sah Tess fest an. »Wir reden darüber, wenn ich meinen Vertrag erfüllt habe.

Vorher habe ich einfach anderes im Kopf.« Damit wandte sie sich ab.

Tess gab ihr Bestes, um ihrer Schwester zu helfen. Zusammen mit Claire und dem Hofhund Roy trieb sie die Schafe von der Weide in den Stall. Das war allerdings gar nicht so einfach, denn die Tiere blökten wild durcheinander. Immer wieder brach eins in Panik aus der Herde aus und versuchte über die Rücken der anderen Schafe hinweg zu flüchten.

»Los, wieder rein mit dir!«, rief Tess einem der Ausbrecher lachend zu und scheuchte ihn mit heftigen Armbewegungen zurück in die Reihen. »Sonst steck ich dich doch noch mitsamt deiner Wolle in den Trockner.«

Im Stall herrschte nun geschäftiges Treiben. Die Scherer bereiteten ihre Werkzeuge vor, während Becky und Meg noch einmal mit großen Besen den Boden säuberten. Auch wenn die Wolle der Schafe ungewaschen zum Abnehmer ging – sobald grober Schmutz dazwischen war, würde sich das ungünstig auf den Preis auswirken.

Schon jetzt war es drückend heiß im Stall. Und der starke Geruch, der von den Schafen ausging, erschwerte das Atmen zusätzlich.

Meg seufzte hörbar, als Jodi in Shorts und extrem knappem T-Shirt den Stall betrat. Anerkennende Pfiffe ertönten, und prompt fiel einem der Männer sein Scherzeug aus der Hand. »Scheiße!«, fluchte er.

»Etwas anderes hast du nicht anziehen können?«, fragte Meg ihre Tochter mit hochgezogenen Augenbrauen.

»Mom! Weißt du, wie heiß es hier drinnen wird?«, entgegnete Jodi. »Willst du, dass ich an einem Hitzschlag sterbe? Außerdem bin ich hier in Ferien.«

»Immer dasselbe«, schaltete sich jetzt Marty grinsend ein. »Enten auf dem Teich.«

Tess sah zwischen ihm und Meg hin und her. »Enten auf dem Teich? Was soll das denn bedeuten?«

»Es bedeutet, dass Frauen zu viel schnattern und die Männer von der Arbeit abhalten«, übersetzte Meg mit gelassenem Lächeln. »Jedenfalls behaupten die Männer das«, fügte sie hinzu.

Die Arbeit begann, und Männer wie Frauen arbeiteten einander zu. Becky und Jodi hatten schon Erfahrung darin, die Schafe einzeln hinter dem Gatter hervorzuziehen und sie zu den Scherplätzen zu bringen. Natürlich fehlte Tess jegliche Übung, und so versuchte sie immer noch, ihr erstes Schaf zu erwischen.

»Du musst es einfach umwerfen!«, riet Becky. Aber Tess hatte Angst, das Tier zu verletzen.

Von Minute zu Minute wurde es drückender im Stall. Die Hitze und der Geruch der Schafe taten das ihre – aber auch die Männer schienen von Augenblick zu Augenblick mehr unter Dampf zu stehen. Vor allem Jason, der schnellste Schafscherer, wurde zusehends aggressiv.

»Los, wir brauchen mehr Schafe!«, motzte er Tess und Becky an. »Beeilt euch gefälligst.«

Sobald Tess und Becky draußen waren, deutete Becky mit dem Kopf zum Stall. »Schafscherer! Das sind immer dieselben Typen«, stellte sie entnervt fest. »Schläger und Ex-Knackis. Sogar einen Mörder haben wir diesmal dabei. Nur Luke ist ganz anders.«

»Einen Mörder?«, wiederholte Tess ungläubig, ohne auf Beckys Schwarm einzugehen. »Hier, bei uns im Stall? Weiß Claire davon?«

»Keine Ahnung«, antwortete Becky. »Aber irgendwo müssen diese Leute ja auch arbeiten können.«

Einen Augenblick lang blieb Tess verdutzt stehen. Ihr Gesichtsausdruck ähnelte dem der Schafe – kurz nach der Schur. Dann schüttelte sie den Kopf, um ihrer Verwunderung Herr zu werden. Dass das australische Landleben für Großstädter Überraschungen wie Geckos und Schlangen bereithielt, daran hatte sie sich fast schon wieder gewöhnt. Dass sie hier aber auch mit kriminellen Energien konfrontiert sein würde – damit hatte sie nicht gerechnet.

Am Abend war Claire anzumerken, wie müde sie war. Genauso wie die anderen hatte sie den Tag im Stall geschuftet. Was Claire aber niemand abnehmen konnte, war die Sorge um das Fortbestehen von Drover's Run.

Sie leerte mit den anderen zusammen eine Dose Bier, dann zog sie sich ihr Hemd über und ging zum Haus. Tess folgte ihr. »Du, Claire, sag mal ...Übernachten die hier? Auf der Farm?«, fragte sie mit einer Kopfbewegung zu den Schafscherern, die noch mit ihren Bierdosen in den Händen vor den Ställen standen.

»Nein, nein. Ich habe ihnen Zimmer im Hilton gebucht«, war Claires spöttische Antwort. »Na klar«, sagte sie dann versöhnlich. »Drüben in der Hütte der Cowboys.«

»Dass ... dass das Ex-Knackis sind, weißt du aber?«, forschte Tess nach.

Claire blieb stehen. Sie sah ihre Schwester an und wischte sich müde eine Haarsträhne aus dem Gesicht. »Ich muss auf solche Leute zurückgreifen«, antwortete sie. »Man hat als Farmerin nicht immer nur mit Bankern und Rechtsanwälten zu tun. Außerdem machen sie gute Arbeit. Und bringen damit Geld auf die Bank. Das ist es doch, was deinen Rechtsanwalt interessiert, oder?« Claires Wangenmuskeln spielten angespannt. »Du hast ja wohl schon Pläne.«

Tess hörte den Vorwurf in Claires Worten sehr genau heraus. »Geld ist nicht ganz unwichtig«, sagte sie kühl. Dann rief sie sich ins Gedächtnis, dass eine Konfrontation mit ihrer Schwester keinem nützen würde. Ihr nicht und Claire auch nicht. »Und natürlich habe ich auch gewisse Pläne«, lenkte sie ein. »Aber ich habe noch nichts entschieden.« Damit wandte sie sich ab und lief den Pfad hinunter, der seitlich zu den Schafwiesen hinunterführte.

Claire erlaubte sich nicht allzu oft, auf Socken durch das Haus zu laufen. An diesem Abend aber fühlte sie sich völlig gerädert und zog ihre Schuhe in der Waschküche aus.

Sie war von den Schafställen nicht direkt zum Haus, sondern noch einmal zu den Rinderweiden gegangen, um sich zu vergewissern, dass der Karabinerhaken am Gatter eingerastet war. Nur zur Vorsicht.

Als sie nun von der Waschküche in den Flur kam, hörte sie Tess im Büro telefonieren. Vorsichtig schlich Claire auf Socken einige Schritte näher.

»Es tut mir leid, wenn ich Ihren Anruf nicht bekommen habe. Wissen Sie, ich müsste hier auf einen Baum klettern, um Empfang zu haben«, hörte sie Tess sagen. »Ja, Ihr Brief ist da. Aber ich hatte noch keine Gelegenheit, mit meiner Schwester zu sprechen. Natürlich interessiere ich mich nach wie vor für das Café. Der Preis ist in Ordnung. Und Sie wissen doch auch, dass mir gerade an diesem Café liegt. Wollen die Verkäufer denn immer noch so schnell abschließen?«, erkundigte Tess sich nach einer kurzen Pause. »Es ist so: Ich habe einfach ein schlechtes Gewissen meiner Schwester gegenüber ...«

Claires Herz klopfte nach jedem Satz, den sie hörte, schneller. Ihre Befürchtungen stimmten also: Tess hatte ziemlich konkrete Pläne, was sie mit ihrem Erbe anstellen wollte. Pläne, die offenbar kaum Aufschub duldeten.

Einen Augenblick war Claire hin und her gerissen. So wie es klang, würde das Gespräch zwischen Tess und ihrem Anwalt relativ bald beendet sein. Vielleicht war das der richtige Augenblick, um mit Tess zu reden. Andererseits war Claire so unendlich müde. Sie fühlte sich nicht in der Lage zu verhandeln. Und schon gar nicht, bevor nicht das Termingeschäft abgewickelt war – dieses Geschäft, das im Augenblick so wichtig war, für sie und die Farm ...

Mit einer halbherzigen Bewegung machte Claire noch einen Schritt vor. Doch dann überlegte sie es sich anders, drehte sich plötzlich herum und schlich auf Zehenspitzen hinauf in ihr Zimmer.

Nach diesem anstrengenden Tag schmeckte der Lammbraten, den Meg wieder einmal köstlich zubereitet hatte, besonders gut. Eigentlich hatte die Haushälterin etwas ganz anderes gelernt. Bevor sie nach Drover's Run gekommen war, war sie als Friseurin tätig gewesen.

Während Tess mit einem großen Küchenmesser den Knochen von den letzten Fleischresten befreite, stand Meg bereits vor einem Berg dreckigen Geschirrs am Spülbecken. Jodi lehnte nachdenklich mit verschränkten Armen am Küchenregal.

»Um seine ganze Familie umzubringen«, sinnierte sie, »muss man dazu eigentlich wahnsinnig sein? Oder einfach nur stinksauer?«

»Vielleicht muss man einfach nur die Nase voll davon haben, den Abwasch allein zu machen«, schlug Meg vor und warf ihrer Tochter ein Tuch zum Abtrocknen zu.

»Andererseits«, dachte Jodi weiter laut nach, »was bleibt einem denn auch übrig, wenn man seinen Partner mit jemand anderem im Bett erwischt? Mit dem besten Freund oder der besten Freundin?«

»Man kann vernünftig mit der Sache umgehen«, mischte Tess sich grinsend ein. »Darüber reden, zum Beispiel. Und anschließend mit seiner Zahnbürste das Klo putzen.«

Dieser Einfall schien Jodi sehr zu gefallen. »Gute Idee«, meinte sie lachend.

Claire brachte noch ein paar Schüsseln aus dem Esszimmer mit und hatte Teile des Gesprächs mitgehört.

»Und wenn jemand zu einer Bedrohung für dein Eigentum wird?«, fragte sie.

Tess zuckte mit den Schultern. »Es ist nicht okay, sich über anderer Leute Eigentum herzumachen. Aber ich denke, man sollte nicht zu sehr an leblosen Dingen hängen«, antwortete sie leichthin. »Jedenfalls bringt man dafür niemand um.«

»Und wenn es die eigene Existenz bedroht?«, hakte Claire nach. Ihre Stimme klang plötzlich scharfkantig wie gebrochenes Glas. »Etwas Unersetzliches, was man dir wegnehmen will?«

Meg sah sie für einen Moment erstaunt über die Schulter an. Dann wendete sie sich umso geschäftiger dem dreckigen Geschirr zu.

Tess fühlte sich in der Defensive. »Gibt es denn überhaupt etwas, das unersetzlich ist?«, erwiderte sie.

»Was würdest du denn tun, Claire?«, plapperte Jodi unbefangen dazwischen. »Wenn dir jemand etwas so Wichtiges wegnehmen will?«

»Ob es ersetzbar ist oder nicht«, antwortete Claire, und so wie sie jetzt wieder klang, schien sie tatsächlich nur von alltäglichen Gegenständen zu sprechen. »Ich würde mich und mein Eigentum verteidigen. Das Gewehr hängt nicht zur Dekoration im Haus. Entschuldigt mich«, schloss sie dann plötzlich, »ich habe noch im Büro zu tun.«

Eigentlich war es unüblich auf Drover's Run, Türen abzuschließen. Aber es war Tess einfach lieber so. Sie hatte nach dem Gespräch in der Küche die Knochen für die Hunde rausgebracht und dabei einen Streit zwischen den Schafscherern Vernon und Jason belauscht. Sie wurde nicht ganz schlau aus dem Gehörten. Anscheinend wusste der eine etwas über den anderen, was Marty, der Anführer der Truppe, offenbar nicht wissen durfte. Möglicherweise noch ein Mord oder ein Raubüberfall oder sonst etwas. Und selbst wenn Claire erklärt hatte, dass sie notfalls gewillt war, sich und ihr Eigentum mit dem Gewehr zu verteidigen – und das hoffentlich nicht nur gegen ihre Schwester, schoss es Tess durch den Kopf –, am besten war doch, man ließ es gar nicht erst so weit kommen.

Nur noch einen kleinen Ruck, dann würde sich das rostige Schloss der Waschküchentür hoffentlich endlich schließen lassen ...

»Was tust du da?« Claire riss Tess in gebieterischem Ton aus ihren Gedanken. Die einzige und unangefochtene Herrin auf Drover's Run ...

»Ich ... ich versuche abzuschließen«, erklärte Tess ihrer Schwester kleinlaut. »Ich habe vorhin einen Streit zwischen Jason und Vernon mitgehört. Und wenn ich mir vorstelle, dass einer von ihnen sogar ein Killer ist ... Ich fühle mich einfach sicherer so.«

»Tatsächlich?« Claire grinste plötzlich. »Du solltest das nicht so ernst nehmen. Schafscherer sind einfach so. Sie trinken und pöbeln sich an. Deswegen müssen sie nicht gleich Killer sein. Nebenbei: Hattest du heute Sex?«

Tess dachte zunächst, sie hätte sich verhört. Okay, irgendwie war die Stimmung heute im Stall durchaus erotisch aufgeladen gewesen. Schafscherer waren ja wohl nicht alle Killer. Aber ...

»Wie bitte?«, fragte sie ungläubig nach.

»Das kennt man doch aus Filmen«, fuhr Claire fort, während sie jetzt selbst den Schlüssel des Schlosses wieder zurückdrehte. »Der Killer bringt dich nur um, wenn er kurz zuvor Sex mit dir hatte.« Sie klang durchaus entspannt und auch ein bisschen überlegen.

»Also, wenn das so ist«, antwortete Tess nicht allzu überzeugt, »dann muss ich mir darüber wohl gar keine Gedanken machen.«

Es war noch weit vor Mitternacht, als Claire in ihrem Bett hochschreckte. Sie hatte ein Geräusch gehört. Kein Geräusch von draußen – ein Geräusch im Inneren des Hauses!

Mit einem sicheren Griff packte sie das Gewehr, das einsatzbereit neben ihrem Bett stand, und entsicherte es. Lautlos erhob sie sich und schlich aus ihrem Zimmer. Kein Geräusch, nichts zu hören. Auf Zehenspitzen ging sie die Treppe hinab, durch den Flur zum Büro ...

In diesem Moment ging hinter ihr in der Küche ein Licht an. Unwillkürlich zuckte Claire zusammen. Während sie überlegte, dass Einbrecher in der Regel erst nach getaner Arbeit die Vorräte plündern, schlich Claire zur Küche.

»Ich nehme auch einen«, sagte sie, als sie sah, wer die Geräusche verursachte. »Und kipp einen Schluck Brandy hinein.«

Ihre Schwester zuckte zusammen. Sie war gerade dabei, sich einen Tee zu kochen.

Tess lächelte sie an, noch ein wenig erschreckt. »Ich bin wohl nicht die Einzige, die nervös ist«, meinte sie und deutete mit dem Kopf auf das Gewehr, das Claire inzwischen wieder gesichert hatte und nun ablegte.

»Ich hab gedacht, hier wär 'ne Ratte in der Küche«, antwortete Claire. »Der hätte ich ordentlich eins aufs Fell gebrannt.«

Tess sagte nichts dazu. Mit Claires Gewehr hätte man Elche umlegen können. Das Wasser kochte schon. Tess nahm den Kessel und goss den Tee auf. »Ich habe vorhin mit meinem Anwalt gesprochen«, fasste sie sich ein Herz, während sie die zweite Tasse füllte. Dann drehte sie sich zu Claire um.

»Aha«, machte die nur. »Und?« Sie klang weder kampflustig noch ärgerlich. Nur abgespannt.

»Du hast mich doch gefragt, ob ich schon Pläne habe«, fuhr Tess jetzt fort, während die Teetassen einträchtig nebeneinander vor sich hin dampften. »Ich meine, du hast ja eigentlich immer schon gewusst, was du willst. Und ich ... also, ich glaube, ich weiß es jetzt auch. Aber ich brauche ein bisschen Geld, um meine Pläne zu verwirklichen.«

Claire rutschte ein wenig auf ihrem Stuhl hin und her. »Was sind das denn für Pläne?«, wollte sie wissen.

»Eigentlich so ein Plan, wie jeder ihn hat.« Tess versuchte die richtigen Worte zu finden.

»Verstehe. Klamotten, ein Auto, Reisen ...«, warf Claire ein.

»Nein, ich meine ...«, Tess wollte protestieren, doch Claire unterbrach sie. »Tess, weißt du eigentlich, wovon du da redest? Du redest von meinem Zuhause. Mein Zuhause, verstehst du?«

»Claire, ich will doch gar nicht gegen deinen Willen verkaufen«, versuchte Tess ihre Schwester zu beruhigen.

»Sondern? Was willst du?« Claires Körper stand jetzt unter sichtlicher Anspannung. Ihre Hände waren zu Fäusten geballt, aus denen die Fingerknöchel bleich hervortraten.

»Diese Farm hat so viel Land«, begann Tess. »Warum können wir nicht ...«

»Sprich es nicht aus, Tess!« Es klang weniger nach einer Drohung als nach einer Bitte. »Sprich es nicht aus!«

»... nur ein kleines Stück verkaufen. Ein kleines Stück Land«, bat Tess.

Claire lehnte sich auf ihrem Stuhl zurück. Sie schloss die Augen und atmete tief durch.

»Nur ein kleines Stück«, wiederholte Tess.

5. Kapitel

Der Brandy im Tee half kein bisschen. Claire verbrachte eine schlaflose Nacht. Ruhelos wanderte sie in ihrem Büro hin und her. Immer wieder ließ sie den Blick über die Regale mit den Akten streifen, unschlüssig, welchen Ordner sie herausziehen und öffnen sollte, um darin die Lösung ihres Problems zu finden.

»Nur ein kleines Stück«, hallten die Worte ihrer Schwester in ihrem Kopf nach. »Nur ein kleines Stück.«

Hatte Tess überhaupt eine Ahnung, was sie da forderte? Drover's Run war keine Anhäufung von Grundstücken. Die Farm war ein komplexes Ganzes. Ein Körper, der jedes Stück Land wie ein Organ brauchte. Wenn man nur einen geringen Teil davon wegnähme – es würde einer Amputation gleichkommen. Einer Amputation an einem lebenden Körper – und einer Amputation an Claires Seele.

Es dämmerte gerade und war noch frühester Morgen, als Claire ihre Schwester mit einem heftigen Klaps auf den Hintern reichlich unsanft weckte. »Tess! Tess, wach auf!«

Tess schlug erschreckt die Augen auf. »Was ... was ist denn los?«, fragte sie verschlafen. »Ist jemand gestorben?«

»Nein, es ist niemand gestorben«, antwortete Claire. »Zumindest nicht in den letzten Stunden«, setzte sie sarkastisch hinzu. »Komm mit«, fuhr sie dann fort und zog Tess an einem Arm grob aus dem Bett. »Ich muss dir unbedingt etwas zeigen.«

»Muss das denn jetzt sein?«, fragte Tess verschlafen. »Es ist erst ...«

Claire antwortete nicht. Sie sah Tess mit dem gleichen Blick an, mit dem sie ihre kleinere Schwester schon in der Kindheit bedacht hatte. Und der so viel bedeutete wie: »Mach schon!«

Seufzend stand Tess auf und verschwand für einen Moment im Bad.

Als die Frauen über das Land ritten, war die Sonne bereits aufgegangen. Sie schien hell von einem klaren Himmel herab. Die Luft war frisch, erholt von der angenehmen Kühle der Nacht.

Der Weg führte an einem kleinen Fluss entlang. Claire ritt voraus, und obwohl sich Tess alle Mühe gab, ihr zu folgen, konnte Oskar, der alte Schimmel, auf dem sie ritt, den Hengst Scirocco kaum einholen.

»Claire! Claire!«, rief Tess. »Jetzt warte doch mal auf mich!«

Tatsächlich verlangsamte Claire den Trab ihres Pferdes. Der Fluss bildete an dieser Stelle ein kleines Becken. Fische standen reglos im Schatten eines Astes, der über das Wasser ragte.

»Hier«, begann Claire, als ihre Schwester sie eingeholt hatte. Sie deutete auf das Wasser, das an dieser Stelle ein wenig tiefer war. »Hier habe ich schwimmen gelernt«, erklärte sie.

»Ein Naturbecken«, stellte Tess fest. »Das ist besser als jeder Swimmingpool in Hollywood.«

»Und meinen ersten Kuss habe ich hier auch bekommen«, fügte Claire mit einem Grinsen hinzu.

»Wirklich?«, fragte Tess neugierig geworden nach. »Wer war es denn?«

Als hätte Claire diese Frage überhaupt nicht gehört, gab sie ihrem Pferd ein kurzes Zeichen und ritt weiter.

»Claire!« Tess trat Oskar heftig in die Flanken, damit er sich bewegte. »Claire! Wenn du doch nur einmal ein Geheimnis mit anderen teilen könntest!«

Nach und nach veränderte sich die Landschaft. Sie verließen das kleine grüne Tal des Flusses und ritten nun einen Hügel hinauf, dessen karges Gras von der Sonne verbrannt war. Die Bodenoberfläche war rotbraun und verkrustet.

»Was meinst du, was das ist?«, wollte Claire von Tess wissen, als sie sich einer einfachen Hütte aus Steinen näherten.

Tess zuckte die Schultern. »Keine Ahnung. Ein Schuppen. Ein Unterstand, vielleicht zum Schutz vor Unwettern, vermute ich.«

»Diese Hütte hat der Großvater meines Großvaters gebaut. Mit Steinen, die er auf der ersten Weide gesammelt hatte, die zu Drover's Run gehörte«, erklärte Claire.

»Dann ist es also ein alter Schuppen«, meinte Tess. Ihr wurde allmählich klar, was Claire mit diesem Ritt bezweckte. Man musste keine Hellseherin sein, um sich ausmalen zu können, dass Claire wahrscheinlich mit jedem Sandkorn eine innige Beziehung verband.

»Hier ist Jack gestorben«, sagte Claire jetzt und richtete ihren Blick über das weite Land, während ihre Schwester sie bedrückt ansah.

Claire ritt wieder voraus, auf einen einsamen Baum zu, der in nicht allzu weiter Entfernung zu sehen war. In seinem

Schatten konnte Tess ein weißes Kreuz erkennen. Es war von einem flachen Zaun umgeben.

Die Frauen stiegen ab und führten ihre Pferde am Zügel hinter sich her. Beim Näherkommen wurden auch die Inschriften auf den drei Grabsteinen sichtbar, die neben dem Kreuz aufgereiht waren.

»Es ist nichts Aufwändiges«, sagte Claire entschuldigend. »Aber das hätte Jack auch nicht gewollt. Das hier ist meine Mom«, erklärte sie und deutete auf einen Grabstein mit einem Frauennamen. »Und das hier«, sie zeigte auf einen kleinen Stein, »das ist Adam.«

»Du hattest einen kleinen Bruder?«, fragte Tess nach.

»Ja, dein Halbbruder«, antwortete Claire. »Er ist bei seiner Geburt gestorben. Zusammen mit Mom.«

Einen Moment lang sprach niemand ein Wort. »Also, da bist du wirklich gut drin – einem ein schlechtes Gewissen zu machen«, seufzte Tess dann.

Claire atmete tief ein. »Du hast gesagt, du willst nur ein Stück Land hergeben«, entgegnete sie. »Dann sag mir jetzt, welches es sein soll. Der Fluss oder dieser Boden, in dem meine beiden Eltern liegen? Oder die alte Steinhütte? Vielleicht können wir die noch am ehesten verkraften ...« Sie sah ihre Schwester kurz an, dann nahm sie ihr Pferd am Zügel und ging voraus, zurück zur Farm.

Unter dem Vordach hatte Meg schon das Frühstück vorbereitet. Nun wandte sie sich Vernon zu, dem Mann, der seine Familie umgebracht haben sollte. Er hatte ein Kaninchen gefangen, wie er sagte, und sich beim Abhäuten an der Hand verletzt. Meg versprach, die Wunde zu verbinden.

Als Claire und Tess sich ebenfalls an den Tisch setzten, kam Marty, der Chef der Schafscherer, aufgebracht herbei. Er war wütend.

»Wo ist Jason?«, fuhr er seine Leute an.

Vernon sah auf. »Der musste nach Hause«, erklärte er kühl.

»Ohne sein Geld mitzunehmen?« Marty sah ihn forschend an.

»Bei seiner Frau haben ganz plötzlich die Wehen eingesetzt«, entgegnete Vernon nur.

»Davon weiß ich nichts«, hielt Marty ihm entgegen.

»Ich aber. Sie haben ihn über den Pager gerufen, und er ist gleich los.«

Meg hatte unterdessen noch einiges für das Frühstück aus der Küche geholt und von dem Gespräch nichts mitbekommen. »Sollen wir kurz hineingehen und die Wunde verbinden?«, wandte sie sich jetzt an Vernon.

Sofort stand Vernon auf und folgte Meg ins Haus.

»Soviel ich weiß, ist Jason gar nicht verheiratet«, flüsterte Becky, die Tess gegenübersaß, jetzt leise über den Tisch hinweg.

Unwillkürlich lief Tess ein kalter Schauer über den Rücken. Gleichzeitig fiel ihr der Streit ein, den Vernon und Jason gestern Abend ausgetragen hatten. Und dazu Vernons Schnittverletzung an der Hand ... »Oh«, sagte sie. »Dann liegt er vielleicht irgendwo tot im Graben?«

»Zu ärgerlich«, warf Claire ein, und um ihre Lippen spielte ein ironisches Lächeln. »Dann können wir diesen Teil der Farm jetzt auch nicht mehr verkaufen.«

Ein weiterer Tag der Schafschur begann. Schon nach wenigen Stunden zeigte sich, dass die Arbeit diesmal deutlich langsamer voranging als am Tag zuvor.

»Die ganze restliche Herde zu scheren, das schaffen wir heute nicht«, stellte Marty irgendwann fest. »Uns fehlt eben ein Mann. Wir brauchen auch noch den morgigen Tag.«

»Kommt überhaupt nicht in Frage.« Genau wie alle anderen half auch Claire wieder im Stall mit. Der Schweiß stand ihr auf der Stirn. »Ich habe ein Termingeschäft. Ich muss morgen liefern.«

»Dann musst du den Lohn raufsetzen«, antwortete Marty. »Damit die Männer einen Anreiz haben, um schneller zu arbeiten.«

Claire sah ihn spöttisch an. Marty war nicht der Erste, der versuchte, einen vorab vereinbarten Preis in die Höhe zu treiben.

»Den Lohn heraufsetzen?«, wiederholte sie lächelnd. Sie kannte Marty lange, und sie hatten sich immer gut verstanden. Kleine Hakeleien wie diese waren zwischen Auftraggeber und Schafscherern so gut wie an der Tagesordnung. »So langsam, wie ihr schert, sollte ich den Lohn höchstens herabsetzen«, fuhr sie fort. »Wenn ich euch so sehe – da schere ich ja schneller als ihr alle! Ich denke, ihr seid Profis?«

Auch Marty lächelte. Und Claire wusste, dass er schon immer eine Schwäche für sie gehabt hatte.

»Du meinst, du scherst schneller als wir? Oder als ich?«, fragte er nach. »Dann spring doch für Jason ein! Komm, wir stoppen die Zeit«, fuhr er mit einem Blick auf die Uhr fort, die an einem Balken im Stall hing. »Wer innerhalb von einer Stunde die meisten Schafe schert, hat gewonnen.«

Claire zog die Augenbrauen hoch. »Eine Wette? Na, von mir aus«, meinte sie dann. Es war ihr egal, wie sie die Leute zum Arbeiten bekam. Hauptsache, das Geschäft platzte nicht.

»Wenn ich gewinne«, fuhr Marty jetzt sachlich fort, »zahlst du mir und allen Jungs pro Schaf zwanzig Cent mehr als vereinbart.«

Claire überlegte einen Augenblick. »Okay«, sagte sie dann. »Und wenn ich gewinne ... wenn ich gewinne, bleibt ihr notfalls bis morgen früh. Jedenfalls so lange, bis die gesamte Arbeit erledigt ist. Zum vereinbarten Lohn.«

»Das schaffst du nie«, erklärte Marty grinsend und streckte Claire die Hand hin.

»Wart's ab.« Claire lachte und schlug ein.

Ihr lief der Schweiß in Strömen herab. Sie hatte nicht wenig Mühe, mit Martys Tempo einigermaßen Schritt zu halten. Sie wusste zwar, wie man Schafe schert, aber ihr fehlte die Routine, die Marty schnell einen Vorsprung verschaffte. Schon nach kurzer Zeit lag er um drei Schafe vorn. Meg führte eine Strichliste, die für die beiden Wettkandidaten gut sichtbar im Stall hing.

Um fünf nach elf stellte Marty sein Schergerät ab. Er sah auf die Liste. Es stand zwanzig zu vierzehn für ihn.

»Ich gehe mal kurz eine rauchen«, informierte er Claire und strubbelte ihr durch das zerraufte Haar. »So viel Zeit hab ich dicke.«

Claire war vollkommen außer Atem. Sie sah Marty nach, der schon jetzt siegessicher den Stall verließ. Sie warf einen Blick auf Megs Strichliste, dann nahm sie all ihre Kräfte zusammen, packte das nächste Schaf an den Vorderbeinen, holte es an ihren Scherplatz und machte sich mit größter Konzentration und blitzartiger Geschwindigkeit wieder an die Arbeit.

Als Marty zurückkam, hatte sich sein Vorsprung um drei Schafe verringert. Die letzten Minuten des Wettbewerbs vergingen wie im Fluge. Jetzt kamen auch Tess, Becky und Jodi zu den Scherplätzen, um Claire anzufeuern.

»Schneller, Claire, du schaffst es!«, riefen sie. »Du schaffst es!«

Meg stellte sich zwischen Marty und Claire. Sie sah auf ihre Armbanduhr.

»Acht, sieben, sechs, fünf«, zählte sie die letzten Sekunden der Zeit von ihrer Armbanduhr ab, »vier, drei, zwei, eins – aus!«

Marty und Claire ließen erschöpft die Schergeräte fallen. Die nackte Haut ihrer Arme glänzte vor Schweiß. Sie reichten sich die Hände und lachten sich an.

»Glückwunsch, Marty«, meinte Claire. »Du hast ja doch gewonnen.«

»Bist 'ne gute Verliererin, Claire«, antwortete Marty.

Draußen am Wasserhahn hielt Claire erst einmal ihren Kopf unter den kühlen Wasserstrahl. Sie konnte nicht sehen, wer herauskam, als sich die Tür des Stalls öffnete. Eine Hand strich zusammen mit dem Wasserstrahl durch ihr nasses Haar.

Es war Marty. »Du warst echt gut, Claire«, sagte er anerkennend. »Ich habe mir fast schon Sorgen um meinen Sieg gemacht«, setzte er belustigt hinzu. »Wir wären ein gutes Team.«

Claire wischte sich das nasse Haar aus dem Gesicht, das nun glatt und glänzend an ihrem Kopf anlag. »Also, wenn du das meinst ... Arbeit gibt es hier genug.«

»So meine ich das nicht«, antwortete Marty. Sein Lächeln bekam jetzt einen eigentümlichen Ausdruck. »Ich will nicht mein Leben lang von Farm zu Farm fahren. Du könntest mich fest anstellen. Als Verwalter.«

Claire schüttelte den Kopf. »Oh, tut mir leid. Aber das kann ich mir nicht leisten.«

»Es geht ja auch nicht immer nur ums Geschäft. Ich meine, wir kennen uns schon so lange ... Weißt du noch damals, der einundzwanzigste Geburtstag von Danny Stubbs, unten am Fluss ...«

»Oh, Marty«, unterbrach Claire ihn lachend. »Das ist nun aber wirklich Schnee von gestern. Außerdem, wenn ich mich recht erinnere ... Habe ich dir nicht damals einen Korb gegeben?«

Martys Lächeln wurde etwas weniger strahlend. »Hör mal, ich komme seit Jahren hierher und kenne mich aus. Mag ja sein, dass du dich seit Jacks Tod bisher ganz gut durchgekämpft hast. Aber ich denke, wenn Jack wüsste, dass sich dir die Aussicht auf Erfolg bietet – wenn du nur zugreifst ...«

Claire sah Marty an. Sie mochte ihn, das war keine Frage. Aber was Drover's Run betraf, war dies nicht der richtige Zeitpunkt für Gefühle. »Und du wärst meine Chance?«

»Ich hab doch gesagt, wir wären ein gutes Team«, antwortete Marty.

Jetzt sah Claire ihm fest in die Augen. »Ein gutes Team? Bisher habe ich nur eins gesehen«, stellte sie fest. »Dass wir gute Konkurrenten sind. Und dass man sich mit Herausforderungen mehr ins Zeug legt. Du hast plötzlich doppelt so schnell geschoren, um mich zu schlagen, Marty.«

Martys Miene verfinsterte sich augenblicklich.

»Wenn du so weitermachst, sind wir bis Sonnenuntergang nicht fertig«, setzte Claire nach. »Das nur von wegen: Wir arbeiten, so schnell wir können.«

Einen Moment lang sah Marty sie schweigend an. »Du wirst die Sache allein nicht durchziehen können, Claire«, sagte er dann. »Du wirst es nicht schaffen.«

»Das werden wir ja sehen«, antwortete Claire gelassen. Damit drehte sie sich um und lief zum Haus.

Claire hatte sich gar nicht so lange im Haus aufgehalten. Sie hatte nur ein paar Telefongespräche führen müssen. Um eine Farm zu führen, müssen nebenbei eben auch viele organisatorische Dinge erledigt werden. Als sie zurück in den Stall kam, waren die Scherplätze verwaist.

»Was ist das denn? Die Zigarettenpause ist doch längst zu Ende?« Claire war die Verwunderung anzumerken.

»Sind die Jungs nicht draußen bei dir?«, rief Meg aus der Kammer, wo sie mit Jodi und Tess die Wolle prüfte.

Als Claire auf den Hof kam, sah sie Becky, die, mit Zornesröte im Gesicht, auf Luke einredete. »Was soll denn das? Ihr könnt doch jetzt nicht einfach abhauen!«

»Marty ist mein Boss«, entschuldigte sich Luke. »Und ich tue, was er sagt.«

In diesem Moment kam Marty aus der kleinen Hütte, wo er mit den übrigen Schafscherern die Nacht verbracht hatte. Er trug seine Tasche bei sich und wuchtete sie jetzt auf die Ladefläche seines Pick-ups.

»Was hast du vor, Marty?«, fuhr Claire ihn an.

Marty drehte sich gelassen um. »Du hast doch gesagt, du kommst allein zurecht.«

Claire kniff die Augen zusammen. Konnte es wirklich wahr sein, dass Marty ihr aus gekränkter Eitelkeit einen derartigen Strich durch die Rechnung machen wollte? Einen Strich durch das Termingeschäft, von dem er sich an den Fingern abzählen konnte, wie wichtig dessen Einhaltung für Drover's Run war?

»Marty, wir haben einen Vertrag«, erinnerte sie ihn an seine Pflichten. Dabei versuchte sie, nicht beschwörend zu klingen.

Wir haben einen Preis für die Schur pro Schaf ausgemacht«, gab Marty zurück. »Über den Umfang der Arbeit haben wir nicht geredet. Wenn du willst«, fuhr er fort, während Claire vor Empörung beinahe die Luft wegblieb, »kannst du mich ja verklagen. Ansonsten stelle ich dir einfach unsere bisherige Arbeit in Rechnung.«

»Marty, vielleicht kannst du für fünf Minuten dein Ego vergessen und ...« Marty machte einen Schritt näher auf Claire zu. »Du hast gesagt, du schaffst es allein. Dann bitte. Fang an.«

Damit gab er seinen Männern ein Zeichen, und die Schafscherer verließen die Farm.

Claire sah ihnen sprachlos nach.

»Die Sache hat eigentlich nur ein Gutes.« Tess stand jetzt neben ihrer Schwester und sah den Wagen ebenfalls hinterher. »Wir brauchen uns wegen des Killers keine Gedanken mehr zu machen.«

»Wenn es darum ginge«, gab Claire zurück, »dann würde ich jetzt sogar Jack the Ripper einstellen. Solange er dafür sorgen würde, dass die Wolle pünktlich ausgeliefert werden kann.«

Die Situation war alles andere als rosig. Tess begann erst nach und nach das ganze Ausmaß der Lage zu überblicken. Händeringend versuchte Claire Ersatz für die Schafscherer zu finden. Überall bekam sie Absagen, und beim letzten Telefonanruf hatte man ihr mitgeteilt, dass der Schafscherer vor fünf Jahren gestorben sei. Claire hatte keine andere Wahl. Sie musste ihre Schafe selbst scheren.

Tess kam gerade zu ihrer Schwester ins Büro, als Claire auch die letzte gewählte Nummer durchstrich und einen Stapel Papier zusammenschob. Dabei fiel ihr Blick auf ein Blatt, das unter den anderen Unterlagen zum Vorschein kam.

»Nanu«, meinte Claire, hob das Blatt auf und betrachtete es jetzt etwas genauer. Dann gab sie es Tess. »Gehört das dir?«

Tess wusste sofort, dass es sich um die Farbkopie handelte, die sie schon vermisst hatte. Das Angebot über das Café Bila, das ihr der Rechtsanwalt geschickt hatte.

»Das ist ein Café, in dem Mom und ich oft waren«, erklärte sie. »Wir haben es beide sehr gemocht. Und jetzt ... jetzt ist es zu verkaufen.« Claire nickte. »Und dazu brauchst du das Geld.« Ihre Stimme klang bitter. Oder war es abfällig?

»Natürlich«, sagte Tess. Sie hatte Mühe, nicht ebenfalls verbittert zu klingen. »Ich verstehe, dass Cappuccino und Käsekuchen nichts sind im Vergleich zur Tradition dieser Farm. Zu den Generationen, die hier gelebt haben. Aber jeder von uns hat seine Pläne, seine Träume ...«

Claire schüttelte den Kopf. Sie erhob sich von ihrem Stuhl hinter dem Schreibtisch. »Tess«, sagte sie. »Es hat keinen Sinn. Die Schafe müssen bis morgen früh geschoren sein. Ich rechne fest mit dem Geld. Du hast deine Pläne, und ich habe meine. Aber bevor die Wolle nicht ausgeliefert ist, habe ich keine Zeit, mir darüber den Kopf zu zerbrechen.«

Kurze Zeit später standen die Frauen zusammen im Stall. Genau wie Claire hatte Becky sich einen der Scherapparate geschnappt und mit dem Scheren begonnen. Sie machte es gut – aber längst nicht so schnell wie Claire oder die professionellen Schafscherer.

Während Meg und Jodi Wolle sortierten, versuchte Tess die Schafe zum Scherplatz zu treiben. Es klappte immer besser, denn sie stellte sich mittlerweile vor, ihre Lieblingsfeindin vom College vor sich zu haben – endlich konnte sie der ein Bein stellen; darauf hatte sie so lange Jahre verzichten müssen.

Plötzlich war draußen ein mächtiger Donner zu hören, und im selben Moment öffnete der Himmel seine Schleusen. Ein Wolkenbruch ging nieder, zu einem denkbar ungeeigneten Zeitpunkt.

»Holt die Schafe rein!«, schrie Claire aufgeregt, während sie das gerade geschorene Schaf durch eine Luke ins Freie schob. »Holt sie rein! Sie dürfen vor dem Scheren nicht nass werden.«

Sofort stürzten die Frauen hinaus und trieben die Schafe in den Stall. Roy, der Hofhund, war dabei eine große Hilfe.

»Ein paar Tropfen haben sie aber doch abbekommen«, bemerkte Tess atemlos, während sie sich die nass gewordenen Haare aus der Stirn strich. »Müssen wir sie jetzt föhnen?«

»Wir machen die Fensterklappen auf und scheren diese Gruppe als letzte«, gab Claire zurück. Ihr war nicht zum Spaßen zumute. »Bis dahin ist die Wolle wieder getrocknet.«

Ein weiterer mächtiger Donner war zu hören, und kurz darauf fiel der Strom für einen Moment aus. Im gleichen Augenblick hörte man, dass die Stalltür geöffnet wurde.

Mit einem Flackern ging das Licht wieder an. Die Silhouette eines großen, äußerst kräftigen Mannes zeichnete sich im spärlichen Schein der Stallbeleuchtung ab.

Meg fand zuerst die Sprache wieder. »Vernon?«, stammelte sie verblüfft.

»Es war eine Schweinerei von Marty, Sie im Stich zu lassen«, sagte er zu Claire. »Aber keine Angst. Ich habe ihm gegeben, was er verdient hat.«

Tess zuckte unwillkürlich zusammen. Was konnte Vernon damit meinen? Erneut stieg Angst vor diesem Mann in ihr auf. Hoffentlich wurde das nicht ihre letzte Nacht!

»Ich bin zurückgekommen, um Ihnen zu helfen.« Nach dieser kleinen Rede zog Vernon seine Jacke aus, ging hinüber zu den Scherplätzen und machte sich wortlos an die Arbeit.

Die Nacht wurde lang. Stunde um Stunde schoren sie die Schafe, sortierten die Wolle in der Nebenkammer und füllten sie in die Presse.

Bei jedem Schaf fiel Claire die Arbeit schwerer. Und auch ihr ganzer Körper schmerzte von Minute zu Minute mehr.

Jodi hatte sich auf ein paar alten Matratzen zusammengerollt und schlief. Becky dagegen, der nicht nur im Umgang mit Männern, sondern im Hinblick auf ihre gesamte Lebensgestaltung der Ruf der Flatterhaftigkeit anhaftete, arbeitete mit geradezu verbissener Ausdauer.

Irgendwann ging die Sonne auf. Sie ließ den Grat der Hügelkette wie einen scharfen schwarzen Schattenriss vor einem rosa getönten Himmel erscheinen.

Claire schob das letzte geschorene Schaf durch die Luke ins Freie. »Mach, dass du rauskommst!«, rief sie ihm hinterher und versetzte ihm einen Klaps auf das Hinterteil. Dann warf sie die Arme in die Höhe und brach gemeinsam mit den anderen Frauen in Jubel aus.

»Und jetzt gibt es für uns alle erst einmal frischen Kaffee!«, seufzte Meg glücklich und machte sich auf den Weg in die Küche.

Kurze Zeit später saßen die Frauen und Vernon auf der Mauer vor dem Stall und frühstückten. Der heiße Kaffee tat wohl in der kühlen Morgenluft.

»Ich finde, wir stoßen an«, sagte Tess plötzlich und hob ihren Kaffeebecher. »Auf Vernon.«

»Ja, wenigstens einer, der Wort hält!«, pflichtete Claire bei und hob ebenfalls ihren Kaffeebecher.

Nachdem die Frauen auf ihn getrunken hatten, räusperte Vernon sich umständlich. »Ich will da noch kurz etwas klarstellen«, meinte er. »Und zwar wegen Jason – der musste nicht nach Hause.«

Die Frauen sahen ihn an.

»Nee, es war so, wir hatten Streit«, fuhr Vernon fort. »Darum ist er abgehauen. Sorry«, wandte er sich an Claire. »Ich hätte besser die Wahrheit gesagt. Ging in diesem Moment aber irgendwie nicht.«

Niemand sagte ein Wort.

»Also, ich muss jetzt los«, brach Becky schließlich das Schweigen. »Dann nimmt mich vielleicht das Postauto noch mit nach Gungellan.«

»Warte, du bekommst noch dein Geld«, sagte Claire.

»Jodi, schnapp dir mal ein paar Teller!« Meg und ihre Tochter begannen, das Frühstücksgeschirr in die Küche zu bringen.

Mit einem Mal war Tess allein mit Vernon – dem Mörder, oder vielleicht doch nicht? Aus irgendeinem Grund kam sie sich plötzlich ziemlich albern vor. »Äh ...«, begann sie ein wenig verlegen und trat ein Stück näher an Vernon heran. »Jason ... der liegt nicht zufällig irgendwo erschlagen hinter einem Busch?«

Vernon sah sie überrascht an. Dann legte sich ein gutmütiges Lächeln auf sein brutales Gesicht. »Er liegt mit Steinen beschwert auf dem Grund des Flusses. Genau wie meine Frau und die Kinder.«

Tess konnte sich ein Grinsen nicht verkneifen. »Na ja, nach dem, was man so hört ...«

Vernon lächelte noch immer. Jetzt war es ein fast verlegenes Lächeln. »Es gibt noch andere Gründe, warum man eine Familie plötzlich verlieren kann. Meine Frau hat mich verlassen«, gestand er. »Weil ich sie betrogen habe.«

»Ach, ich hatte gehört, Ihre Frau hätte Sie ... mit Ihrem besten Freund ...« Tess wollte unbedingt erfahren, was an der Mordgeschichte dran war.

»Nee«, machte Vernon und wurde rot. »Ich habe sie betrogen. Aber mit dem besten Freund ... mit meinem besten Freund, das stimmt trotzdem.«

»Wie bitte?« Tess war sichtlich erstaunt. »Ihr bester Freund? Soll das heißen, Sie sind ... Sie sind ...«

Vernon zuckte die mächtigen Schultern. »Kommt ja in den besten Familien vor. Das Schwulsein, meine ich.«

Tess sah den Mann noch immer verdattert an. Sie hätte Vernon wirklich so gut wie alles zugetraut – nur nicht, dass er Männer liebte!

Tess hatte nur ein paar Stunden geschlafen. Während der kurzen Zeit am Vormittag hatte sie jedoch einen Entschluss gefasst. Sie fuhr mit ihrem Käfer auf eine Anhöhe, in der Hoffnung, für ihr Handy Empfang zu bekommen, um ein Telefonat führen zu können, und genoss für einen Augenblick den unglaublich blauen Himmel und die wunderbare Landschaft.

Die Entscheidung war Tess nicht leicht gefallen. Auch wenn es zu ihrem eigenen Nachteil war, so musste sie Claires Argumente akzeptieren. Drover's Run war tatsächlich eine Einheit. Jeder Zentimeter Boden war für Claire mit Erinnerung behaftet. Wenn Tess sie hätte zwingen wollen, irgendetwas davon abzugeben, würden sie niemals zu einer gütlichen Einigung kommen.

Sie holte tief Luft. Dann nahm sie das Handy, wählte die Nummer ihres Rechtsanwalts und erklärte ihm, dass sie an der Versteigerung des Café Bila nicht teilnehmen wolle. Im Moment zumindest nicht.

»Es wird sich schon noch etwas anderes finden«, tröstete sie sich und ihren Rechtsanwalt. »Ein Café bleibt mein Traum, und so schnell gebe ich ihn nicht auf. Nein«, antwortete sie dann auf die Frage ihres Gesprächspartners, »es wird wohl weiter schwierig bleiben, mich zu erreichen. Ich schätze«, fuhr sie mit einem Seufzer fort, »ich werde noch eine Weile hier bleiben. Vielleicht schaffen wir es ja doch noch – dass meine Schwester und ich uns irgendwann einigen.« Was aber nicht leicht sein wird, fügte sie in Gedanken hinzu. Sie verabschiedete sich und legte auf.

Als Tess zurück zur Farm fuhr, stand die Sonne schon hoch am Himmel. Vom Flur des Hauses aus hörte sie Meg in der Küche werkeln. Ein angenehmer Duft drang in den Flur und kündigte die nächste Mahlzeit an.

»Oh nein, das darf nicht wahr sein«, hörte Tess ihre Schwester im Büro sagen.

»Bitte nicht noch mehr Ärger«, sagte sie deshalb, während sie eintrat.

Claire saß am Schreibtisch und war weiß wie eine Wand. Wahrscheinlich hatte sie den Abtransport der Wolle am Morgen überwacht und seither noch kein Auge zugemacht.

»Das ... das darf niemand erfahren«, stammelte sie.

Die Worte jagten Tess einen jähen Schreck ein. Schlechte Nachrichten für Claire waren zwangsläufig auch schlechte Nachrichten für sie. »Was ist denn los?«

»Mach die Tür zu. Bitte«, antwortete Claire.

Tess gehorchte. Dann setzte sie sich ihrer Schwester gegenüber an den Schreibtisch.

Claire raufte sich die Haare und sah Tess an. »Ich habe gerade noch mal den Vertrag für das Termingeschäft angesehen.«

Tess lief es eiskalt über den Rücken. Mit welcher Hiobsbotschaft würde Claire sie nun überraschen?

»Wir ...«, stammelte Claire. »Wir sind zu früh dran. Ich habe mich mit dem Termin um eine Woche vertan.«

Fast hätte Tess lauthals losgeschrien. Im letzten Moment hielt sie sich jedoch den Mund zu.

»Tess«, sagte Claire beschwörend. »Niemand darf erfahren, dass ich alle so getrieben habe. Für nichts und wieder nichts. Versprichst du mir das? Die halten mich sonst für den größten Idioten.«

Tess' Augen waren riesengroß. Jetzt aber brach sie plötzlich in unbändiges Lachen aus.

»Auch du machst also Fehler, Claire«, sagte sie und schnappte nach Luft.

»Es muss ein Geheimnis bleiben, Tess«, wiederholte Claire noch einmal beschwörend. »Ein Geheimnis zwischen uns.«

»Abgemacht. Ich glaube, es ist das erste Mal, dass du mir ein Geheimnis anvertraust.« Damit stand Tess auf und ging zur Tür. Bevor sie hinausging, grinste sie ihrer Schwester noch einmal verschwörerisch zu.

6. Kapitel

In der Gegend um Gungellan, den Ort, zu dem Drover's Run gehörte, gab es wenig Abwechslung. Daher galten das jährliche Rodeo-Reiten und der gleichzeitig stattfindende kleine Jahrmarkt schon als Sensation.

Mit einer Mischung aus Staunen und Amüsement ließ Tess sich von Alex über den Festplatz führen. Sie betrachtete die altertümlich wirkenden Wurfbuden und Schießstände und das vorsintflutlich anmutende Kettenkarussell.

»Vorsicht!« Alex fasste Tess plötzlich mit beiden Armen an den Schultern und hielt sie fest. »So etwas sind Sie aus der Großstadt wohl nicht gewöhnt?«, meinte er mit einem Lächeln.

Tess sah zu Boden. Ihr Fuß schwebte über einem riesigen Haufen Pferdeäpfel. »Zumindest nicht von Pferden. Und von Stadtkötern natürlich nicht in diesen Dimensionen.« Sie lächelte Alex an und machte einen Schritt über den Haufen hinweg.

Die meisten Rodeobesucher hatten sich wirklich fein herausgeputzt. Möglicherweise ist das hier eine Art Kontaktbörse, schoss es Tess durch den Kopf. Jeder zeigt sich von seiner besten Seite. Auch Alex trug anstatt seiner üblichen Arbeitskleidung heute ein schwarzes, mit weißen Biesen besetztes Jeanshemd und einen hellen Hut, was ihm gut stand. Für Tess war die Aufmachung dennoch etwas gewöhnungsbedürftig.

Während sie weitergingen, spürte Tess plötzlich Blicke im Rücken. Sie sah sich kurz um. An einem der Wagen lehnte ein junger Mann. Mit seiner Jeans, seiner Cordjacke und einem Hut, den er offenbar täglich trug, unterschied er sich von den anderen Rodeo-Besuchern. Er sah Tess kurz an, dann verschwand er zwischen den Wagen.

»Ist etwas?«, fragte Alex.

»Oh nein, ganz und gar nicht«, antwortete Tess schnell und blickte wieder nach vorn. Sie hatte den jungen Mann nur einen kurzen Moment gesehen. Aber unsympathisch war er ihr nicht gewesen.

»Sind Sie vielleicht ein bisschen nervös?«, forschte Alex im Weitergehen.

Tess lächelte. »Sie meinen wegen Claire?«

»Sie hat sich immerhin eine Menge vorgenommen«, antwortete Alex.

Tess zuckte die Schultern. »Ich habe keine Ahnung«, gab sie zu.

»Na ja«, meinte Alex und sah Tess von der Seite an. »Aber so viel können Sie sich doch vorstellen: Dass es nicht leicht sein wird, in die Fußstapfen von Jack McLeod zu treten.«

Genau das war der Grund, warum Claire sich als Teilnehmerin zum Rodeo angemeldet hatte. Es hatte sich herumgesprochen, dass sie nicht nur ihre Cowboys gekündigt, sondern sich auch mit den Schafscherern überworfen hatte. Das Ende von Drover's Run sahen viele aus der Gegend unter ihrer Leitung deshalb nun noch schneller kommen.

Claire wollte sich von dem Gerede aber nicht unterkriegen lassen. Im Gegenteil, sie wollte allen zeigen, dass sie etwas konnte und allein zurechtkam. Das Rodeo, vor allem die Disziplin des Viehtreibens, schien ihr dazu eine gute Gelegenheit zu sein.

Sie stand zwischen den Wagen und war gerade dabei, ihr Pferd Scirocco auf seine Aufgabe vorzubereiten. »Ruhig, ruhig«, sprach sie auf den Hengst ein, der nervös hin und her zu tippeln begann. »Letztes Jahr hast du es so gut gemacht. Zusammen mit Jack. Zeig ihnen, dass du jetzt mein Pferd bist.«

Der junge Mann, den Tess kurz zuvor gesehen hatte, kam in diesem Moment auf Claire zu. »Hallo, Nick«, begrüßte sie ihn.

»Hallo, Claire. Du willst es also wirklich wissen?«, fragte er und deutete mit dem Kopf auf Scirocco.

Claire antwortete zunächst nicht. Sie holte ihren Sattel von der Ladefläche des Pick-ups und schob ihn über den Rücken des Pferdes. »Mir bleibt keine andere Wahl«, antwortete sie schließlich. »Alle sagen: Claire McLeod schafft es nicht allein.«

»Und jetzt willst du beweisen, dass du so gut bist wie er«, ergänzte Nick.

»Ich muss es beweisen«, erklärte Claire mit Nachdruck. »Weil es einfach so ist.«

Nick sah ihr eine Weile schweigend zu. »Einen anderen Weg, Drover's Run weiterzuführen, siehst du nicht?«

Claire drehte sich zu ihm um. »Was wäre denn ein anderer Weg?«, entgegnete sie. »Dich zu heiraten?«

»Unsere Väter hatten die Sache unter sich schon so gut wie ausgemacht«, antwortete Nick mit einem Grinsen.

Auch Claire musste lächeln. »Und wo die Weiden der Farmen ja ohnehin aneinanderstoßen ... Das hätte den beiden gut gepasst.«

In diesem Moment erklang die Stimme eines Ansagers aus dem Lautsprecher. Sie verkündete den baldigen Beginn des Rodeos, und sofort setzte sich das bisher zwischen den Wagen und Buden umherstreifende Publikum in Bewegung, in Richtung des durch Zäune abgesperrten Reitplatzes.

Auch Tess und Alex folgten der Menge. Und kurz darauf schoss der erste Reiter auf seinem wilden Pferd in die Arena.

»Das ... das ist ja unglaublich!«, rief Tess begeistert aus, während das Pferd bockte, ausschlug und mit allen Mitteln versuchte, seinen Reiter abzuwerfen. »Dass die so springen können!«, fuhr sie fort, während sie sich zu Alex umdrehte. »Äh ... ist was?«

Alex machte merkwürdige, ruckartige Kopfbewegungen. Etwa so, als versuchte er, einen verknacksten Hals wieder einzurenken. Oder als wollte er einen ungeliebten Besucher verscheuchen.

Unwillkürlich drehte Tess sich um. Vor ihr stand jetzt ein junger Mann in einer Cordjacke. Derselbe Mann, der sie beobachtet hatte, als sie mit Alex über den Festplatz gegangen war.

»Willst du mich der jungen Dame nicht vorstellen, Alex?«, fragte er.

Alex verzog kaum merklich das Gesicht, so dass Tess davon nichts mitbekam. »Das ist mein Bruder Nick«, sagte er. »Nick Ryan.«

Tess sah zwischen den beiden Männern hin und her. »Oh, ich wusste nicht, dass Alex einen Bruder hat.«

»Warum nicht?«, meinte Nick und grinste. »Das kommt in den besten Familien vor.«

Tess streckte ihm die Hand entgegen. »So etwas Ähnliches könnte ich auch sagen. Ich bin Tess Silverman«, antwortete sie. »Die Schwester von Claire McLeod.«

Die Zeit bis zum Mittag verging wie im Flug. Tess hätte nie gedacht, dass sie an einem Rodeo so viel Spaß haben könnte – auch wenn das Ganze eine Super-Macho-Show war, wie sie Nick und Alex gegenüber feststellte. Sie merkte jedoch schnell, dass die Brüder ihr nicht unbedingt zustimmen wollten. Das wurde Tess erst so richtig klar, als Alex selbst als Rodeo-Reiter auf einem wilden Pferd in die Arena ritt. Erst jetzt fiel ihr auf, dass auch die merkwürdige Kleidung zum Rodeoreiten dazugehörte.

Das »Gungellan Hotel« war das einzige Lokal des Ortes. Es war ein einfacher Pub, der das ganze Jahr über vor allem Stammkundschaft aus der Gegend oder auch die von Farm zu Farm fahrenden Hilfsarbeiter bediente. Beim jährlichen Rodeo wurde das Hotel zu einem Zentrum des »gesellschaftlichen Lebens« der Umgebung. Die angereisten Teilnehmer übernachteten üblicherweise in Zelten, in ihren Wagen oder gleich im Freien, bei ihren Pferden, und nahmen ihre Mahlzeiten durchgehend im Pub ein.

Brian, der Wirt der Kneipe, ein seriös auftretender Mann Ende fünfzig, machte in dieser Zeit die besten Umsätze. Becky, die auch hier im Pub arbeitete, hatte anlässlich des Rodeos offenbar ihre knappsten Klamotten angezogen und ließ sich von den Gästen bereitwillig einen Drink nach dem anderen ausgeben. Zum Dank sparte sie dafür nicht mit Freizügigkeiten.

Tess kam zum ersten Mal hierher und blickte sich fasziniert um. Dem Treiben an der Theke schenkte sie kaum Beachtung.

»Lass die Finger von ihr«, hörte sie im Vorbeigehen eine Stimme sagen, die ihr bekannt vorkam. Terry Dodge, der Mitarbeiter von Harry Ryan und Megs Freund, redete eindringlich auf einen jungen Mann ein, der seinen Blick auf Becky geheftet hatte. »Ich sage dir, lass die Finger von ihr. Die ganze Stadt hat sie schon gehabt ...«

Gerade stand Tess vor der großen Tafel, auf der die Speisen des Pubs angeboten wurden. Es gab Steak in allen Variationen: Steak Diane, Steak mit Pilzen, Steak natur ...

»Ich würde das Steak nehmen«, sprach sie jemand von der Seite an.

Tess sah auf. Es war Nick, der sie angrinste. »Damit ist man immer auf der sicheren Seite«, setzte er nach.

Tess musste lachen. Das war genau der richtige Humor, der ihr gefiel.

»Ich habe auch schon darüber nachgedacht«, gab sie lächelnd zu. »Kommen Sie öfter hierher?«, fragte sie dann interessiert.

Nick sah sie einen Moment länger an, als für eine Antwort auf eine so simple Frage nötig gewesen wäre. »Ab und zu«, sagte er schließlich. Und sein Lächeln war so charmant, wie Tess es zuletzt nur in Melbourne gesehen hatte.

Sie setzten sich gemeinsam an einen Tisch. Das »Gungellan Hotel« war nun brechend voll, und es war nicht leicht, in dem Gewühl die Übersicht zu behalten. Tess bekam zwar mit, dass der Tisch schräg hinter ihr und Nick ebenfalls besetzt wurde, aber sie sah nicht, wer dort Platz genommen hatte.

Während Tess ihr Besteck aus ihrer Serviette wickelte, biss sie sich auf die Lippen. Sie musste durchaus mit sich ringen. Trotzdem schien ihr dieses unverhoffte Mittagessen mit Nick eine Chance zu sein. »Sind eigentlich alle Farmen hier so groß wie Drover's Run und Killarney?«, wollte sie wissen.

Nick schnitt bereits sein Fleisch. Er warf ihr einen kurzen musternden Blick zu. »Die meisten jedenfalls. Ein paar größere wurden allerdings auch aufgeteilt und an Hobbyfarmer verkauft«, antwortete er.

Tess nickte verständig. »Und ... und wie verkauft sich so etwas?«

Nick wiegte bedächtig den Kopf. »Die kleinen Grundstücke? Mäßig ...«

»Und wie sieht es mit größeren Anwesen aus?« Tess konnte diese Frage einfach nicht unterdrücken. »Verkaufen sie sich schnell? Oder muss man lange nach einem Käufer suchen?«

»Das hängt von verschiedenen Faktoren ab«, gab Nick ausweichend zur Antwort. »Aber gutes Land verkauft sich eigentlich immer.«

»Wenn der Preis stimmt«, fügte Tess hinzu.

Jetzt lächelte Nick sie wieder charmant an. »Ja, genau. Wenn der Preis stimmt«, bestätigte er.

Leider hatte Nick nach dem Essen zu tun. Er begleitete Tess nach draußen, dann verabschiedete er sich.

»Na, habt ihr euch gut unterhalten?«

Claire war wie aus dem Nichts neben Tess aufgetaucht. »Wo ... wo kommst du denn her?«, fragte Tess nervös.

»Von wo wohl? Von drinnen.« Claire deutete mit dem Kopf auf das Durcheinander im Pub.

»Ich habe dich gar nicht gesehen.«

»Wie auch?«, entgegnete Claire. »Mit dem Hinterkopf kann der Mensch nun mal nicht sehen.«

Tess verdrehte insgeheim die Augen. Sie hätte sich besser während des Essens einmal umdrehen sollen, um zu sehen, wer hinter ihr am Tisch Platz genommen hatte.

»Ach, es ging um nichts Besonderes. Worüber man eben so redet ...« Tess versuchte eine möglichst unverfängliche Antwort zu geben. Claire sah ihre Schwester jedoch aufmerksam an. »Zufällig auch über Immobilien?«

Sie hat uns nicht nur gesehen, sie muss unser Gespräch auch gehört haben, schoss es Tess durch den Kopf. »Claire, ich wollte nur ...«

»Es ist noch überhaupt nichts entschieden«, fuhr Claire jetzt auf, »und du posaunst Dinge heraus, die ...«

»Ich habe kein Schweigegelübde abgelegt«, fiel Tess ihrer Schwester trotzig ins Wort.

» ... die niemanden etwas angehen. Nick genauso wenig wie Alex. Und schon gar nicht Harry, ihren Vater.«

Ein lautes Knacken erfüllte die Luft. »Ladys und Gentlemen«, ertönte die Stimme des Ansagers aus dem Lautsprecher, »wir nähern uns nun dem Startschuss für das offene

Bullenreiten. Offenes Bullenreiten in fünf Minuten«, wiederholte die Stimme. »Und auch danach geht es spannend weiter. Mit dem offenen Viehtreiben ...«

Claire horchte auf. »Ich muss jetzt gehen. Ich bin gleich dran.« Damit ließ sie Tess vor dem »Gungellan Hotel« allein zurück.

Um sich auf das nun Kommende vorzubereiten, brauchte Claire jetzt noch etwas Zeit. Zeit für sich und Scirocco. Sie führte den Hengst ein wenig abseits vom Getümmel, band seine Zügel lose um ein halbhohes Gatter und strich mit der Striegelbürste über sein glänzendes Fell.

Aus dem Sack mit der Ausrüstung holte sie nun ein altes Hemd hervor. Sie hielt es Scirocco unter die Nüstern. Der Hengst schnupperte daran. Dann warf er den Kopf ein wenig in den Nacken und wieherte leise.

»Du erkennst den Geruch wieder, nicht wahr?«, sagte Claire zärtlich. »Du kennst ihn gut. Ja, das ist ein altes Hemd von Jack«, fuhr sie fort, während sie nun mit dem Hemd über den Hals und die Flanken des Pferdes strich. »Keine Sorge, er ist bei uns«, redete sie ruhig auf den Hengst ein. »Und er wird immer bei uns sein.« Sie horchte ihren Worten einen Moment nach. Und in ihrem Inneren war sie sich nicht sicher, für wen sie diese Worte eigentlich gesagt hatte. Für Scirocco – oder für sich selbst.

Nur kurze Zeit später war Claire an der Reihe. Scirocco tänzelte aufgeregt hin und her, und auch Claire hatte Mühe, ihre Atmung ruhig zu halten. Letztes Jahr war es Jack gewesen, der beim Viehtreiben den ersten Platz geholt hatte. Auf

Scirocco. Und dieses Jahr ... Mit einer hektischen Bewegung wischte Claire sich eine Haarsträhne aus der Stirn. Es war wie ein Vermächtnis. Wenn sie in diesem Jahr den ersten Preis holte, dann wäre es fast so, als sei Jack nicht tot – als sei er noch mitten unter ihnen ...

Der Schuss fiel, und Claire drückte ihre Fersen in Sciroccos Flanken. Die ersten zehn Sekunden spielten sich in einem abgezäunten Terrain ab, wo sie sich ein Tier aussuchte, das sie treiben wollte. In weniger als zehn Sekunden hatte Claire sich für einen jungen Bullen entschieden.

»Gatter auf!«, rief sie den Helfern am Tor zu.

Das Gatter schwang auf, und im Bruchteil einer Sekunde trieb Claire ihr Rind hinaus in die Arena.

Es ging nun darum, das Rind um einen abgesteckten Parcours herumzutreiben. Zwei Pfosten waren in Form einer Acht zu umrunden.

In höchster Konzentration gab Claire dem Pferd ihre Kommandos. Und Scirocco gehorchte, als sei er nie im Leben von einem anderen Menschen als Claire geritten worden. Der leiseste Druck ihrer Fersen und Knie, das feinste Ziehen am Zügel – Scirocco parierte mit der Präzision einer beseelten Maschine.

»Ladys und Gentlemen«, vernahm Claire wie von Ferne die Stimme aus dem Lautsprecher. »Sie sehen, der Apfel fällt nicht weit vom Stamm. Das ist eben eine echte McLeod, die da im Sattel sitzt ...«

Claire gab wirklich ihr Bestes. Dreimal trieb sie das Rind über den Parcours, dann dirigierte sie es zusammen mit Scirocco zurück zum Ausgangspunkt.

»Tor auf!«, rief sie den Helfern zu, und das Rind rannte in das Gatter. Gleichzeitig erhob sich Jubel in der Menge. Erleichtert riss Claire die Arme in die Höhe. Dann wurde auch Scirocco anerkennend beklatscht und gestreichelt.

»Claire McLeod auf Scirocco«, verkündete der Ansager noch einmal ganz offiziell, bevor er die Wertung der Jury bekannt gab: »Dreiundzwanzig Punkte für das Treiben. Dreiundsechzig für die Arbeit am Pferd. Vier Punkte für den Kurs ...«

Damit hatte sie die bislang beste Wertung des Tages. Und es war klar, dass diese Leistung nur schwer zu überbieten sein würde. Im Finale war Claire damit nun auf jeden Fall, so viel stand fest.

»Gut gemacht, Claire! Super! Wow!«, rief eine Stimme zu ihr herüber. Claire drehte den Kopf.

Es war Tess, die ihr aus Leibeskräften zujubelte.

Einen Moment lang fragte sich Claire, ob das nun schwesterliche Solidarität war oder ob Tess aus Eigennutz handelte. Aber bevor Claire diese Frage für sich entscheiden konnte, wurde sie gebeten, abzusteigen und Scirocco beiseitezuführen.

Als Claire kurz darauf mit Scirocco zurück zu ihrem Platz kam, warteten die anderen schon auf sie.

»Das war wirklich klasse, Claire!« Jodi war begeistert. »Aber ich habe dir auch so die Daumen gedrückt, damit du nicht herunterfällst.«

»Ich hoffe, du weißt es zu schätzen, Claire«, fiel Meg lachend von der Seite ein. »Jodi hat für dich den Finger krumm gemacht. Wenn sie das für mich nur auch einmal täte!«

Alex klopfte Claire kumpelhaft auf die Schulter. »Respekt, Claire, das hätte ich nicht gedacht. Echt, ziemlich gut.«

Claire grinste. »Für eine Frau – oder wie?«, ergänzte sie ironisch.

»Claire, wirklich, du warst toll«, versuchte Tess sich ebenfalls einzuschalten. Die anderen umringten ihre Schwester derart, dass sie kaum eine Chance hatte, an sie heranzukommen. »Ich hätte nie gedacht, dass du ...«

In diesem Moment übertönte sie eine dröhnende Stimme. »Tatsächlich, eine echte McLeod!« Harry Ryan trat an Scirocco heran und streichelte den Hals des Pferdes. »Hervorragendes Tier«, stellte er anerkennend fest. »Jacks alter Hengst. Du willst ihn nicht zufällig verkaufen?«

Allein der Gedanke durchzuckte Claire wie ein Dolchstoß. Sie zog den Kopf des Pferdes mit dem Zügel sanft zu sich heran. Dann lehnte sie ihr Gesicht an die Wange des großen, sensiblen Tiers. »Nie«, sagte sie. »Nie im Leben.«

Es war das erste Mal seit ihrer Pfadfinderzeit, dass Tess eine Nacht im Freien verbrachte. Claire hatte zwar schon angedeutet, dass sie während des Rodeos nicht nach Hause fahren würden, aber von einer Übernachtung im Freien war bis dahin nicht die Rede gewesen. Scirocco musste – wie alle Pferde des Rodeos – draußen übernachten, und natürlich wollte Claire in seiner Nähe sein. Für einen kurzen Moment dachte Tess daran, sich ein Zimmer im »Gungellan Hotel« zu nehmen. Nach Einbruch der Dunkelheit vernahm man aus dem Lokal allerdings nur noch lautes Grölen, und so hatte Tess beschlossen, die Übernachtung unter freiem

Himmel als romantisch zu betrachten. Jetzt lag sie neben Claire – auf Matratzen gebettet und in Decken gehüllt – auf dem Boden.

Sie seufzte und drehte sich von der einen wieder auf die andere Seite. So romantisch die Sache auch sein mochte – es wollte ihr einfach nicht gelingen einzuschlafen. Wieder drehte sie sich um und zog dabei die Überdecke, die sie sich mit Claire teilte, ein Stück weiter zu sich herüber.

»Kannst du endlich mal aufhören, dich herumzuwälzen?«, fauchte Claire und zog die Decke mit einer energischen Bewegung wieder an sich heran. »Das hast du als Kind schon immer gemacht!«

»Hey, mir wird kalt!«, gab Tess zurück und zog ebenfalls an der Decke. »Ich will auch ein Stück.«

Im Handumdrehen entwickelte sich ein kleines Handgemenge, aus dem die Schwestern schließlich lachend zurück auf ihre Kissen sanken.

Tess wartete einen Augenblick. Sie sahen beide zu den Sternen, die von einem schwarzsamtenen Himmel auf sie herabfunkelten.

»Du hattest mir gar nicht gesagt, dass Scirocco Jacks Pferd war«, sagte sie schließlich. Die ganze Zeit war ihr dieser Gedanke im Kopf herumgegangen.

Anstatt darauf zu antworten, atmete Claire tief ein.

»Wie ist Dad gestorben?« Tess wusste, dass Claire die Hintergründe offenbar für sich behalten wollte. Trotzdem musste sie diese Frage wieder einmal stellen. »Ich weiß, es war ein Herzinfarkt, aber ...« Sie wartete einen Moment, versuchte Claire Zeit zu lassen, die richtigen Worte zu finden. Worte, die über die medizinische Ursache weit hinausgingen. Worte, durch die der Mensch Jack McLeod noch einmal lebendig werden sollte; die das beschrieben, was er wirklich hinterließ. Eine letzte Spur seines Lebens ...

Noch immer antwortete Claire nicht.

»Ich glaube, als Mom die Haare ausgingen, gab sie auf«, versuchte Tess nun ihrerseits sich zu öffnen. »Erinnerst du dich daran, was für hübsche Haare sie hatte? Bis dahin ... bis dahin hatte sie Hoffnung gehabt und sich gegen die Unausweichlichkeit ihres Schicksals gestellt. Danach – hatte sie allen Mut verloren. Auch wenn sie versucht hat, es sich nicht anmerken zu lassen. Sie lächelte«, fuhr Tess fort. »Und trotzdem wusste ich, dass es zu Ende geht.«

Claire hatte ihren Blick noch immer in die Sterne gerichtet. »Hat es ... hat es sehr lange gedauert?«, fragte sie dann ganz leise.

Tess nickte. Sie musste kurz schlucken. »Ja. Zu lange.«

»Warst du bei ihr?«

»Jeden Tag.«

Claire schien wieder in Schweigsamkeit zu versinken. Ihre Augen wanderten über den dunklen Himmel. »Dad war auf die oberen Weiden geritten«, begann sie dann aber unvermittelt. »Er wollte nachsehen, ob dort einzelne Rinder waren. Es gibt immer welche, die den Anschluss zur Herde verlieren, irgendwie«, schob sie ein. »Er kam lange nicht zurück. Länger als sonst. Ich habe mir zuerst nichts dabei gedacht«, berichtete sie, und ihre Stimme wurde rau. »Erst als es schon fast dunkel war, bin ich losgeritten, um ihn zu suchen.«

Tess drehte sich auf die Seite. Sie stützte ihren Kopf in die Hand und sah ihre Schwester an. In Claires Augen spiegelten sich die Sterne nun noch glänzender.

»Was ich zuerst gesehen habe, war Sciroccos Silhouette«, fuhr Claire fort. »Er stand auf der Hügelkuppe. Wie ein Schattenriss vor den letzten Strahlen der Abendsonne. Er bewachte ihn.« Claire schüttelte den Kopf, als wollte sie das Bild aus ihrem Gedächtnis vertreiben. »Ich hätte früher nach ihm sehen sollen.« Ihre Augenbrauen zogen sich schmerzhaft zusammen. »Ich hätte früher losreiten sollen ...«

Tess' Hand rutschte vorsichtig zur Schwester hinüber und legte sich auf ihren Arm.

»Ich hätte früher losreiten sollen«, sagte Claire noch einmal.

Mit einem Mal schreckte Tess auf. Sie war eingeschlafen. Es mochten Stunden vergangen sein – oder vielleicht auch nur Minuten. Leises Weinen drang an ihr Ohr. Tess, die im Schlaf ihre Hand von Claire weggezogen hatte, fasste wieder nach der Schwester. Aber Claire schlief. Ihre Atemzüge klangen tief und gleichmäßig.

Tess lauschte noch einmal einen Moment, dann schlüpfte sie aus ihren Decken und lief im Schein des Mondes in die Richtung, aus der das Weinen kam.

7. Kapitel

Sie konnte sich nicht erinnern, wann sie die Morgendämmerung jemals so herbeigesehnt hätte. Vielleicht würde das Licht des Tages helfen, Abstand zu den Vorgängen der Nacht zu gewinnen. Abstand für sie, Tess, vor allem aber für Becky, das Opfer. Denn das Weinen, das Tess vernommen hatte, war von Becky gekommen. Tess fand sie, auf einer Schaukel sitzend, aufgelöst und mit tränenverschmiertem Make-up. Von heftigen Weinkrämpfen geschüttelt, erzählte Becky, sie sei vergewaltigt worden. Die Tat war wohl gerade erst geschehen, über die genaueren Umstände berichtete Becky aber nichts. Sie wollte Tess weder erzählen, wer der Täter war, noch wo genau das Verbrechen stattgefunden hatte.

»Die denken, jeder kann mich haben«, schluchzte sie, »aber das stimmt nicht. Ich suche mir die Männer aus. Ich suche sie mir aus ...«

Mit größter Mühe überredete Tess Becky, zur Polizei zu gehen und die Vergewaltigung anzuzeigen. Noch bevor aber Constable Cook die Tür der Wache geöffnet hatte, war Becky weggerannt. Sie fürchtete, dass man ihr bei dem Ruf, den sie in Gungellan hatte, die Vergewaltigung ohnehin nicht glauben würde. Jeder würde sagen, sie habe es nicht anders gewollt.

Aus diesem Grund hatte Tess schließlich allein Constable Cook gegenübergesessen. Weil sie aber weder den Täter nennen konnte noch Beckys Namen nennen wollte, hatte sie schließlich unverrichteter Dinge wieder gehen müssen.

Claire war gerade dabei, ihre Sachen für die Nacht wieder zusammenzupacken. Scirocco hatte sein Frühstück bereits bekommen, und Claire und Tess wollten anschließend im Pub etwas essen.

»Vielleicht bringst du Becky dazu, zur Polizei zu gehen. Oder uns wenigstens zu sagen, wer es war«, sagte Tess zu Claire und schloss damit ihren Bericht über die Vorkommnisse der letzten Nacht.

Claire zuckte die Schultern. Sie kniete auf dem Boden und rollte unbeirrt eine Decke zusammen. »Ich denke, das ist wohl genau das, was sie nicht will«, stellte sie fest.

»Aber darin liegt doch das Problem«, entgegnete Tess. »Sie weiß gar nicht, was sie will. Sie braucht einen Rat.«

»Die nächste Beratungsstelle ist hundertachtzig Kilometer entfernt, in Adelaide«, antwortete Claire, ohne von ihrer Beschäftigung aufzusehen. »Und wenn man es mal genau betrachtet – es stimmt, dass sie so gut wie jeden an sich heranlässt...«

»Aber das gibt doch niemandem das Recht, sie zu vergewaltigen!«, fuhr Tess auf.

Jetzt sah Claire hoch. »Nein, natürlich nicht.« Sie erhob sich. »Aber bei Beckys Ruf – es ist tatsächlich so: Niemand wird ihr glauben. Und das weiß sie eben.«

»Soll das heißen, du willst ihr nicht helfen?« Tess sah ihre Schwester ungläubig an. Wie konnte man einem Mädchen in einer solchen Lage nicht zu Hilfe eilen? Tess konnte es einfach nicht glauben.

»Hör zu, Tess, es tut mir wirklich leid, dass Becky vergewaltigt worden ist«, antwortete Claire fest, während sie die Decken zusammenzurrte. »Aber wenn sie selbst nicht zur Polizei geht, dann kann ich auch nichts für sie tun.«

Der Appetit auf ein Frühstück war Tess mittlerweile vergangen – nach dem Gespräch mit ihrer Schwester brauchte sie aber dringend einen Kaffee. Sie ging in den Pub, der schon wieder voller Frühstücksgäste war. An einem der Tische saßen auch Meg, Jodi und Terry. Sie unterhielten sich mit gedämpften Stimmen, und es schien, als wüssten Meg und Jodie vom Vorfall der vergangenen Nacht bereits. Möglicherweise hatten sie Teile des Gesprächs zwischen Tess und Claire mitbekommen.

Constable Cook, der am Tresen saß und Kaffee trank, sah auf, als Tess sich neben ihn stellte. »Guten Morgen«, sagte er. »Und? Gibt es brauchbare Neuigkeiten von Ihrer Freundin?«

»Nein«, antwortete Tess einsilbig und schüttelte den Kopf. Der Pub war nun wirklich nicht der Ort, an dem sie dieses Thema weiter erörtern wollte.

»Wenn ich Ihnen irgendwie helfen kann …«, fuhr der Constable fort, ohne seinen Satz zu beenden. Gleichzeitig setzte er seine Mütze auf. »Sie wissen, wo Sie mich finden.« Damit verließ er den Pub.

Brian, der Wirt, schob Tess eine Tasse hin. »Kaffee?«, fragte er und schenkte ein, als Tess nickte. »Jetzt sind Sie erst so kurz bei uns und hatten schon mit der Polizei zu tun?«, fragte er charmant.

Tess gelang ein Lächeln. »Man sucht es sich nicht immer aus.« Eigentlich wollte sie einen Blick hinter Brian, in die Küche, werfen. »Ist Becky da?«

Brian zog überrascht die Augenbrauen hoch. »Becky? Wieso?«

»Ach, ich wollte sie nur kurz sprechen«, antwortete Tess und versuchte, ihrer Stimme einen gleichmütigen Klang zu geben.

Brian drehte sich um. Er schloss die offen stehende Schublade der Kasse, die hinter ihm stand. »Sie kommt heute später, hat sie gesagt. War ein langer Abend gestern«, sagte er.

»Gab es Probleme? Irgendwelche Prügeleien?«, forschte Tess nach. »Ist Becky mit jemandem nach Hause gegangen?« Im selben Augenblick bereute sie ihren Vorstoß.

Brians Augen wurden plötzlich schmal. »Warum? Hat sie irgendwas gesagt?«

»Oh nein, nein, nur so«, beeilte Tess sich zu versichern.

Brian lächelte sie an. Er hatte eine freundliche Ausstrahlung – eigentlich. Jetzt aber lag in seinem Blick etwas merkwürdig Hartes. » Hören Sie«, wandte er sich in vertraulichem Ton an Tess. »Mit Becky ist es nicht ganz einfach. Ich meine, ich mag sie gern, und ich gebe ihr eine Chance, hier bei mir im Pub. Aber ...« Er sah Tess fest in die Augen. »Mit dem, was sie manchmal so sagt ... Becky bleibt leider nicht immer ganz bei der Wahrheit ...«

Das Gespräch mit Brian war für Tess so aufschlussreich gewesen, dass sie nun auf direktestem Wege zu ihrer Schwester zurückkehrte. »Claire!«, rief sie schon von weitem.

Claire hatte gerade Scirocco zur Tränke geführt. Sie war dabei, sich auf die Finalrunde des Viehtreibens vorzubereiten. Darauf kam nun alles an. Wenn es ihr gelingen würde, den Sieg davonzutragen ...

»Ich weiß jetzt, wer es war!«

Claire sah ihre Schwester an. Tess war bleich. Claire brauchte einen Moment, um sich darauf zu besinnen, worum es eigentlich ging.

»Es war Brian. Brian hat Becky ...« Tess brach ihren Satz abrupt ab.

»Was sagst du da?« Claire wusste nun wieder, wovon die Rede war. »Brian? Unmöglich«, stellte sie dann fest. »Ich kenne seine Frau.«

»Aber das ... aber das heißt doch nichts«, entgegnete Tess. Sie wickelte ihre Jacke enger um den Körper. Der Morgen war nicht kühler als andere. Aber die fast schlaflose Nacht, Beckys Vergewaltigung sowie die Tatsache, dass ihr gerade der Täter unverfroren ins Gesicht gesagt hatte, dass man einer wie Becky ohnehin nichts glauben dürfe, ließen sie frösteln. »Er war es«, betonte sie noch einmal. »Der Zusammenhang ist einfach zu deutlich.«

Claire wand Sciroccos Zügel locker um einen Pfahl und befestigte sie. Tess betrachtete die miteinander verflochtenen Lederschnüre, die bei aller Schlichtheit Stabilität und Gediegenheit ausstrahlten. Ein typisches Utensil von Drover's Run. Seit Generationen wurden dort nur Dinge von vernünftiger Qualität und robuster Eleganz angeschafft.

Gerade dieser selbstverständliche Umgang mit Qualität und Beständigkeit hatte Claire und ihr möglicherweise eine gewisse Sicherheit gegeben, dachte Tess plötzlich. Becky dagegen hatte eine solche Erziehung nie genossen. Ein Mangel, der in ihr kein Gefühl für den eigenen Wert hatte aufkommen lassen und der sie jetzt daran hinderte, sich gegen das Unrecht, das ihr angetan worden war, zu wehren.

»Claire, wir können Becky jetzt nicht im Stich lassen!«

Claire sah Tess an und gab sich Mühe, nicht ungeduldig zu wirken. »Tess. Es ist Beckys Angelegenheit. Sie muss entscheiden.«

»Sie kann aber nicht entscheiden. Weil ihr offenbar niemand zur Seite steht, der sie ermutigt ...«

Claire streichelte über Sciroccos Nüstern und seine Mähne und weiter über Bauch und Flanke. Das Pferd wieherte leise. Claires Stirn legte sich plötzlich in Falten, und sie strich noch mal über dieselbe Stelle. »Nanu, was ist denn los?«, fragte sie den Hengst.

Jetzt explodierte Tess. »Sag mal, ist dir dieses Pferd wirklich wichtiger als Becky?«

Claire atmete tief und zog die Augenbrauen hoch. »Im Moment ist mir Scirocco sehr wichtig«, gab sie zu und versuchte, ihre Stimme ruhig zu halten. »Wenn wir das Viehtreiben wirklich gewinnen, dann können wir den Leuten dadurch vielleicht endlich beweisen, dass ich Drover's Run auch ohne Jack führen kann.«

Mit einem Mal begann Claires Stimme zu beben. »Du hast doch überhaupt keine Ahnung!«, fuhr sie mit mühsam unterdrückten Tränen fort. »Du hast keine Ahnung, wie schwierig es ist, diesen Laden allein zu führen. Aber er ist eben meine Existenz ... er ist mein Leben ...«

Tess sah ihre Schwester an und sah zu, wie Claire ihr Gesicht hinter dem mächtigen Hals des Hengstes versteckte.

»Und Becky?«, sagte sie noch einmal leise. »Wie mag Becky sich fühlen?«

In diesem Moment ertönte wieder die Stimme aus dem Lautsprecher und kündigte das Finale des unmittelbar bevorstehenden Viehtreibens an.

Claire atmete tief durch. Sie strich Scirocco durch die Mähne und sah über seinen Rücken hinweg ihre Schwester an. »Gehen wir«, seufzte sie.

Meg wartete bereits. Sie stand hinter dem Rindergehege. Von hier aus ritten die Teilnehmer des Finales in die Startposition.

»Jodi kommt auch gleich«, rief sie den Schwestern zu, als Tess und Claire mit Scirocco am Zügel näher kamen. »Sie ist nur noch mal eben ...«, deutete sie an und wies mit dem Kopf auf die Toiletten. »Ich glaube, Jodi und ich, wir sind fast aufgeregter als du«, sagte sie lachend zu Claire, die das Lächeln erwiderte.

Dann setzte Claire den Helm auf, der bei dieser Veranstaltung Pflicht war, und stieg in den Sattel.

»Im Finale des Viehtreibens«, ertönte jetzt wieder die Stimme des Ansagers über den Festplatz, »beginnt der Champion nach Punkten: Claire McLeod auf Scirocco.« Applaus brandete auf.

Meg sah mit einem ermutigenden Blick zu Claire hinauf. »Oh, Claire. Wenn Jack dich sehen könnte – er wäre stolz auf dich.«

Claire antwortete nicht. Sie räusperte sich und schluckte angestrengt.

»Meg hat recht«, pflichtete Tess versöhnlich bei. »Bestimmt wäre er stolz auf dich.«

Claire schluckte noch heftiger. Warum unterstützte Tess sie trotz aller Auseinandersetzungen und Meinungsverschiedenheiten immer wieder? Unterstützung, nach der sie sich nur zu sehr sehnte ...

»Mom! Mom! Claire!« Jodis Stimme drang in diesem Moment aufgeregt zu ihnen.

Die Frauen wandten die Köpfe und sahen Jodi, die sich durch die Menschenmenge drängte. Sie schien sichtlich aufgelöst und verängstigt.

»Die Jungs ... die Cowboys ... sie haben Becky geschnappt«, rief die junge Frau im Näherkommen. »Sie sind betrunken und lassen sie nicht mehr los!« Jodi berichtete weiter, dass Becky einem der Männer fünfzig Dollar geben wollte, damit er sie in Ruhe ließ. »Ob sie sich jetzt auch schon bezahlen lässt, oder woher sie plötzlich so viel Geld hat, haben die Jungs sie aufgezogen.« Jetzt brach Jodi in Tränen aus. »Brick, der junge Cowboy von Killarney, hat versucht, sie zu verteidigen. Aber sie haben ihn einfach niedergeschlagen. Und was sie jetzt ... was sie jetzt mit Becky vorhaben ... Ihr müsst ihr helfen. Bitte! Bitte! Schnell!«

»Claire McLeod«, scholl es wieder aus dem Lautsprecher. »Claire McLeod bitte an den Start.«

»Ihr könnt sie jetzt nicht allein lassen«, bat Jodi weinend.

»Wo ist sie?« Claires Atem schien mit einem Mal zu stocken.

»Hinter den Tennisplätzen. Da bekommt niemand etwas mit, und ...«

Claire ließ Jodi gar nicht erst ausreden. Sie wendete ihr Pferd, drückte die Fersen in seine Flanken und ließ kurz die Zügel spielen. Mit kraftvollen Bewegungen galoppierte Scirocco davon.

Hektisch sah Tess sich um. Dann stürzte sie auf einen Mann zu, der gerade neben seinem gesattelten Pferd stand. »Darf ich?«, fragte sie und nahm dem Mann die Zügel aus der Hand. »Ich bringe es gleich zurück.« Damit schwang sie sich in den Sattel und galoppierte ebenfalls los.

»Zweiter Aufruf für Claire McLeod«, klang es aus dem Lautsprecher, während Meg und Jodi den Schwestern hinterhersahen. »Claire McLeod an den Start bitte. Zweiter Aufruf ...«

Es war bereits später Nachmittag, als die Frauen nach Drover's Run zurückkehrten. Das Rodeo hat ein wirklich unerwartetes Ende genommen, dachte Claire, während sie auf die Hütte zuschritt, in der zuletzt die Schafscherer übernachtet hatten.

Die Ereignisse der letzten Stunden kamen ihr fast schon unwirklich vor. Wahrscheinlich hätte sie das Viehtreiben gewonnen – wenn sie zum dritten und letzten Aufruf am Start gewesen wäre. Doch sie wurde daraufhin disqualifiziert. Aber das war plötzlich ganz unwichtig geworden.

Stattdessen hatte sie in dem Moment, als sie an den Start hätte gehen sollen, den Ort des eigentlichen Geschehens erreicht. Becky, die von einem besonders kräftigen Mann mit eisernem Griff festgehalten wurde, schrie aus Leibeskräften, während die anderen Cowboys, die ohnehin schon reichlich schwankten, weiter die Whiskeyflasche herumreichten.

Auf Scirocco war Claire in die Gruppe hineingeritten und hatte sie auseinandergesprengt, während Tess wenige Augenblicke nach ihr eintraf, Becky auf den Rücken ihres Pferdes hinaufzog und mit ihr davonritt.

Claire und Tess, die neuen Ritter der Tafelrunde, dachte Claire mit galligem Humor, während sie auf das weitere Paar Füße blickte, das neben ihr schritt. Ob sie sich mit Becky tatsächlich eine Prinzessin auf die Farm geholt hatten?

Es hatte sich herausgestellt, dass Brian Becky an diesem Morgen gekündigt hatte. Wahrscheinlich aus Rache darüber, dass sie sich überhaupt etwas hatte anmerken lassen. Er hatte ihr das Geld gegeben, das ihr zustand, und sie vor die Tür gesetzt. Aus diesem Grund hatte Becky dem Cowboy die fünfzig Dollar anbieten können, damit er sie in Ruhe ließ.

Claire stieß die Tür der Hütte auf. »Ich weiß nicht, wie die Schafscherer sie hinterlassen haben«, entschuldigte sie sich. »Aber hier kannst du erst einmal bleiben. Für den Anfang ... Und so lange du willst.«

Sie traten ein. Die Hütte war tatsächlich alles andere als ein Nobelhotel. Leere Bierdosen standen auf dem Tisch, Aschenbecher mit Zigarettenkippen. An den Wänden hingen Pin-ups aus billigen Männermagazinen, und auf dem Boden lag ein zerbrochener Rasierspiegel.

Becky bückte sich und hob ihn auf. Sie strich mit dem Finger vorsichtig über die scharfen Kanten der Bruchstellen.

»Wenn du nachher herüberkommst«, sagte Claire und riss wie nebenbei ein paar Pin-ups von der Wand, »bekommst du auch noch etwas zu essen.«

Becky sah Claire an. Die ganze Zeit hatte sie geschwiegen. »Ich bin kein Sozialfall«, stellte sie jetzt fest. »Ich werde arbeiten. Für Kost und Logis.«

Claire schloss für einen kurzen Moment die Augen. Es fiel ihr nicht leicht, Becky die nun folgende Zusage zu machen, und sie wusste, dass es weitere Belastungen für die Farm bedeuten würde. »Ich werde dich bezahlen. Auch wenn es nicht allzu viel sein wird.« Sie nickte Becky noch einmal kaum merklich zu, dann wollte sie gehen.

»Claire?«, rief Becky sie im letzten Moment zurück.

Claire drehte sich um.

»Du hättest heute gewinnen können«, sagte Becky nur.

An diesem Abend gab es Eintopf in der Küche, den Meg wie immer liebevoll zubereitet hatte. Sie war gerade dabei, einen Teller für Claire zu füllen, als die junge Frau den anderen erklärte: »Becky wird für eine Weile bei uns bleiben und hier arbeiten.« Ihr war völlig klar, dass Meg nicht allzu erfreut über diese Mitteilung sein würde.

Andererseits wusste Claire genau, dass Meg ein wirklich großes Herz hatte. Und dass Becky ihr im Grunde leidtat – selbst wenn sie keinen allzu günstigen Einfluss auf Jodi ausübte.

»Wie geht es ihr denn?«, erkundigte sich Tess. »Hat sie noch etwas gesagt?« Auch wenn Tess diese Entwicklung nicht vorausgesehen hatte – sie war froh, dass Claire Becky auf Drover's Run aufgenommen hatte. Im Stillen entschuldigte sie sich sogar bei ihrer Schwester dafür, dass sie ihr insgeheim Egoismus und Hartherzigkeit unterstellt hatte.

In diesem Moment hörte man Schritte in der Waschküche. Einen Augenblick später stand Becky in der Küche. Ihr Äußeres hatte sich sichtbar verändert. Anstatt der langen blonden Haare, die so anziehend auf Männer gewirkt hatten, trug sie nun einen stumpfen, verunglückt wirkenden Kurzhaarschnitt.

Meg, die gelernte Friseurin, schlug sich unwillkürlich die Hand vor den Mund, um vor Entsetzen nicht laut zu schreien.

»Ich ... ich hatte nur eine Spiegelscherbe«, brach Becky das ratlose Schweigen in der Küche.

»Sieht ... sieht aber super aus«, rang Tess sich nach einer Schrecksekunde zu einem Kompliment durch. »Ehrlich.«

»Danke«, war Beckys traurige Antwort. Dann nahm sie den Teller entgegen, den Claire ihr reichte.

Nach dieser Nacht erzählte man sich in Gungellan, dass es zu merkwürdigen Vorkommnissen gekommen sei. Es hieß, Terry Dodge sei nackt über die Straße zwischen Drover's Run und Killarney gerannt. Man hatte Meg gesehen, die im Auto hinter ihm herfuhr, die Lichter eingeschaltet, so dass Terry in all seiner Pracht zu sehen war. Sie lachte.

»Reicht es nicht langsam?«, hatte Terry wütend gefragt.

»Du hast doch gewettet!«, rief Meg ihm vom Auto aus zu. »Du hast gesagt, wenn mal irgendwann irgendjemand Mitleid mit Becky Howard haben sollte, dann würdest du mit nacktem Arsch durch die Stadt laufen.«

»Und?«, soll Terry gefragt haben.

»Claire hat Mitleid mit ihr gehabt.«

Terry hatte Meg angefleht, ihn in Ruhe zu lassen. Die Antwort war nur: »Lauf weiter! Lauf weiter!«

8. Kapitel

Allem Anschein nach hatte sich Becky schnell auf Drover's Run eingelebt. Sie packte ordentlich mit an und konnte wirklich gut mit den Tieren umgehen. Darüber hinaus zeigte sie auch ein gewisses technisches Geschick. Sie konnte Zäune reparieren und wagte sich auch schon an kleinere Maschinen heran. Nicht zuletzt war sie eine gute Autofahrerin, was Claire besonders entgegenkam, denn in Pinnaroo war wieder eine Viehauktion. Claire hatte sich dieses Mal einen Truck geliehen, den Becky fahren sollte.

Die Tiere hatten sich problemlos verladen lassen. Nun sprang auch Roy auf die Pritsche des Pick-ups, und Claire hatte einen kurzen Moment das Gefühl, auf einem Betriebsausflug zu sein.

Alle kommen mit, dachte sie gut gelaunt.

Sie war fest davon überzeugt, heute für ihre Rinder einen guten Preis zu erzielen. Und das war ein erfreulicher Ausblick.

»Claire?« Bevor Claire die Ladeklappe verriegeln konnte, stand Tess neben ihr. Sie hatte einen Farmerhut aufgesetzt, den sie anscheinend irgendwo gefunden hatte. Sie sah zwar nicht gerade professionell damit aus, aber auf jeden Fall sehr attraktiv. »Claire, hast du Becky eigentlich mal gefragt, ob sie überhaupt mitkommen will? Vielleicht braucht sie einfach noch etwas Zeit – ich meine, bei so einer Auktion, da sind doch vor allem Männer ...«

In diesem Moment steckte Becky ihren Kopf aus dem Fenster des Trucks. Sie hatte bereits hinter dem Lenkrad Platz genommen und thronte dort wie die Königin der Landstraße. »Sind wir so weit?«, rief sie Claire zu. »Kann es losgehen?«

Claire grinste ihre Schwester an. »Ich glaube, die Frage ist damit beantwortet«, meinte sie. Dann lief sie zu Fahrertür des Pick-ups, während Tess in den Truck stieg, um mit Becky mitzufahren.

Der Staub der heißen Straße wirbelte bis zur Fahrerkabine hinauf. Becky hatte das Radio aufgedreht und sang aus Leibeskräften mit.

»Ist was?«, fragte sie ihre Beifahrerin, denn Tess sah Becky schon eine Weile prüfend an. »Okay, ich singe nicht gerade wie Aretha Franklin.«

»Das macht mir nichts«, entgegnete Tess. »Ich wollte dich fragen ...«, sie zögerte. »Ich dachte, du möchtest vielleicht mal reden. Erzählen, wie du dich so fühlst.«

Augenblicklich verdunkelte sich Beckys Miene. Ihre Augenbrauen zogen sich zusammen. Noch bevor sie antwortete, schüttelte sie kaum merklich den Kopf. »Nee«, sagte sie dann knapp. »Möchte ich nicht.«

Die Rinder drängten sich dicht aneinander und muhten aufgeregt. Verkäufer wie Kaufinteressenten lehnten über den Gattern und fachsimpelten über Zustand und Wert der zu verkaufenden Herde.

Bei der Viehauktion trafen sich so gut wie alle Farmer der Gegend. Neben Drover's Run war auch Killarney vertreten, allerdings nicht durch Harry Ryan selbst, sondern durch seine Söhne Alex und Nick, begleitet von einigen Cowboys. Auch Brick war dabei, der junge Mann, der versucht hatte, Becky zu verteidigen.

Die Versteigerung ließ sich gut an. Der Auktionator hatte alle Hände voll zu tun, denn die Farmer waren in Kauflaune. Claire lehnte über dem Gatter eines Verschlags und hörte gespannt zu. Es ging um ihre Herde. Die Tiere machten einen guten Eindruck, wie sie voller Genugtuung feststellte. Und entsprechend kletterte der Preis von Augenblick zu Augenblick in die Höhe.

»Eins fünf, eins fünf!«, rief der Auktionator. »Eins sechs. Na, höre ich mehr? Eins sechs, eins sieben.«

Claire spürte, wie sich ein Lächeln auf ihrem Gesicht breit, machte.

»Eins sechs, eins sechs, eins sieben!« Der Auktionator deutete jeweils mit der Hand auf den Bieter des letzten Preises. »Hier drüben, eins sieben. Na, kommt noch was drauf? Eins sieben? Dann bleibt es dabei, eins sieben? Also gut! Eins sieben, zum Ersten ... zum Zweiten ... und zum Dritten!« Ein Klatschen des Auktionators besiegelte den Verkauf.

»Und?«, fragte Tess. Sie stand neben ihrer Schwester und sah Claire aufmerksam an. »War das gut?«

Claire nickte. »Ziemlich gut«, strahlte sie.

»Das heißt?«, forschte Tess weiter.

»Fette Beute«, antwortete Claire. Sie stieß sich vom Geländer ab und lief zwischen den Gattern hindurch zu den Büros, die zum Viehmarkt gehörten.

»Soll ich eine Schubkarre für das Geld holen, oder bekommen wir einen Scheck?« Tess begleitete ihre Schwester, die fröhlich lachte. »Das wird sich gleich herausstellen. Wenn das Büro die Summe errechnet hat.«

»Aber jetzt sind wir doch reich, oder?«, wollte Tess aufgeregt wissen.

»Es gibt da noch die ein oder andere Rechnung zu bezahlen«, wich Claire aus. Allerdings behauptete sie auch nicht das Gegenteil. »Da vorne sind Nick und Alex«, meinte sie und deutete voraus.

»Hallo, guten Tag«, begrüßte Alex die beiden Schwestern.
»Und, wie geht's? Gibt es Neuigkeiten?«, ergänzte Nick.
»Allerdings. Claire hat eben ein super Geschäft gemacht. So ein richtig großes Ding«, erzählte Tess stolz.

Alex schaute die beiden Frauen interessiert an. »Oh! Tatsächlich?«

»Gratulation«, setzte Nick hinterher.

Claires Miene verfinsterte sich schlagartig. »Na ja«, sagte sie nur. »So gut nun auch wieder nicht. Ich muss weiter.« Mit einem unterkühlten Lächeln schnappte sie ihre Schwester am Arm und zog sie mit sich. »Tess! Unsere Geschäfte gehen niemanden etwas an!«, fauchte Claire wütend.

»Aber wenn es doch gute Geschäfte sind«, protestierte Tess. »Ich denke, die Leute sollen wissen, dass du die Farm auch allein gut führen kannst.«

»Das werden sie schon noch merken«, entgegnete Claire. »Verlass dich darauf.«

Sie waren jetzt vor den Büros angelangt. Auch der Truck stand hier.

Jodi kam ihnen mit irgendeinem Snack in der Hand entgegen. »Hey, ihr beiden, wisst ihr, wo Mom ist?«

»Tut mir leid«, antwortete Claire, während sie Tess losließ, um in eins der Büros zu gehen. »Aber ich wusste noch gar nicht, dass du sie so vermisst ...«

Liebend gern hätte Tess ihre Schwester begleitet, um sich ihre Hälfte des Geldes direkt auszahlen zu lassen. Laut Testament von Jack McLeod gehörte ihr ja die Hälfte von Drover's Run – also auch die Hälfte des Erlöses aus dem Verkauf dieser Herde. Sie ahnte jedoch, dass Claire diese Idee alles andere als gut finden würde. Darum beschloss sie, erst einmal einen Kaffee trinken zu gehen. Sie hatte sich gerade einen Cappuccino bestellt, als Jodi an den Tresen trat. Sie verdrehte die Augen zum Himmel und sah völlig genervt aus.

»Nanu?«, fragte Tess. »Was ist denn los?«

»Ich habe gerade die Mutter von Meredith Jennings getroffen«, erklärte Jodi. »Meredith hat sechsundneunzig Punkte in der Highschool-Abschlussprüfung erreicht. Und jetzt weiß sie nicht, ob sie Jura oder Tiermedizin studieren soll. So eine blöde Ziege, findest du nicht?«

»Einige Ergebnisse wurden also schon bekannt gegeben?« Tess war erstaunt. Sie wusste, dass Jodi auf ihre Resultate ebenfalls wartete. Ihrer Mutter hatte sie aber gesagt, es würde bis zur Bekanntgabe noch eine Weile dauern.

»Meredith kann es nie abwarten. Sie hat sich die Zensuren aus dem Internet geholt. Typisch. Die hat auch echt jede freie Minute mit Lernen verbracht!«

Tess konnte sich ein Grinsen nicht verkneifen. »Die Schule ist doch dazu da, dass man sich hinsetzt und lernt, oder?«

»Nur Streber sitzen ständig in der Bibliothek herum«, meinte Jodi selbstbewusst. »Ich muss mir alles nur einmal durchlesen, dann weiß ich Bescheid.«

Um Tess von ihrem Können zu überzeugen, gab Jodi einige Kostproben ihres Wissens preis und zählte aus dem Stegreif auf, wie viele Australier in diesem Jahr Oskars bekommen hatten und wie viele im Jahr davor. Wie die Differenz im Vergleich zu noch einem Jahr davor war und woran es liegen könnte, dass australische Filme immer seltener einen Preis erhielten. Tess schien wirklich beeindruckt von dieser Darbietung, und Jodi grinste zufrieden.

In diesem Moment wurde der Cappuccino auf den Tresen gestellt. »Danke!«, wandte Tess sich an die Bedienung und nahm ihren Becher an sich. »Wir sehen uns später, Jodi«, verabschiedete sie sich von Megs Tochter.

Mit ihrem Cappuccino-Becher in der Hand schlenderte Tess geruhsam über den Viehmarkt und sah sich dort in aller Ruhe um. Bei einer Herde Schafe blieb sie schließlich stehen. Sie war beileibe keine erfahrene Farmerin, aber dass diese dünnen Lämmchen kaum einen Käufer finden würden, sah sie auf den ersten Blick.

Auch der Auktionator schien von den Tieren nicht allzu überzeugt zu sein.

»Fünfzehn. Fünfzehn hatte ich mir eigentlich vorgestellt. Findet sich denn niemand? Für fünfzehn? Also gut, wie sieht es denn mit vierzehn aus?«

»Na, wer wird denn da so traurig gucken? Tun Ihnen die Schafe leid?«

Alex und Nick standen plötzlich vor Tess, die sich freute, die beiden zu sehen.

»Ich kenne mich ja nicht aus«, gab Tess unumwunden zu. »Aber wer soll denn so einen traurigen Haufen kaufen? Die können sich ja kaum noch auf den Beinen halten.«

»Stimmt.« Alex stellte ein Bein auf den unteren Teil des Gatters. »Das tut man höchstens aus Verzweiflung«, stellte er fest.

»Stimmt, oder aus Mitleid, oder aus Blödheit«, meinte Nick grinsend.

»Echte Merinos«, ertönte die Stimme des Auktionators jetzt erneut. »Ein bisschen schlank, aber wenn man sie herausfüttert ... Also, Leute, zwölf kann ich euch anbieten. Was ist mit zwölf Dollar?«

»Echte Merinos«, wiederholte Tess spöttisch. »Aber leider im Hungerstreik. Oder auf dem Weg zu einer Model-Karriere. Ob sie wohl Kate heißen und auch Drogen nehmen?«

Mit einem Mal wendete sich das Blatt. »Zwölf fünfzig«, verkündete der Auktionator. »Zwölf fünfzig – und dreizehn! Na also, wer sagt's denn? Ich wusste doch, dass ihr nicht dumm seid!«

Nick und Alex warfen sich einen viel sagenden Blick zu, und Tess sah ihnen an, dass sie die nun gebotenen Preise für unakzeptabel hielten. Dennoch stieg der Preis weiter in die Höhe.

»Fünfzehn!«, rief der Versteigerer jetzt und war damit wieder bei seinem Einstiegsgebot.

Neugierig beugte Tess sich ein Stück vor. Auch wenn es ihr egal sein konnte – sie wollte einfach wissen, welcher erfahrene Farmer so viel Geld für eine sichtbar heruntergekommene Herde bot. Sie traute ihren Augen nicht!

»Claire!«, stieß sie aus.

»Fünfzehn. Fünfzehn zum Ersten, zum Zweiten und zum Dritten«, verkündete der Auktionator. »Die Herde geht an Claire McLeod!«

»Claire!«, rief Tess noch einmal verzweifelt. »Die Hälfte von dem Geld, das du in den Sand setzt, gehört mir!« Damit verabschiedete sie sich von den Brüdern Ryan und lief zu Claire, die schon auf dem Weg zu den Büros war.

»Kannst du mir bitte erklären, was du mit diesen magersüchtigen Schafen willst?«, stellte sie ihre Schwester zur Rede.

»Ganz einfach«, antwortete Claire ungerührt. »Ich füttere sie heraus und verkaufe sie mit einem ordentlichen Gewinn weiter.«

»Du hättest deinen Plan mir gegenüber mit einem Wort erwähnen können«, schmollte Tess. »Dann hätte ich mich nicht zusammen mit Nick und Alex so über die Viecher lustig gemacht.«

Auf Claires Gesicht strahlte der Besitzerstolz. Mit dem Ausdruck größter Zufriedenheit lenkte sie den Pickup zurück nach Drover's Run. Meg saß an ihrer Seite. Sie war ausgesprochen gut gelaunt. Claire führte es darauf zurück, dass sie zusammen mit Terry den neuen Truck eines Kumpels besichtigt hatte. Für die Fahrerkabine hatten sich die beiden besonders viel Zeit genommen, während Jodi ihre Mutter überall gesucht hatte. Claire fragte sich, wie lange Meg ihre Beziehung zu Terry noch vor ihrer Tochter geheim halten konnte. Oder auch wollte. Claire sah eigentlich keinen Grund dafür. Dabei machte Jodi sich schon die größten Sorgen, weil ihrer Mom einfach kein Mann zu gefallen schien.

Im Rückspiegel sah Claire, dass Becky, die mit dem Truck hinter dem Pick-up fuhr, ihr ein Signal mit der Lichthupe gab. Gleichzeitig verlangsamte der Laster seine Geschwindigkeit.

»Was ist los?« Claire stoppte ebenfalls und stieg aus. »Pinkelpause?«

Becky kletterte bereits aus der Fahrerkabine. »Der Motor wird zu heiß«, erklärte sie, bevor sie unter den Wagen kroch.

Wenige Augenblicke später kam sie wieder hervor. Claire hatte die Hände in die Seiten gestemmt und sah sie erwartungsvoll an. »Und?«

Becky wischte sich die strubbeligen blonden Haare aus der Stirn. »Ein Riesenloch im Kühler. Unmöglich, den Schaden auf der Stelle zu beheben.«

Tess und die anderen waren nun auch hinzugekommen. »Und jetzt?«, wollte Tess wissen.

»Wir müssen uns über Funk beim Verleiher melden«, meinte Becky. »Wir brauchen einen Ersatz für den Truck.«

Claire schüttelte mit einer knappen Bewegung den Kopf. »Das wird nichts bringen«, stellte sie fest. »Ich hatte schon Glück, dass Gunther diesen für uns hatte.«

Trotzdem ging Becky zurück in die Fahrerkabine und schaltete den Funk ein. Sie mussten versuchen, einen neuen Truck zu bekommen. Was blieb ihnen für eine andere Möglichkeit?

Wenige Minuten später kam sie zurück. »Es gibt keine weiteren Laster«, erklärte sie. »Gunther weiß auch nicht, wie er uns helfen kann.«

Claire runzelte die Stirn, blickte die anderen aber entschlossen an. »Es gibt nur einen Weg«, erklärte sie entschieden und begann die Verriegelungen der Transportfläche zu öffnen. »Runter mit den Viechern. Wir müssen sie zur Farm treiben.«

»Sind die Schafe nicht ein bisschen zu schwach für den langen Marsch?«, fragte Meg nachdenklich, sobald sie die ersten abgemagerten Tiere erblickte. »Es ist doch ein ziemliches Stück bis Drover's Run. Ob die das in dem Zustand überhaupt schaffen?«

Claire hätte es zwar nie zugegeben, dennoch teilte sie Megs Befürchtung. Sie nahm die schwächsten Tiere an der Rückenwolle auf und setzte sie auf die Ladefläche des Pickups. »Becky, du bringst diese Tiere mit dem Pick-up zur Farm«, befahl sie. »Und die anderen ... die anderen treiben wir heim.«

Tess hatte die ganze Zeit nachdenklich an einem Strohhalm gekaut. »Und wenn sie es nicht schaffen?«, fragte sie ihre Schwester. Der Zweifel war ihr deutlich ins Gesicht geschrieben.

Claire drehte sich zu ihrer Schwester um. »Sie müssen es schaffen!«

Es gab tatsächlich keine Alternative. Claire, Tess, Meg und Jodi machten sich auf, die Herde zu Fuß nach Hause zu treiben.

»Mann, sind die langsam«, stöhnte Jodi. »Da kommt man ja mit Schnecken schneller vorwärts.«

Jodi hatte noch nie einen Hehl daraus gemacht, dass ihr Farmarbeit nicht sonderlich zusagte. Sie konnte es kaum erwarten, endlich wieder zurück in die Stadt zu kommen. Allerdings hatte sie sich noch nicht festgelegt, wie es dann weitergehen sollte.

»Wenn du willst, können wir nachher gemeinsam deine Prüfungsergebnisse aus dem Internet abrufen«, sagte Tess, um Jodi auf andere Gedanken zu bringen. »Du bist doch sicher neugierig, oder?«

Aber Jodi winkte ab. »Ach, das lohnt sich nicht. Die Sache ist gelaufen. Und außerdem – so was tun doch nur Streber.«

»Was tun nur Streber?« Meg war die ganze Zeit neben Claire gegangen. Jetzt lief sie plötzlich neben Tess und Jodi.

»Die Prüfungsergebnisse aus dem Internet abrufen«, erklärte Tess. »Die stehen da nämlich drin, und Jodi muss eigentlich nur ...«

»Was?«, rief Meg überrascht aus. »Die Ergebnisse stehen im Internet? Warum hast du davon noch nichts gesagt?« Sie wurde so laut, dass einige Schafe erschreckt aus der Herde ausbrachen und hektisch querfeldein liefen. Meg erntete dafür einen strafenden Blick von Claire. Roy hatte die Ausbrecher jedoch schnell wieder beisammen und trieb sie zurück.

»Können wir uns vielleicht auf unsere Arbeit konzentrieren?«, forderte Claire ihre Helferinnen säuerlich auf.

»Bin ich froh, wenn ich keine Schafe mehr sehen muss«, stöhnte Jodi. »Ich kann es kaum erwarten!«

Je länger der Marsch dauerte, umso nervöser wurde Claire. Eines der Schafe verendete sogar auf der Strecke. Ohne viele Umstände zu machen, packte Claire das Tier und warf es in den Straßengraben.

»Tess, du darfst nicht so dicht hinter ihnen herlaufen«, wies sie ihre Schwester an, als sie weitergingen. »Und Jodi, hör auf, so mit den Armen herumzufuchteln. Es heißt Schafe treiben – nicht Schafe scheuchen.«

Jodi seufzte nur. Sie schob die Hände demonstrativ in die Hosentaschen und stolperte unlustig weiter.

»Claire?« Tess trat an ihre Schwester heran. Sie bemühte sich, mit ihr Schritt zu halten. »Ich reite nicht gern auf Fehlern herum. Aber ...«

»Aber was?«, fiel Claire ihr ins Wort. »Du findest, ich habe einen Fehler gemacht?«

Tess zuckte vorsichtig mit den Schultern. »Zumindest könnte man sagen: Du hast eine schlechte Wahl getroffen.«

»Oh, Tess«, stöhnte Claire entnervt und ärgerlich. »Komm mir jetzt bitte nicht mit so etwas.«

Der Weg schien nicht kürzer, sondern immer länger zu werden. Schier unendlich zog sich die Straße durch das Hügelland. Drover's Run war noch immer Meilen entfernt. Seitdem sie den Truck verlassen und zu Fuß weitergegangen waren, hatte es zudem keinen Tropfen Wasser gegeben, weder für die Schafe noch für die Frauen.

Irgendwann hörte man ein Motorengeräusch. Kurz darauf hielt der rote Pick-up der Killarney-Farm neben den Frauen.

»Hi, Claire!« Alex beugte sich aus dem Fenster und lächelte die Kollegin breit an. »Wie geht's? Kleiner Nachmittagsspaziergang?« Alex' Humor war nicht ganz so ausgefeilt wie der seines Bruders. »Da hinten sind ein paar Nachzügler«, fuhr er fort und deutete mit dem Daumen zurück. »Ich würde sagen, die Tiere brauchen eine Pause. Besonders die, die tot im Graben liegen.«

Claire zog es vor, nicht zu antworten. Tatsächlich waren dem ersten toten Schaf noch zwei weitere gefolgt.

Jetzt beugte sich Nick, der am Steuer saß, ein Stück vor, um Claire besser sehen zu können. »Sollen wir unseren Truck holen?«, bot er an. »Für das letzte Stück?«

Claire, die mit in die Hüften gestützten Händen zugehört hatte, stellte sich kerzengerade auf. »Nicht nötig, vielen Dank. Wir sind gleich da.«

»Na, eine kleine Strecke ist es schon noch«, gab Nick zu bedenken. »Wollen Sie vielleicht mitfahren, Tess?«

Am liebsten hätte Tess »Ja!« gerufen. Sie war durstig und verschwitzt, und ihre Füße spürte sie schon seit Stunden nicht mehr.

»Nein, danke«, lehnte sie aber dennoch mit einem Seitenblick auf Claire ab.

»Vielleicht ein anderes Mal«, schlug Alex vor.

Nick grüßte noch einmal, dann gab er Gas.

Es war bereits später Nachmittag, als die Frauen mit der Herde Drover's Run erreichten. Sie trieben die Schafe in den vorbereiteten Pferch und führten sie an die Tränke. Becky, die schon seit einer ganzen Weile auf der Farm war, brachte eilig Futter herbei.

»Erste unter der Dusche!«, rief Tess erleichtert, als sie das Gatter hinter den Schafen schloss.

»Wir sind noch nicht fertig«, erwiderte Claire. Auch sie wirkte müde und abgespannt.

»Ach komm, Claire!«, brach es aus Tess heraus. »Wir brauchen eine kurze Abkühlung ...«

»Dich hat überhaupt niemand gefragt!«, antwortete Claire bissig. Dann wandte sie sich an Becky und Jodi, so als sei Tess gar nicht da. »Jodi, sieh zu, dass sie fressen. Notfalls schiebst du es ihnen ins Maul. Becky, du kommst mit mir. Wir sammeln die toten Tiere ein.« Schnell ging sie zu dem Pick-up, setzte sich hinter das Lenkrad und fuhr los, sobald Becky eingestiegen war.

Nach einer ausgiebigen Dusche und einem kleinen Imbiss fühlte Tess sich wieder viel wohler. Wie versprochen, schaltete sie noch im Bademantel den Computer ein, um mit Jodi zusammen die Prüfungsergebnisse abzurufen. Meg war mit ins Büro gekommen und sah erwartungsvoll auf den Bildschirm, während Jodi nervös an den Fingernägeln kaute.

»Also, Mom«, meinte sie, »sechsundneunzig Punkte wie Superhirn Meredith – damit solltest du bei mir nicht rechnen.«

»Natürlich nicht, Jodi«, antwortete Meg, während sie gespannt die Vorgänge auf dem Bildschirm verfolgte. »Ich rechne bei meiner schlauen Tochter eigentlich mit neunundneunzig.«

»Mom ...!«, seufzte Jodi.

»Nein, Liebling, natürlich nicht.« Meg wollte Jodi nur ein wenig auf den Arm nehmen. »Es ist egal, was für Ergebnisse du hast – solange ich weiß, dass du dir Mühe gegeben hast.«

Jodi seufzte wieder leise.

»Jetzt brauche ich dein Passwort, Jodi«, schaltete Tess sich vom Schreibtisch aus ein.

»Mein Passwort?«, wiederholte Jodi. »Mein Passwort ... oh, das hatte ich mir auf einen Zettel geschrieben«, antwortete sie dann, und ihre Stimme klang ein kleines bisschen unsicher. »Und diesen Zettel, also, den ... den habe ich leider verloren.«

Meg sah ihre Tochter fassungslos an. Sie konnte es nicht glauben. »Verloren? Sechs Jahre lang bist du auf diese Schule gegangen – und jetzt hast du einen so wichtigen Zettel verloren?«

In diesem Moment betrat Claire das Büro. Ihr Top war verschmiert, und die Haare hingen ihr wirr ins Gesicht. Sie hatte mit Becky zuerst die toten Schafe eingesammelt und auf der Farm deponiert, bis sie abgeholt wurden. Danach mussten vor allem die lebenden Tiere versorgt und betreut werden, damit sie nicht weitere Verluste erlitten.

Sie betrachtete die Szene um den Schreibtisch einen Augenblick lang, dann verließ sie mit einem unwilligen Laut ihr Büro.

Sofort stand Tess auf und folgte ihrer Schwester in die Küche. »Es geht um die Abschlussergebnisse«, sagte sie mit bittender Stimme. »Kannst du dich noch daran erinnern, wie wichtig die sein können? Dass man dafür etwas anderes liegen lässt ...«

Claire öffnete den Kühlschrank. Sie hatte noch nichts gegessen. »Nein, ich erinnere mich nicht«, antwortete sie mürrisch. »Ich war nicht bis zur Zwölften auf der Schule. Ich bin mit fünfzehn abgegangen.«

Tess stutzte. Sie war selbstverständlich davon ausgegangen, dass Claire einen Highschool-Abschluss hatte. Und vielleicht auch sogar noch mehr – dass sie studiert hatte, Betriebswirtschaft oder Landwirtschaft zum Beispiel.

»Aber auf einer Berufsschule – auf einer Berufsschule wirst du doch gewesen sein«, hakte Tess nach.

Claire lachte. »Ich war hier und habe gearbeitet. Da habe ich mehr gelernt als in jeder Berufsschule.«

Tess konnte das soeben Gehörte kaum glauben.

»Du arbeitest hier, seit du fünfzehn bist?«, fragte sie.

Jetzt machte Claire den Kühlschrank wieder zu, ohne sich etwas Essbares herausgenommen zu haben. Sie sah ihre Schwester an. Nicht verbittert, nicht verärgert – sondern mit einem Ausdruck der größten Selbstverständlichkeit. »Ich arbeite hier, seit ich laufen kann«, sagte sie. »Das hier ist kein Job, Tess«, sagte sie eindringlich. »Es ist mein Leben.«

9. Kapitel

Am nächsten Tag sah die Welt schon wieder anders aus. Das fand zumindest Tess. Obwohl sie nie eine Frühaufsteherin gewesen war, begann sie allmählich die morgendliche Stimmung auf der Farm zu genießen. Sie mochte die kühle Frische des beginnenden Tages, wenn die Sonne alles in einen freundlichen, hellen Glanz tauchte. Dann musste man einfach glücklich sein, man konnte nicht anders.

Tess hatte in der Nacht, als sie nicht schlafen konnte, nachgedacht. Es stimmte, Claire arbeitete unglaublich viel. Aber vielleicht gab es einen Weg, sich selbst und den anderen die Arbeit auf der Farm etwas zu erleichtern. Ein anderer Umgangston wäre schon mal ein Anfang. Es war wichtig für Claire, auch auf Zwischentöne und Nichtausgesprochenes zu achten – bei sich selbst und bei den anderen. Vielleicht würde ja dann ein Gespräch über die Zukunft von Drover's Run einfacher werden.

Während Tess am Gatter lehnte, war Claire bei den Tieren in der Umzäunung. »Die Hufe sind nicht in Ordnung«, wandte sie sich an Meg, die neben ihr stand. »Die Schafe lahmen.«

»Das kann ich verstehen«, warf Tess grinsend ein. »Nach dem Weg gestern ...«

Ohne auf Tess' Einwurf einzugehen, besprachen Claire und Meg die weitere Vorgehensweise. Die Tiere sollten mit einem speziellen Mittel behandelt werden.

Meg nickte zustimmend. Anscheinend war ihr vollkommen klar, was Claire meinte.

»Ich kann gern mithelfen«, bot Tess an, ohne zu wissen, worum es eigentlich ging. Aber wenn sie ihrer Schwester zeigen wollte, dass man mit Freundlichkeit und Höflichkeit weiter kam als mit Befehlen, musste sie mit gutem Beispiel vorangehen.

Claire achtete gar nicht auf sie. Sie wandte sich zu Becky um. »Becky, kannst du Ivomec vorbereiten?«

Becky war gerade dabei, neues Futter in den Trog zu legen. »Geht klar«, antwortete sie.

»Zehn Milliliter sollten genügen«, wies Claire sie noch an. Dann drehte sie sich um und ging mit Meg davon, während Tess ihr ratlos nachsah.

Tess brauchte eine ganze Weile, um Claire erneut ihre Loyalität zu beweisen. Dann aber setzte sie ihr freundlichstes Lächeln auf und ging zum Schafstall.

Unter dem Vordach befand sich ein Arbeitstisch. Hier wurden Werkzeuge, Material für die Ställe und ein paar Hilfsmittel aufbewahrt, die bei der Arbeit mit den Schafen benötigt wurden. Becky hatte einen Kanister vorbereitet, den Claire sich nun mit Hilfe zweier Gurte auf den Rücken schnallte. In der Hand hielt sie eine Spritze, die durch einen Schlauch mit dem Kanister auf ihrem Rücken verbunden war.

Tess trat zu ihrer Schwester. »Claire, hast du einen Moment Zeit?« Gleichzeitig wurde Tess bewusst, dass Claire nur ablehnen konnte. Zumal Becky noch bei ihnen stand.

Die junge Frau erfasste die Situation jedoch sofort und verschwand mit einem kurzen »Okay«.

»Danke, Becky!«, rief Tess ihr freundlich hinterher. »Also«, wandte sie sich dann an Claire, die sie ein wenig verblüfft ansah. »Ich habe dich beobachtet. Und ich denke – also, versteh mich bitte nicht falsch –, ich denke, du könntest den Stil ... den Stil deiner Mitarbeiterführung etwas verbessern.« Tess hörte selbst, dass sie etwas gestelzt klang. Vor allem angesichts der Tatsache, dass Claire und sie selbst mit ihren groben Schuhen weder auf poliertem Parkett noch auf glänzendem Marmorfußboden standen – sondern schlicht und einfach in Schafscheiße. »Ich finde, du solltest höflicher mit deinen Leuten umgehen und ihnen ein positiveres Feedback geben«, schloss sie.

Claire sah ihre Schwester verständnislos an. »Tess«, sagte sie dann. »Ich habe überhaupt keine Zeit für solchen Schnickschnack. Und außerdem: Es gibt doch jeden Abend Bier. Zum Lohn.«

»Oh, das haben die Männer bestimmt gern«, versuchte Tess ihrer Schwester nun gleich das so genannte »positive Feedback« zu geben. »Aber jetzt sind doch nur noch Frauen hier auf der Farm. Hast du mal darüber nachgedacht, dass Frauen ganz andere Vorlieben haben ...«

Claire hatte schon während der letzten Momente Mühe gehabt, ihre Unruhe zu beherrschen. »Tess, ich kann jetzt wirklich nicht ...«

»Okay, Claire, ich weiß, du kennst dich hier aus«, machte Tess eine neuen Anlauf. »Du kennst die Farm in- und auswendig, und du weißt, wann hier welche Arbeiten anfallen ...«

»Stimmt«, fiel Claire ihr ins Wort. Sie wartete einen Moment. »Und jetzt lass mich diese Arbeiten bitte erledigen.« Damit schob sie Tess ein kleines Stück an den Schultern beiseite und ging hinüber zu den Schafen.

Tess sah ihr hinterher. »Als wenn man gegen eine Wand reden würde«, sagte sie zu sich. »Oder – nein! Meine Schwester ist eine Wand. Und zwar nicht nur aus Ziegelsteinen. Sondern ein echter Betonkopf.« Sie wandte sich um und stapfte wütend in die Küche.

Als sie dort eintraf, stand Jodi am Spülbecken. Sie starrte düster vor sich hin.

»Ist was?«, fragte Tess. Sie hatte im Moment keine allzu große Lust, sich wieder etwas über australische Oskargewinne oder ähnlich weltbewegende Themen anzuhören.

»Achtunddreißig«, antwortete Jodi tonlos.

»Achtunddreißig was? Erhöhte Temperatur?«

»Punkte. Mein Ergebnis«, antwortete Jodi kleinlaut.

»Von fünfzig?« Tess war noch in Fahrt von dem missglückten Gespräch mit Claire. »Oder von hundert?«, hakte sie nach – obwohl es eigentlich klar war.

Jodi nickte.

»Nun ja«, Tess versuchte fröhlich zu wirken. »Immerhin besser als achtundzwanzig.«

Jodi hörte kaum auf sie. »Mom wird total ausrasten«, sagte sie verzweifelt.

Erst jetzt begriff Tess, dass Jodi wirklich ein Problem hatte. »Das glaube ich nicht«, entgegnete sie und schaltete auf einen verständnisvollen Ton um. »Meg hat doch gesagt, dass es ihr egal ist. Solange du dich angestrengt hast.«

Jodi schüttelte den Kopf. »Das hat sie nicht ernst gemeint. Sie wird stinksauer sein.«

»Ach, Jodi, bestimmt kommt es nur darauf an, wie du es sagst«, versuchte Tess das Mädchen aufzuheitern. »Mach keine langen Worte, sondern sei einfach ganz direkt. Komm, wir können es üben«, schlug sie vor, als sie sah, dass Jodi ihr nicht recht glaubte. Sie zog sie an den Küchentisch, und sie setzten sich einander gegenüber.

Tess überlegte einen kurzen Augenblick. »Also«, begann sie dann. »Ich habe eine Idee. Wenn sie gelingt, dann können wir zwei Fliegen mit einer Klappe schlagen. Du musst mir nur helfen.«

Als Claire an diesem Mittag zum Essen ins Haus kam, war das Esszimmer leer. Draußen auf der Terrasse war Tess gerade dabei, den schweren Esstisch zu decken, der sonst unverrückbar im Inneren des Raumes stand. Sie hatte eines der besten Tischtücher aufgelegt. Dazu hatte sie einen riesigen Blumenstrauß auf den Tisch gestellt, Limonade zubereitet und eine Flasche Wein aus dem Keller geholt.

Claire stürmte nach draußen. »Was zum Teufel ...«

Tess unterbrach sie mit einem charmanten Lächeln. »Ich dachte, es wäre nett, wenn wir heute mal alle zusammen essen. Und im Freien. Komm, Claire«, sagte sie dann schnell, als sie sah, dass sich die Augenbrauen ihrer Schwester wieder einmal unmissverständlich zusammenzogen. »Setz dich hierhin.« Damit rückte sie ihrer Schwester den Stuhl heran.

Claire verdrehte die Augen. Dass kleine Schwestern nervig sein konnten, wusste sie aus ihrer Kindheit. Dass sich das aber niemals auswuchs, damit hatte sie nicht gerechnet ...

Was nun begann, war ein Mittagessen, wie Claire es auf Drover's Run noch nie erlebt hatte. Meg hatte ausgezeichnet gekocht, wie immer, und Tess übernahm es, ein Tischgespräch anzukurbeln.

»Also«, begann sie, »ich dachte, wir sollten es uns mal ein bisschen schön machen. Das äußere Umfeld des Menschen beeinflusst ja auch das Innere, nicht wahr? Ich denke, wir sollten in dieser schönen Atmosphäre über ein paar Dinge reden. Uns richtig aussprechen und sozusagen reinen Tisch machen. Wie wäre das?«

Die Frauen blickten etwas unbehaglich drein. Jodi warf Tess Hilfe suchende Blicke zu.

»Claire, willst du nicht mal anfangen?«, forderte Tess ihre Schwester auf. »Willst du uns sagen, was gestern aus deiner Sicht falsch gelaufen ist?«

Ohne aufzusehen, säbelte Claire weiter an ihrem Fleisch herum. »Danke. Kein Bedarf«, knurrte sie.

Jetzt war Tess etwas aus ihrem Konzept gebracht. »Gut, vielleicht jemand anders? Möchte jemand anders etwas loswerden? Etwas, was auf der Seele liegt ...«

»Na ja«, fing Claire jetzt doch zu reden an. »Also ... Ich glaube, die Schafe haben Würmer.« Sie schob sich noch ein Stück Braten in den Mund. »Ich muss mir nachher mal den Kot genauer ansehen«, schloss sie unter Megs beifälligem Nicken.

»Ehrlich gesagt, Claire«, fuhr Tess dazwischen, »ich hatte an etwas andere Themen gedacht.«

Claire sah ihre Schwester verständnislos an. »Das war aber etwas, das mir auf der Seele liegt.«

»Dann kann ich ja mal anfangen«, griff Tess zu ihrem letzten Strohhalm. »Also, als ich entjungfert wurde, das lief nicht allzu gut für mich. Der Mann, das war der Ex-Lover meiner Mutter. Er war viel älter als ich, und er ... also eigentlich war ich ihm völlig egal.«

Jetzt waren es Claire und Meg, die sich sichtbar unwohl fühlten. Auch Jodi rutschte zunehmend nervös auf ihrem Stuhl herum.

»Und ich ... ich habe bei der letzten Wahl die Rechten gewählt«, begann Meg mit einem anderen Thema. »Aus Versehen. Ich fand, dass sie nicht in allem unrecht hatten ...«

»Kannst du dich erinnern, wie du dich gefühlt hast, als du in die Wahlkabine gegangen bist?«, versuchte Tess auf sie einzugehen.

Jodi konnte nicht länger an sich halten. »Ich habe meine Abschlussprüfung verhauen«, schleuderte sie über den Tisch.

Meg, die eben in Gedanken noch bei der letzten Wahl war, blieb der Mund beinahe offen stehen. »Wie bitte?«

»Ich ... ich habe sie versiebt. Achtunddreißig Punkte«, präzisierte Jodi zerknirscht. »Das kann ja mal passieren ...«

Meg nahm ihre Serviette vom Schoß und legte sie auf den Tisch. Sie war völlig fassungslos. »Ich hoffe, ich habe mich verhört?«, forschte sie nach.

Jetzt verfinsterte sich Jodis Gesicht vollends. Sie sah zu Tess hinüber, während Becky sich so gut wie unbemerkt erhob und davonstahl. »Ich habe dir doch gesagt, dass sie kein Verständnis dafür haben wird«, flüsterte Jodi Tess zu. Damit knallte sie ihre Serviette ebenfalls auf den Tisch und rannte davon.

»Jodi! Einen Moment mal!«, rief Meg jetzt. Dann sprang sie ebenfalls auf und lief ihrer Tochter hinterher.

Claire, die sich gerade eine Scheibe Fleisch auf eine Brotscheibe gelegt hatte, nahm sich ein zweites Stück Brot. Sie machte sich eine Art Sandwich und stand langsam auf.

»Das ist ja ganz schön in die Hose gegangen«, meinte sie zu Tess und ging davon.

Während Becky und Claire nach dem etwas übereilt beendeten Essen wieder an ihre Arbeit gingen, blieben Meg und Jodi noch eine ganze Weile danach verschwunden. Anscheinend war es für Meg wirklich schwer, das Versagen ihrer Tochter zu akzeptieren.

Ohne Meg, die Jodi ins Gewissen redete, musste Claire nun doch die angebotene Hilfe von Tess annehmen. Jedes einzelne Schaf bekam eine spezielle Kraftlösung. Damit die erforderliche Menge von den Tieren auch aufgenommen wurde, musste man ihnen eine Kanüle ins Maul schieben.

Irgendwann tauchte Meg mit bitterer Miene wieder auf.

»Und?«, fragte Claire, während sie das nächste Schaf zwischen ihre Knie klemmte.

»Sie hat keinen Finger gekrümmt, das hat sie zugegeben«, antwortete Meg.

»Und wie geht es jetzt weiter?«, wollte Tess wissen.

»Ich habe sie ins Haus geschickt. Sie soll sich telefonisch um einen Ausbildungsplatz und ein Zimmer bemühen«, antwortete Meg. »Und sie hat ganz schön gestaunt, als ich ihr gesagt habe, dass ich ihr dieses Mal mit Sicherheit nicht helfen werde.«

Auch mit vereinten Kräften dauerte es bis zum späten Nachmittag, bevor alle Schafe versorgt waren. Dann war es endlich so weit.

Claire schickte Becky zum Windrad, um die Pumpe anzuwerfen, mit der die Wasserversorgung der Tiere sichergestellt wurde, während sie selbst die Schafe in einen neuen Pferch bringen wollte. Meg ging derweil schon mal ins Haus, um das Abendessen vorzubereiten.

Als Tess und Claire ebenfalls in die Küche kamen, trafen sie Meg und Jodi mit ernsten Mienen an. Es war wohl nicht so einfach wie gedacht, einen Ausbildungsplatz, eine zusätzliche Geldquelle und eine Unterkunft für Jodi in der Stadt zu finden.

»Oh, redet ihr gerade?« Tess wandte sich entschuldigend an Meg.

Ohne auf die Frage einzugehen, sagte Meg: »Claire, Jodi möchte gern auf Drover's Run mithelfen.«

Jodi sah ihre Mutter fassungslos an. »Aber Mom ...«

»Wir haben gerade gemeinsam festgestellt, dass das Schulgeld, das dein Vater für sie bezahlt hat, eigentlich vergeudet ist«, fuhr Meg ungerührt fort. »Sie möchte die Sache wieder gutmachen und hier mitarbeiten, wenn du eine Stelle für sie hast. Für mindestens ein Jahr. Sie möchte beweisen, wie hart sie arbeiten kann, bevor ich ihr dabei helfe, in der Stadt eine Ausbildung und eine Wohnung zu bekommen. Und sie sagt, sie will richtig hart arbeiten. Nicht wahr, Jodi?«

Meg hatte ein großes Herz – aber auch klare Prinzipien. Jodi war offenbar klar, dass sie nichts mehr zu gewinnen hatte.

»Ja«, knurrte sie zerknirscht. »Klar.«

»Hey, das wäre ja super!«, jubelte Tess. Sie mochte Jodi. Sie war wie eine kleine Schwester für sie.

Claire hatte sich – wie auch Meg und Tess – ein Bier aus dem Kühlschrank genommen. Sie sah kurz zwischen Meg und Jodi hin und her. »Aber Meg, das ist hier doch gar nichts für Jodi«, meinte sie.

»Wie kannst du so etwas sagen, Claire!«, sagte Tess, und sie klang ungewohnt bestimmt. »Natürlich kannst du hier bleiben«, wandte sie sich dann an Jodi. »Wir freuen uns. Sehr sogar.«

»Moment mal. Du kannst das gar nicht entscheiden. Du bist hier nicht der Boss.«

»Ich bin hier genauso der Boss wie du«, gab Tess gelassen zurück. »Und wenn du so weitermachst, kannst du die Farm bald an den Nagel hängen, weil keiner mehr für dich arbeiten will.«

»Äh ...« Becky war gerade in die Küche getreten. Sie hatte den Zwist der Schwestern mitbekommen. »Wenn ihr geklärt habt, wer hier nun der Boss ist – vielleicht könnt ihr dann draußen mal nach dem Windrad sehen? Es ist kaputt und pumpt nicht.«

Claire stöhnte. Sie stellte ihr Bier wieder ab und setzte sich den Hut auf den Kopf. »Na ja, selbstständig heißt eben selbst und ständig«, meinte sie nur lakonisch und stapfte hinaus.

Das Windrad rührte sich um keinen einzigen Zentimeter. »Weißt du, was kaputt sein könnte?« Tess war mit nach draußen gekommen. Allein schon um zu zeigen, dass sie sich für Drover's Run ebenso verantwortlich fühlte wie ihre Schwester.

»Entweder ist es das Gestänge, das festsitzt, oder ...«, antwortete Claire, während sie mit festen Schritten den kleinen Hügel hinaufging, auf dem das Windrad stand.

»Oder?«, forschte Tess nach.

»Oder wir sind erledigt«, antwortete Claire.

»Total?« Tess konnte das kaum glauben.

»Wir können uns alle begraben lassen«, bestätigte Claire.

Tess sah ihre Schwester einen Moment von der Seite an. »Ich weiß genau, worauf du hinauswillst«, stellte sie unvermittelt fest.

Claire warf ihr einen spöttischen Blick zu. »Kannst du jetzt auch noch hellsehen? Du bist ja ein richtiges Multitalent.«

»Und du bist eine sarkastische Ziege«, gab Tess zurück. »Dir ist nur jedes Argument recht, um Jodi nicht hier aufnehmen zu müssen. Weil du dich nicht traust, es rundheraus zu sagen.«

»Tatsächlich?«, gab Claire zurück. »Da kennst du mich aber schlecht. Eigentlich dachte ich nur daran, wie ruhig und friedlich es hier wieder sein wird, wenn Jodi weg ist. Und wenn du weg bist«, sagte sie und blickte ihrer Schwester ins Gesicht, während sie sich um eine schmale Öffnung eines Gatters herumwanden, die Menschen hindurchließ, aber keine Rinder.

»Meg und Becky könnten vielleicht auch noch abhauen«, schlug Tess vor, anstatt Claires Worten zu widersprechen. »Und dann wäre die gute alte Claire endlich wieder ganz mit sich allein. Verdammt allein sogar.«

»Ich würde es genießen!«, entgegnete Claire.

»Würdest du nicht!«

»Wohl!«, wiederholte Claire und blieb stehen.

»Nee!«, beharrte Tess und stoppte ebenfalls.

»Wohl!«

»Nee!«

»Sei nicht kindisch!«, schnaubte Claire schließlich.

»Das wollte ich dir auch gerade sagen«, meinte Tess, während sie weiter auf das Windrad zuliefen.

Wie ein Schattenriss zeichnete sich die filigrane Silhouette vor dem stahlblauen Himmel ab. Claire packte eine Strebe am unteren Ende der Konstruktion, mit der das Windrad in Fahrt gebracht werden konnte. Sie sah nach oben. Nichts bewegte sich.

»Mist!«

»Was müssen wir tun?«, fragte Tess.

Claire deutete mit dem Kopf nach oben. »Da rauf und das Gestänge lösen.«

»Ich mache das.« Tess hatte bereits einen Fuß auf eine der unteren Streben gesetzt.

»Komm da runter!«, fauchte Claire sie an. »Das ist mein Job!«

»Warum?«, gab Tess zurück und erklomm bereits die nächste Strebe. »Ich kann auch mal stur sein. Außerdem bin ich doch schon fast oben.«

»Dann sei wenigstens vorsichtig!«

»Oh, là, là«, sagte Tess vor sich hin. »Wer hätte das gedacht? Sie ist glatt besorgt.«

»Und jetzt?«, fragte Tess, sobald sie oben war.

»Hau einmal gegen die Welle!«, rief Claire von unten hinauf. Sie hatte den Kopf in den Nacken gelegt und beobachtete jede Bewegung ihrer Schwester. »Kräftig! Aber pass auf, dass du den Rückstoß nicht abbekommst.«

Tess hatte die Anweisung ihrer Schwester schon ausgeführt. Das verkantete Gestänge löste sich. Sie bog den Oberkörper zur Seite, um nicht vom Rückstoß der Welle getroffen zu werden, und augenblicklich begann sich das Windrad zu drehen. »Und?«, rief sie hinab.

»Hervorragend!« Erleichtert beobachtete Claire, wie der Pumpkolben zu arbeiten begann.

Mit einem Mal löste der Wind Strähnen aus Tess' Haar. Sie schlugen ihr ins Gesicht, behinderten ihren Blick. Gleichzeitig spürte sie die Sonne auf ihren Scheitel brennen und den Wind, der einen Schauer auf ihrem Rücken auslöste. Einen kurzen Augenblick sah sie zum Boden hinab. Er war so weit entfernt. Und in ihrem Kopf begann es zu kreisen ...

Irgendwo in der Tiefe stand Claire. Sie sah zu ihrer Schwester hinauf. »Tess?«, rief sie. »Was ist denn?«

Tess biss sich auf die Lippen. Sie hatte das Gefühl, sich nicht mehr rühren zu können. Krampfhaft klammerten sich ihre Finger um das rostige Metallgerüst. Die scharfen Kanten drückten in ihre Hand, durchschnitten ihre Haut.

»Tess, komm wieder runter!«, rief Claire.

»Ich k… ich kann nicht«, presste Tess mühsam hervor. »Ich … ich habe Höhenangst.«

Einen winzigen Augenblick schien es Claire die Sprache zu verschlagen. »Halt dich fest«, rief sie dann. Ihre Stimme klang atemlos. »Ich komme rauf.«

Mit raschen Bewegungen erklomm Claire das Gerüst und war nach kurzer Zeit bei ihrer Schwester. »Ich bin hier«, flüsterte sie Tess beruhigend ins Ohr. »Wir gehen jetzt zusammen runter. Immer einen Schritt nach dem anderen.«

»Ich kann nicht.« Tess war vollkommen aufgelöst.

»Doch, du kannst«, sagte Claire ruhig und bestimmt. »Zusammen mit mir. Und keine Angst, ich lasse dich nicht los.«

Vorsichtig wie Artisten auf dem Drahtseil kletterten die Schwestern vom Windrad hinab. Einen Schritt nach dem anderen und vorsichtig tastend, genau nach Claires Anweisungen. Wenn es zu schwierig wurde, nahm Claire jeweils einen Fuß ihrer Schwester in die Hand und setzte ihn auf die nächste Schwelle.

Mit geschlossenen Augen folgte Tess den Worten und den Bewegungen ihrer Schwester. Voller Vertrauen und im Bewusstsein, dass in diesem Moment nur sie ihr helfen konnte.

»Gleich sind wir unten.« Tess schien es, als sei eine halbe Ewigkeit vergangen. »Nur noch ein winziges Stück. Siehst du? Das ist hier nicht der Mount Everest.«

Vielleicht hatte Claire das »Siehst du?« gar nicht als Aufforderung gemeint. Tess aber öffnete jetzt wirklich die Augen. Es waren vielleicht noch zwei Meter bis zum Erdboden.

Mit einem Mal wich die Kraft aus ihren Händen. Sie hatte sich so fest an das Metallgestänge geklammert, dass ihre Muskeln nun nachgaben.

»Claire!« Ein schriller Schrei, dann ließ Tess los.

Claire wollte ihre Schwester im letzten Moment noch um die Hüfte fassen. Aber es war zu spät. Tess riss Claire die letzten Meter mit nach unten.

Als sie die Augen öffneten, lagen sie nebeneinander auf dem Boden. Wie durch ein Wunder war ihnen nichts geschehen.

»Bist du okay?«, fragten sie gleichzeitig und fassten nach ihren Händen.

»Was machst du für Sachen, Schwester?«, fragte Claire lachend.

Tess lachte ebenfalls. »Da siehst du, wie man dir glauben kann«, meinte sie. »Du hast gesagt, du lässt nicht los!«

Am Abend dieses ereignisreichen Tages wurde noch einmal draußen gemeinsam gegessen, als Ersatz für das etwas verpatzte Mittagessen. Meg hatte den Grill herausgeholt, und Becky kümmerte sich darum, dass genügend Fleisch darauf lag.

»Ich ... ich möchte etwas sagen«, verkündete Claire plötzlich. Sie stand vor dem Esstisch, und es sah tatsächlich so aus, als wollte sie eine Tischrede halten.

In diesem Moment dröhnte das Geräusch eines Motorrads über den Hof. Es war Alex.

Claire war zwar irritiert, andererseits offenbar ganz dankbar, unterbrochen worden zu sein. Sie ging auf den Besucher zu, der gerade sein Motorrad abstellte und den Frauen grüßend winkte.

»Alex, was gibt's?« Sie reichte ihm ein Bier, als Einladung abzusteigen und sich zu ihnen zu setzen.

Alex grinste erst sie an, dann Tess. »Auf Killarney fehlt ein Bock«, erklärte er.

»Oh, abgehauen?«, fragte Claire.

»Vielleicht auch einfach nur mal spazieren gegangen«, meinte Alex schulterzuckend. »Um sich die Neuzugänge auf Drover's Run anzusehen.« Dabei warf er Tess einen feixenden Blick zu.

»Bedien dich doch, Alex«, bot Claire an.

Das ließ Alex sich nicht zweimal sagen und ging zum Grill hinüber, der ein wenig abseits stand.

Damit stand Claire wieder allein vor den Frauen. »Also«, sagte sie und steckte sich nervös eine Haarsträhne hinter das Ohr. »Ich möchte mich bedanken.« Sie räusperte sich. »Für euren Einsatz, während der letzten Zeit, aber auch besonders für gestern und heute. Das war ... das war wirklich klasse. Ihr habt gut gearbeitet. Vielen Dank.«

Sie sah unsicher zu ihrer Schwester hinüber. Tess' Augen leuchteten im schwachen Schein der Hoflampen.

Sie nickte Claire wohlwollend zu. »Danke, Claire. Das hast du schön gesagt.« Dann hob sie ihr Glas. »Zum Wohl. Auf dich. Und auf uns alle.«

10. Kapitel

Seit den ersten Tagen auf Drover's Run hatte Tess sich alle Mühe gegeben, den schönen Seiten des Landlebens etwas abzugewinnen. Sie war früh aufgestanden, hatte auf die ausgiebige Badezeremonie verzichtet, die sie zu Hause regelmäßig durchgeführt hatte, und ihre flatterigen Kleider im Schrank gelassen. Sie hatte Schafe zur Schur gezerrt, Pferde gesattelt und geritten. Trotzdem merkte sie mit der Zeit immer deutlicher, dass ein großes Maß an Toleranz aufzubringen war.

Meg war eine ausgezeichnete Köchin, ganz zweifellos, aber allmählich verspürte Tess auch wieder Lust auf das Essen, das sie aus der Großstadt gewöhnt war. Italienisches Essen zum Beispiel, Pasta, Risotto oder zarte Scaloppine. Von einem ordentlichen Cappuccino mit aufgeschäumter Milch einmal ganz zu schweigen.

Hinzu kam, dass Claire es ihr immer wieder schwer machte, bei der Arbeit auf der Farm mitanzupacken. Sie war offenbar überzeugt, dass ihre Schwester einfach nicht für diese Arbeit geeignet war. Tess hatte versucht, sich davon nicht beeindrucken zu lassen. Sie stand für jede Arbeit zur Verfügung, auch zum Viehtreiben, obwohl ihr das wirklich einiges abverlangte. Sie war eben keine geübte Reiterin, was ihr Gesäß sie schmerzhaft spüren ließ. Jodi hatte sie damit auf den Arm genommen und ihr zum Essen ein Kissen auf ihren Stuhl am Esstisch gelegt. Denn das hatte sich immerhin seit Tess' Ankunft auf der Farm verändert: Seit kurzem wurde gemeinsam gegessen, Claire und Tess, zusammen mit Meg, Jodi und Becky.

Nun war Tess vor ein paar Tagen auch noch vom Pferd gefallen, und ihre alte Angst vor großen Tieren, vor Pferden ganz besonders, war wieder präsenter, als ihr lieb war. Es war eben doch nur ein kleiner Pony-Club gewesen, in dem Tess reiten gelernt hatte, und keine Farm mit richtig großen Pferden!

Seit diesem Missgeschick hatte sie keinen Pferderücken mehr erklommen. Da nun einige Arbeiten für sie ausfielen, kochte sie abends häufiger. Risotto zum Beispiel.

An diesem Abend aber hatte sie gar nicht gemerkt, wie schnell die Zeit vergangen war. Ein Blick auf die Uhr machte deutlich, dass das Risotto nicht mehr pünktlich um neunzehn Uhr auf den Tisch kommen würde. Denn später wurde auf dem Land einfach nicht gegessen.

Meg war vorsorglich eingesprungen und hatte wie immer auf die Minute genau ihren berühmten Kartoffelauflauf aus dem Ofen geholt. Man konnte allerdings nicht behaupten, dass Tess ein Fan davon war.

Nun war sie als Einzige noch am Tisch übrig geblieben. Die anderen hatten längst aufgegessen. Becky hatte sich den Pick-up geliehen und war nach Gungellan gefahren, Jodi hatte sich in ihr Zimmer verzogen, um sich die Nägel zu lackieren. Und Claire saß in ihrem Büro.

Als Meg aus der Küche kam, um noch ein paar Schüsseln abzuräumen, stand Tess auf. »Ich kann das machen, Meg«, bot sie an. »Ich kann auch abspülen.«

Meg war sehr einfühlsam und hatte schon mitbekommen, was Tess Sorgen bereitete. »Es ist eine ziemliche Umstellung, wenn man aus der Großstadt aufs Land zieht«, stellte sie fest. »Sei nicht zu streng mit dir.« Dabei sah sie Tess freundlich an.

Tess zuckte die Schultern und stellte lustlos ein paar Teller zusammen. »Wie lange hat es denn bei dir gedauert?«, wollte sie wissen.

Meg lächelte, ein fast wehmütiges Lächeln. »Ich glaube ... ich glaube, ich hatte dieses Problem gar nicht«, erklärte sie. »In dem Moment, als ich auf Drover's Run ankam, wusste ich, dass ich hier nie mehr wegwollte.«

Anstatt in ihr Büro, wie Tess geglaubt hatte, war Claire nach dem Abendessen in den Stall gegangen, denn sie hatte das Gefühl, sich ein bisschen um Scirocco kümmern zu müssen. Schon am Tag des Rodeos hatte Claire bemerkt, dass er an einer bestimmten Stelle an seiner Flanke empfindlich war. Seitdem wieherte er ab und zu leise, wenn Claire darüberstrich.

Claire hatte ihr Leben lang mit Pferden zu tun gehabt. Sie wusste, wie sensibel diese Tiere waren. Und es war durchaus denkbar, dass auch Scirocco unter dem Verlust von Jack litt – auf seine eigene Weise.

Vielleicht gab es Momente, in denen ihn diese Berührung an seiner Flanke an Jack erinnerte? Und vielleicht unterschied sich die Berührung von Claire manchmal in solchen Nuancen von der Jacks, dass Claire zwar keinen Unterschied erkannte, Scirocco hingegen sehr wohl.

Claire war es wichtig, dass Scirocco in guter Verfassung war. Natürlich hing sie an ihm. Aber das Angebot von Harry auf dem Rodeo, der den Hengst gerne gekauft hätte, hatte sie nachdenklich gestimmt. Sie wollte Scirocco vermehrt zur Zucht einsetzen und auf diese Weise hochwertige Fohlen hervorbringen.

»Nanu, Alter«, sagte sie, als sie in den halbdunklen Stall eintrat und bemerkte, dass Sciroccos Futtersack noch so gut wie voll war. »Du hast ja gar nichts gefressen. Hör mal, du darfst aber nicht zu wählerisch sein. Du musst bei Kräften bleiben. Ich will mit deinem Erbgut noch eine Menge Geld verdienen.«

Sie strich dem Hengst über die Nüstern, nahm eine Handvoll Futter aus dem Sack und hielt sie Scirocco ans Maul. Zaghaft und unentschlossen nahm er ein wenig. Dann prustete er und wischte Claire das Futter aus der Handfläche.

Claire seufzte. Sie gab Scirocco noch einen freundlichen Klaps auf die Kruppe und ging dann zurück ins Haus.

Im Büro brannte Licht. Sobald Tess bemerkt hatte, dass Claire gar nicht über den Büchern saß, hatte sie am Schreibtisch Platz genommen und den Computer eingeschaltet.

Seitdem sie hierher gekommen war, hatte sie nur noch per Mail Kontakt mit ihren Freunden halten können. Ihr Handy funktionierte in dieser abgelegenen Region nicht, und vom Büro aus lange Gespräche mit den Freunden zu führen, die jeder mithören konnte – das war ihr einfach unangenehm.

Tess las gerade die Zeilen ihrer Freundin Mary: Alle vermissten Tess und fragten sich, ob sie schon ein richtiges

Cowgirl geworden sei. Ob man sie in der Stadt überhaupt noch einmal sehen würde?

»Brauchst du noch lange?« Es war Claire, die plötzlich im Türrahmen stand. Ihr war deutlich anzusehen, dass sie den Platz am Schreibtisch für sich beanspruchte.

»Bin gerade fertig«, seufzte Tess. Sie klickte auf »Mail speichern« und meldete sich ab.

Claire setzte sich sofort auf den Schreibtischstuhl und widmete sich dem Computer, während Tess noch unschlüssig im Büro herumstand. Sie betrachtete die Bilder an der Wand.

Über einem Regal hing ein Bild, das Claire gemalt hatte. Ein Baum aus der näheren Umgebung war darauf zu sehen. Es war kein Meisterwerk, aber wirklich schlecht war es auch nicht.

Dennoch schnaubte Tess verächtlich, als sie es ansah.

»Ist noch was?«, fragte Claire prompt. Trotz ihrer Konzentration auf den Bildschirm hatte sie Tess' Reaktion sehr wohl mitbekommen.

»Ich weiß nicht.« Man konnte das Unbehagen in ihrer Stimme förmlich spüren. »Ich komme mir vor wie die absolute Außenseiterin.«

Claire schenkte ihrer Schwester einen musternden Blick. »Abgesehen von der Maul- und Klauenseuche kommst du mir ziemlich normal vor.«

Tess zog die Augenbrauen in die Höhe. »Maul- und Klauenseuche?«

»Na ja, du redest manchmal zu viel, und ein bisschen tapsig bist du auch«, meinte Claire.

»Tapsig? Ich bin vom Pferd gefallen!«, antwortete Tess empört.

»Das passiert auf einer Farm etwa jeden Tag.« Claire sah nun wieder entspannt auf ihren Bildschirm. »Was ist dabei?«

»Ich hab ausgesehen wie der letzte Idiot!«, warf Tess ein.

»Na und? Gab es Zeugen, die gegen dich aussagen könnten?«, entgegnete Claire mit einem ironischen Lächeln um die Mundwinkel. »Denk nicht mehr dran! Und steig so schnell wie möglich wieder auf!«

Ganz offensichtlich lag Tess noch eine Antwort auf der Zunge. Gleichzeitig war ihr wohl klar, dass sie mit ihrem Unbehagen bei ihrer Schwester auf taube Ohren stieß. »Ich geh dann mal«, sagte sie daher nur und verließ das Büro.

Claire sah ihr nach. Dann blickte sie zu ihrem Bild an der Wand. Jack hatte es immer gemocht.

»Was versteht Tess schon von Kunst!«, sagte sie ein wenig beleidigt.

Am nächsten Tag schritt Tess entschlossen mit einigen frischen Karotten in der Hand über den Hof. Sie hatte es satt, nur als Großstadtpflanze wahrgenommen zu werden, die für ein Leben auf dem Land nicht zu gebrauchen war. Lange genug hatten die anderen über sie gelacht. Vor allem eine Sache musste sie deshalb schleunigst in den Griff bekommen: Sie musste ihre Angst vor Pferden besiegen und die Furcht, wieder aus dem Sattel zu fallen.

»Also«, sagte sie zu Oskar, dem gutmütigen alten Schimmel. »Eigentlich hatten wir uns doch ganz gut verstanden. Ich meine ... so schlecht habe ich mich doch wirklich nicht angestellt. Keine Ahnung, was da in dich gefahren ist, als du plötzlich gebockt hast. Aber das ist jetzt ja auch ganz egal. Ich ... ich habe dir ein kleines Geschenk mitgebracht«, fuhr sie fort und hielt das Bündel Karotten in die Höhe. »Ich dachte, ich schenke sie dir. Dafür musst du mir aber auch ein bisschen helfen, dass ich nicht immer wie der letzte Idiot aussehe ... Huch, Hilfe!«

Oskar hatte Tess das Maul entgegengestreckt und eine Möhre zwischen die großen Zähne genommen. Erschreckt ließ Tess los und versteckte die Hände hinter ihrem Rücken.

»Pferde reagieren auf Körpersprache«, sagte eine Stimme hinter ihr. Es war Claire. Sie stand jenseits des Gatters und beobachtete ihre Schwester bei ihren Bemühungen. »Oskar merkt, dass du Angst hast. Darum hat er auch Angst.«

Tess sah ihre Schwester fragend an. »Aber was soll ich denn tun? Ich habe nun mal Angst vor großen Tieren. Vor Pferden, Kühen, Schafen und ...«

In diesem Moment hob Oskar seinen Kopf. Er fuhr mit seinem Maul über Tess' Kopf, über ihren Mantelkragen und über ihre Schulter. Die Karotte hatte ihm offenbar geschmeckt, und er versuchte, Tess noch mehr abzubetteln.

»Oh, Himmel, Hilfe ...«, sagte Tess leise bebend und blieb stocksteif stehen.

»Siehst du«, lachte Claire. «Er möchte dich jedenfalls näher kennenlernen.«

»Näher kennenlernen? Wie meinst du das?«

»Lad ihn auf einen Drink ein«, schlug Claire vor, dann ging sie weiter, hinüber zu den Ställen, um nach Scirocco zu sehen.

Becky hatte ihr am Morgen berichtet, dass der Hengst wieder nicht richtig gefressen hatte. Diese Tatsache und die empfindliche Stelle an der Flanke weckten große Besorgnis in Claire. Sie beschloss, dem Pferd zunächst Kleiebrei zu geben, den sie in einem dicken Zinkeimer herbeitrug.

Meg war im Stall und striegelte gerade ein anderes Pferd. Sie tat dies mit solcher Hingabe, dass Claire leise schmunzelnd fragte, ob sie diese Tätigkeit an ihren früheren Beruf als Friseurin erinnerte. Haare waren schließlich Haare, bei Pferden wie bei Menschen.

Claire holte Scirocco aus seiner Box und band ihn im vorderen Teil des Stalls fest. Danach strich sie vorsichtig über die empfindliche Stelle an seiner Seite. Sofort wieherte der Hengst und tänzelte nervös zur Seite.

Meg sah zu Claire herüber. »Bei deinem Vater konnte er manchmal auch ganz schön zickig sein«, sagte sie mit einem ermutigenden Lächeln.

»Das stimmt«, gab Claire ebenfalls lächelnd zurück. »Das waren zwei Sturköpfe, die beiden.« Und während sie nochmals vorsichtig über Sciroccos Flanke strich und der Hengst wieder wieherte und ausbrach, zogen sich ihre Augenbrauen nachdenklich zusammen.

Einen kurzen Moment zögerte sie noch. Dann atmete sie tief durch und ging ins Haus, um den Tierarzt anzurufen.

Greg Watson, so erfuhr sie in der Tierarztpraxis, war gerade auf der Killarney-Farm. Kurz entschlossen rief sie dort an und bat den Tierarzt, auch auf Drover's Run vorbeizusehen.

Zu ihrem Erstaunen traf wenig später nicht nur der Arzt mit seinem Wagen ein, sondern auch Alex und Nick in einem ihrer Pick-ups.

Claire war ein wenig überrascht, grinste aber, als die Ryan-Brüder auf sie zukamen. Greg Watson suchte in seinem Wagen gerade noch die benötigten Instrumente für die Untersuchung zusammen.

»Ich hatte mit dem Tierarzt gerechnet, nicht mit ganz Killarney. Also, Alex, falls du Tess suchst«, sagte sie dann geheimnisvoll und deutete mit dem Kopf zur Koppel. »Die versucht gerade mit einem reiferen Herrn ins Gespräch zu kommen.«

Alex sah Claire einen Moment mit rätselndem Gesichtsausdruck an, dann schob er sich den Hut in den Nacken und ging hinüber zur Pferdekoppel.

»Hallo, Nick«, begrüßte Claire dann den anderen Ryan-Bruder. »Was gibt's?«, fragte sie.

»Ich wollte nur sehen, was bei euch los ist«, antwortete Nick. Dabei war klar, dass es für Nick nur einen wirklichen Grund gab, nach Drover's Run zu kommen. Das Anliegen war mit dem des Bruders durchaus vergleichbar. Nur dass anstatt Tess Claire gemeint war.

Unterdessen war auch Greg Watson mitsamt der Arzttasche aus seinem Wagen gestiegen. Es war das erste Mal seit Jacks Tod, dass er auf die McLeod-Farm kam. Er begrüßte Claire kurz, aber herzlich, dann gingen sie zusammen mit Nick zu Sciroccos Box.

»Was hat er denn?«, fragte der Tierarzt, während er dem Hengst zur Begrüßung über die Nüstern strich.

»Er frisst nicht«, erklärte Claire, während der Tierarzt mit der Untersuchung begann. »Außerdem funktioniert seine Verdauung seit ein paar Tagen nicht mehr richtig«, fuhr sie fort. »Ich hoffe, es ist nichts Ernstes. Ich habe gerade beschlossen, Scirocco als Zuchthengst einzusetzen.«

Greg untersuchte den Hengst aufmerksam. Er drückte sein Stethoskop auf den mächtigen Leib des Tieres und tastete seine Flanken ab. Sobald er die bewusste Stelle berührte, bewegte sich der Hengst und wieherte, hörte aber sofort wieder auf, als der Tierarzt seine Hand wegzog und beruhigend auf ihn einsprach.

»Ich habe ihm Kleiebrei gegeben«, erklärte Claire.

Der Tierarzt nickte. »Normalerweise hilft das.« Er warf einen nachdenklichen Blick auf das Tier. »Ich gebe ihm zusätzlich noch ein Abführmittel. Solange seine Verdauung nicht in Gang ist, kann ich nicht feststellen, ob sonst noch etwas vorliegt.«

Es dauerte nicht lange, bis der Tierarzt seine Behandlung beendet hatte und sich wieder verabschiedete. »Ich komme morgen wieder, um zu sehen, ob das Mittel gewirkt hat«, versprach er, während er den Stall verließ und zurück zu seinem Wagen ging.

»Falls er Schmerzen hat, geben Sie ihm Aspirin. Das hilft Mensch und Tier. Außerdem sollten Sie ihn in Bewegung halten.«

Claire wusste, dass Pferde mit Störungen des Verdauungsapparates unbedingt bewegt werden müssen. Mehr als eine Nacht hatte sie schon in den Ställen verbracht, um kranke Pferde am Zügel herumzuführen und sie mit Stroh abzureiben, wenn Koliken ihnen den Schweiß in Strömen das Fell herablaufen ließen.

»Dann weiß ich ja, womit ich diesen Tag verbringen werde. Und auch diese Nacht«, sagte sie mehr zu sich selbst als zu Nick, der auf dem Hof neben ihr stand, während Greg wieder in seinen Wagen stieg und davonfuhr.

»Wenn du willst, kann ich heute Nacht die erste Schicht übernehmen«, bot Nick an. Er stand schräg hinter ihr und sprach leise, raunte fast in Claires Ohr.

»Nein, danke, nicht nötig«, antwortete Claire schnell. Sie drehte sich hastig um und ging zurück in den Stall.

Nick folgte ihr. Er stand jetzt wieder hinter ihr, seine Lippen nah an ihrem Ohr.

Mit einem Mal spürte Claire, wie gut es tat, jemanden so nahe bei sich zu haben. Sie fühlte Nicks Atem an ihrem Hals, spürte die Wärme seines Körpers, die auf ihren abzustrahlen schien.

Er beugte sich noch ein Stück näher zu ihr. »Sag doch einfach: Danke, Nick.«

Claire musste lächeln. War Nick vielleicht ein Pferdeflüsterer? Jemand, der die stursten Geschöpfe dazu bringen konnte, sich einem strengen und gleichzeitig liebevollen Kommando zu unterwerfen? Aber Scirocco führen – das war unmöglich. Außer Claire war nur noch ein Mensch so vertraut mit dem Pferd gewesen – Jack.

Claire strich Scirocco über die Nase. Selbst wenn sie es für undenkbar hielt, Nick Scirocco zu überlassen, seine Hilfsbereitschaft musste sie anerkennen. »Danke, Nick«, sagte sie und unterdrückte ein Lächeln auf ihren Lippen.

Nick trat noch ein Stück näher an sie heran.

»Wie war das?«, fragte er leise und vertraulich.

»Danke, Nick«, wiederholte Claire jetzt lauter, während das Lächeln ihrer Lippen ein Stück breiter wurde.

Tess war ausgesprochen froh gewesen, als Claire sie mit Oskar wieder allein gelassen hatte. Am liebsten hätte sie ja gleich die Flucht ergriffen. Aber egal, wie lange sie auf Drover's Run überhaupt noch bleiben würde, sie wollte auf gar keinen Fall als unbegabte, ängstliche Stadtpflanze in die Annalen der Farm eingehen. Sie musste es deshalb noch einmal schaffen, sich wieder in einen Sattel zu setzen, ohne im selben Augenblick gleich wieder herunterzufallen. Danach würde sie Drover's Run hoch erhobenen Hauptes verlassen können.

»Also, Oskar«, begann sie ihr Vorhaben noch einmal auf die sachliche Art. Sie stand dicht neben dem alten Hengst und sprach leise und ruhig auf ihn ein – jedenfalls so ruhig es ihr in der Nähe dieses großen Tieres gelingen wollte.

»Wir machen einen Deal«, schlug sie vor. »Ich besorge dir Karotten, wann immer du willst, und du siehst zu, dass du schön brav bist, damit ich nicht mehr von deinem Rücken falle.«

»Man nennt es zwar Pferdeflüstern«, hörte Tess jetzt eine Stimme hinter sich, »aber man kann trotzdem in ganz normaler Lautstärke mit diesen Tieren reden.«

Tess drehte sich um und sah Alex, der sich über das Gatter der Koppel lehnte. »Was ... was tun Sie hier?«, fragte sie und wurde ein wenig rot. Es war ihr peinlich, bei ihrem Gespräch mit dem Gaul belauscht worden zu sein. Immerhin konnte es nicht sonderlich professionell geklungen haben.

Alex grinste. Ein unverschämt charmantes Grinsen, wie Tess sich eingestehen musste. Auch wenn der Humor seines Bruders ihr besser gefiel.

»Ich wollte mal sehen, wie Sie so zurechtkommen«, meinte er. »Sie haben anscheinend eine ... interessante Art, mit Pferden umzugehen.«

Spätestens jetzt war Tess klar, dass sich ihre Missgeschicke bis Killarney herumgesprochen hatten. »Wir ... wir sind gerade dabei, uns ein bisschen besser kennenzulernen«, sagte sie möglichst unbefangen. Sie hörte selbst, dass sie sich eher wie eine Therapeutin anhörte und nicht wie jemand, der demnächst in den Sattel steigen will.

Alex grinste noch immer. »Da würde ich Ihnen einen anderen Weg vorschlagen«, antwortete er. Er tauchte unter dem Gatter der Koppel hindurch und kam jetzt näher. »Darf ich?«

Bevor Tess sich versah, hatte Alex sie mit zwei schnellen Griffen in den Sattel gehoben. »Was ... was kommt denn jetzt?«, fragte sie verblüfft.

»Das Wichtigste ist: ganz entspannt sein.« Alex schob Tess' Füße energisch in die Steigbügel. »Sie müssen ihm zeigen, wer das Sagen hat. Das sind Sie, nicht er.«

»Also«, Tess schluckte nervös. »Ich bin vollkommen entspannt. Und was das Sagen anbetrifft: Mal soll man nett zu den Pferden sein, und dann soll man wieder ... Hoppla!«

Sie brachte ihren Satz nicht zu Ende. Mit einem Mal saß Alex im Sattel hinter ihr und umfasste sie von hinten.

»Was … was soll denn das?« Alex schmiegte sich zärtlich an sie an. »Ich will nur überprüfen, ob Sie auch wirklich entspannt sitzen«, meinte der junge Mann und streichelte einige Male ihre Taille.

»Und?«, fragte Tess. Ihr Herz klopfte ein bisschen schneller als sonst. »Alles klar?«

»Alles klar«, bestätigte Alex. Er legte seine rechte Hand auf Tess' Hände, die die Zügel hielten. »Auf geht's!«, rief er dann und verpasste Oskar einen herzhaften Klaps auf das Hinterteil. Die Landschaft flog gerade so an Tess vorbei. Sie konnte sich nicht erinnern, jemals so schnell geritten zu sein. Zuerst hatte sie Angst, bald aber passte sich ihr Körper den rhythmischen Bewegungen des Pferdes an, gestützt und gesichert von Alex, der sie mit starken Armen umschloss und ihr Halt gab.

Bäume, Hügel und Wiesen – noch bevor Tess' Augen sie erfassen konnten, waren sie schon wieder verschwunden. Immer atemloser wurde Tess, vom schnellen Galopp des Pferdes und von der Schönheit der Natur, die sie zum ersten Mal vom Rücken eines Pferdes aus wirklich wahrnehmen konnte.

Nach einer Weile verlangsamte Alex das Tempo des Pferdes. Oskar fiel in einen ruhigen Schritt, und Tess konnte nun die Bilder der Landschaft besser in sich aufnehmen.

»Oh ja«, seufzte sie ergriffen. Alex hielt Oskar an. Tess stieg ab und ließ ihren Blick über die Hügelkette schweifen, die sich wie ein Gemälde vor ihren Augen ausbreitete. »Es ist wirklich wunderbar hier. Ich werde es vermissen …«, sagte sie beinahe sehnsüchtig.

Alex schien einen Moment zu stutzen. »Wollen Sie weg?«, fragte er.

Tess drehte sich zu ihm um. Ob es sinnvoll war, Alex ihren Traum vom eigenen Café zu verraten?

»Wo könnte es denn schöner sein als hier?«, fuhr Alex fort, bevor Tess antworten konnte. »In der Stadt vielleicht?«

»Oh, die Stadt hat eine Menge Vorteile«, versicherte Tess. »Es gibt ordentlichen Cappuccino, man kann shoppen, ins Kino gehen ...«, zählte sie auf. »Yoga, Kosmetikbehandlungen, Massagen ...«

»Okay, okay«, unterbrach Alex sie lachend. Dann bekam sein Gesicht einen merkwürdig ernsten Ausdruck. »Aber Sie denken doch nicht im Ernst daran?«

Tess ließ ihren Blick wieder über die Hügelkette gleiten, über die Sträucher, die wie dunkle Tupfer in eine hell und freundlich leuchtende Landschaft gesetzt waren; dunkle Tupfer wie Schatten, die an manchen Tagen unvermittelt über die Seele huschen. Ihr Mund war plötzlich trocken.

»Ich habe nie vorgehabt, für immer zu bleiben«, sagte sie.

Als Tess an diesem Abend in die Küche kam, traf sie Meg allein an. Jodi und Becky waren zusammen weggefahren, sehr zum Ärger von Meg. Sie hatte immer noch große Bedenken, dass Becky auf ihre Tochter einen schlechten Einfluss ausüben könnte.

Claire war im Stall bei Scirocco, zusammen mit Nick Ryan. Tess war darüber sehr erstaunt. Sie hatte angenommen, dass Nick mit Alex zurück nach Killarney gefahren war.

Als sie in den Stall kam, um Claire und Nick das Essen zu bringen, das Meg ihr für die beiden in die Hand gedrückt hatte, lehnte Nick an einem Pfeiler. Claire hielt Scirocco an einem Zügel und führte ihn in der kleinen Runde, die der Eingang bildete, herum. Nick sah ihr dabei reglos zu.

»Was ist los?«, wollte Tess wissen.

»Scirocco ist krank«, erklärte Nick. »Er muss ständig bewegt werden.«

Tess nickte. »Verstehe. Trotzdem, jetzt gibt es erst einmal etwas zu essen.« Sie hob die Teller wie eine Kellnerin auf den flachen Händen in die Höhe, über ihren Kopf. »Toast à la Drover's Run«, verkündete sie. »Du kannst Scirocco mir geben, während du isst, Claire. Ich laufe ein bisschen mit ihm herum.«

Als Nick das Angebot vernahm, musste er lachen. »Das ist zwecklos«, warf er ein. »Ich habe es ihr auch schon angeboten.«

Tatsächlich schüttelte Claire den Kopf. »Es geht schon, danke«, sagte sie. »Scirocco ist nicht einfach. Und jetzt, wo er krank ist ...«

»Also, Claire, auch wenn ich nicht richtig reiten kann ...«, unterbrach Tess sie schmunzelnd. »Aber ein Pferd im Kreis herumführen, das werde ich doch wohl noch schaffen!«

Ohne vom Boden aufzusehen, in den sich bereits unzählige Abdrücke von Sciroccos Hufen eingegraben hatten, schüttelte Claire wieder den Kopf. »Ich bin die Einzige, die mit ihm umgehen kann.«

Tess war einen Moment sprachlos. »Soll das ... soll das heißen, du vertraust mir nicht?«, fragte sie fassungslos.

»Nehmen Sie es nicht persönlich«, schaltete Nick sich jetzt ein, bevor Claire antworten konnte. »So geht sie mit jedem um.« Er schickte ein kleines Lachen hinterher, wohl um seine Worte nicht bitter klingen zu lassen. Dennoch war ihm anzumerken, dass er verletzt war. »Tess, können Sie mich mit dem Wagen nach Hause bringen?«, sprach Nick jetzt weiter. »Ich müsste zurück nach Killarney.«

Am liebsten hätte Tess gefragt, warum Nick eigentlich nicht mit seinem Bruder zurückgefahren war. Aber dann hielt sie doch den Mund. Nach und nach war ihr klar geworden, dass Nick Sympathien für Claire hegte. Und dass er Claire beistehen wollte. Nick konnte die Situation viel besser einschätzen als sie selbst. Vielleicht ergab sich jetzt eine Gelegenheit für Tess, mit Nicks Hilfe ebenfalls einen Einblick zu bekommen.

Tess nickte. »Natürlich«, sagte sie. »Ich fahre Sie.«

Der Käfer rollte durch die Nacht. Die Bäume am Straßenrand warfen durch einen trüben Dunst bizarre Schatten im Mondlicht.

Tess hatte gehofft, dass Nick zu sprechen beginnen würde. Es war klar, dass Sciroccos Krankheit für Claire von ganz besonderer Bedeutung war. Und wenn Nick etwas darüber wusste, warum sagte er es ihr nicht?

Völlig unvorhergesehen, mitten auf dem Weg, brachte Tess den Wagen zum Stehen. Sie drehte den Schlüssel herum und schaltete den Motor aus.

»Warum müssen auf dem Land eigentlich alle so verschlossen sein?«, eiferte sie sich. »Niemand erklärt einem auch nur ein Wort! Ich weiß, dass Scirocco Jacks Pferd war. Und ich habe auch mitbekommen, dass Scirocco bei ihm war, als er starb. Okay. Sonst noch etwas? Ich habe es satt, immer alles erraten zu müssen!«

Nick sah sie einen Moment schweigend an. Offenbar war er sich nicht schlüssig, wie er auf Tess' Frage und zugleich ihren Vorwurf antworten sollte. Andererseits war es Tess wohl ernst, wenn sie mitten auf dem Weg ihren Wagen anhielt.

»Sie hatten sich gestritten, Jack und Claire«, begann er schließlich. »Danach ist Jack auf Scirocco weggeritten.«

Er machte eine Pause und sah in die halbtrübe Nacht. »Er kam stundenlang nicht mehr zurück. Schließlich ist Claire losgeritten, um ihn zu suchen. Aber sie hat ihn erst gefunden, als es zu spät war.«

Die Erregung, mit der Tess gerade noch gesprochen hatte, war mit einem Mal verflogen. Sie sank auf ihrem Fahrersitz ein Stück in sich zusammen.

»Oh«, machte sie, und ihre Hand suchte nervös nach einer Haarsträhne, die ihr ins Gesicht fiel. »Von dem Streit hatte ich nichts gewusst.« Sie schwieg unvermittelt. »Es ist schwer, sich nicht verabschieden zu können«, fuhr sie dann mit einem Seufzer fort. »Und vor allem: sich nicht mehr versöhnen zu können.«

Tess horchte auf. Trotz der Dunkelheit hallten plötzlich Krähenschreie durch die Nacht. Tess wusste, dass die Leute auf dem Land glaubten, dass ihrem Schrei der Tod folgte. Was für ein naiver Aberglaube!

»Ach, diese Vögel«, stöhnte Tess ärgerlich auf. »Die kann ich nicht mehr hören!« Damit startete sie den Motor.

Als Tess eine Weile später von der Killarney-Farm zurückkam, hörte sie ihre Schwester singen. Es war ein altes Lied, das Jack seinen Töchtern von Zeit zu Zeit vor dem Einschlafen vorgesungen hatte.

Claire war mit Scirocco aus dem Stall auf die Koppel gegangen. In gleichmäßigen, stetigen Bahnen schritt sie auf und ab. Der Hengst lief mit gesenktem Kopf hinter ihr her.

Während Claire sang, stiegen Tess plötzlich Tränen in die Augen. Tränen der Erinnerung, die das Lied in ihr auslöste, vor allem fühlte sie aber plötzlich großes Mitleid mit ihrer Schwester. Wie unfair konnte das Leben sein, das den Menschen oft keine Zeit ließ, sich von den Nächsten zu verabschieden, während bei anderen der lange Abschied manchmal zur Qual wurde.

Sie wäre gern zu Claire gegangen, um sie in den Arm zu nehmen. Gleichzeitig spürte sie aber, dass ihre Schwester in diesem Moment nichts weiter suchte als die Einheit mit Scirocco. Und die Einsamkeit mit ihm. Tess drehte sich deshalb um und lief ins Haus.

Sie ging in das Zimmer, das früher einmal ihr Zimmer gewesen war. Zwischen all dem Gerümpel fand sie in einer Kiste alte Spielsachen, eine Puppe, eine Schallplatte, ein paar Bücher. Tess griff noch tiefer in die Kiste, bis sie endlich gefunden hatte, was sie suchte. Es war eine Nachttischlampe in Form eines Bären, der in einem Auto saß. Ein ziemlich albernes Ding.

Tess grinste. »Dich habe ich gesucht«, sagte sie. Dann griff ihre Hand nach etwas, dessen Ecke nur gerade eben unter all dem Gerümpel hervorsah: eine alte Schwarzweißfotografie. Sie zeigte zwei kleine Mädchen mit riesigen Cowboyhüten, die zusammen im Sattel eines Pferdes saßen.

Wie nah wir uns einmal waren!, schoss es Tess durch den Kopf. Dann drückte sie das Foto an sich, während ihr wieder die Tränen in die Augen stiegen.

11. Kapitel

Am Morgen des nächsten Tages befand sich Claire immer noch mit Scirocco auf der Koppel. Die ganze Nacht hindurch war sie gewandert, gemeinsam mit dem Pferd. Doch allmählich hatte sich das Tempo des Hengstes verlangsamt. Zunehmend schwerer setzte er die Beine voreinander. Und immer wieder schien es, als wolle er überhaupt keinen Schritt mehr machen.

»Komm weiter, Scirocco«, bat Claire und zog sanft an Sciroccos Leine. »Komm weiter. Noch einen Schritt. Bitte. Du schaffst das. Ja, so«, machte sie dem Pferd Mut, das mühsam und zögernd einen Huf vor den anderen schob, »so ist es gut. Weiter, komm, alter Junge, komm, du darfst nur nicht stehen bleiben.«

Auf einmal schien ein Beben durch das Tier zu gehen. Seine Nüstern bliesen schwer den Atem aus.

Claire sah ihr Pferd an. In ihrem Gesicht zeichneten sich die Schmerzen ab, die Scirocco wohl zu leiden hatte. Sie musste ein Schluchzen unterdrücken, als sie ihm über die Stirn streichelte. Dann legte sie die Zügel über seinen Widerrist und ging ins Haus.

In einem der großen Zinkeimer aus dem Stall verrührte Claire Kleie mit Wasser. Dann griff sie nach einer angebrochenen Packung Aspirin. Sie nahm einige Tabletten heraus und mischte sie unter die Kleie. Tess kam gerade in die Küche.

»Hat er Schmerzen?«, erkundigte sie sich sofort mit einem Blick auf die Aspirin-Schachtel.

»Ja«, antwortete Claire tonlos und leise.

»Der Arme. Claire, ich kann dich so gut verstehen.« Tess holte tief Luft. »Als meine Mutter starb, fühlte ich mich auch sehr allein. Auch wenn ihr Tod anders war als der von Jack.«

Claire antwortete nicht. Sie rührte wortlos in der Kleie.

»Ich ... ich kann auch verstehen, dass du an Scirocco hängst. Und dass du etwas gutmachen möchtest bei Jack«, wagte Tess sich jetzt ganz weit vor. Solange sie auf der Farm war, hatte sie an ihre Schwester nie solche Worte gerichtet.

Mit einer scharfen Bewegung fuhr Claire herum und sah Tess an. Sie war blass. Von der durchwachten Nacht vielleicht, oder von dem gerade Gehörten.

»Nick hat es mir erzählt«, gab Tess ein wenig verunsichert zu. »Von dem Streit, den ihr hattet, du und Jack, bevor er starb ...«

Claires Augen waren jetzt weit aufgerissen. Als hätte man ihr ein Geheimnis geraubt, das ihr allein gehörte ...

»Claire!« Megs Stimme erschall über den Hof. »Claire! Du musst sofort kommen!«

Augenblicklich ließ Claire den schweren Holzlöffel fallen, mit dem sie die Kleie angerührt hatte, und lief ins Freie. Tess folgte ihr, so schnell sie konnte.

Meg kam ihnen atemlos entgegen. »Claire! Du kannst dich freuen! Es geht ihm besser!«, rief sie, während sie zusammen zur Koppel stürzten.

Dort lag – noch schwach dampfend – ein gewaltiger Haufen Pferdemist.

Claire strahlte, als hätte sie einen Goldschatz entdeckt. Mit wenigen Handgriffen schwang sie sich über das Gatter und stürzte auf den Hengst zu.

»Wird er jetzt wieder gesund?«, erkundigte sich Tess.

Meg nickte wortlos. Auch sie war offenbar erleichtert.

Claire rieb ihr Gesicht zärtlich am mächtigen Kopf des Hengstes. »Scirocco«, flüsterte sie atemlos. »Mein Alter! Bitte mach so etwas nie wieder mit mir, hörst du? Bitte, bitte nie, nie wieder!«

Es ist besser, keine zu hohen Erwartungen zu haben, dachte Tess, als sie wenig später mit dem Pick-up unterwegs war. Claire hatte sie darum gebeten, zu Becky und Jodi zu fahren, die gerade Zäune reparierten. Tess hatte eigentlich gehofft, dass ihre Schwester ihr nun, nachdem sie das heikle Thema von Jacks letzten Stunden zumindest ansatzweise besprochen hatten, vertrauensvollere Aufgaben übertrug. Das wäre ein Beweis dafür gewesen, dass sie Tess als Schwester anerkannte und ihren Anspruch auf Drover's Run zumindest irgendwie nachvollziehbar fand. Stattdessen war es zu dieser Botenfahrt gekommen, auf der sich Tess nun befand. Eine Aufgabe, die man ebenso einem Kind hätte übertragen können. Einem Kind, das reiten kann, natürlich, ergänzte Tess in Gedanken bitter.

Außerdem ärgerte sie sich, dass sie sofort losgefahren war. Sie hätte wenigstens noch einmal kurz die Toilette aufsuchen sollen. Andererseits, überlegte sie und ließ ihren Blick über die Landschaft schweifen, hier kommt ja nun wirklich nur alle Jubeljahre jemand vorbei.

Kurz entschlossen hielt Tess den Wagen an. Sie sprang hinaus und war schon auf der Suche nach einem passenden Platz, als ein merkwürdiges Geräusch sie plötzlich aufschreckte. Es klang wie die Mischung aus dem Muhen einer Kuh und dem Ächzen einer gequälten Kreatur. Tess' Herz schlug plötzlich schneller. Dennoch wagte sie sich ein paar Schritte weiter vor, um nach der Ursache des Geräuschs Ausschau zu halten.

»Oh, nein!«, rief sie fassungslos.

Wenige Schritte von ihr entfernt lag eine Kuh mit mächtig gewölbtem Leib. Offenbar war sie im Begriff zu kalben. Die hilflosen Bewegungen des Rindes ebenso wie die schmerzvollen Laute deuteten darauf hin, dass die Geburt nicht in Gang kommen wollte. Als Tess ein Stück näher an das Tier heranging, sah sie, dass zwei wachsgelbe Hufe des Kälbchens bereits ans Tageslicht gedrungen waren. Der Rest des Tieres steckte offenbar fest.

Ratlos ging Tess in die Knie. Sie wusste, dass es immer wieder Fälle gab, in denen die Farmer den Rindern bei der Geburt ihrer Kälber helfen mussten. Aber welche Handgriffe nötig waren, davon hatte sie keine Ahnung.

Tess stöhnte und stand schnell auf. »Warte, ich hole Hilfe. Ich hole Becky und Jodi. Die sind ganz in der Nähe.« Damit eilte sie zurück zum Wagen.

Nachdem sie Tess mit dem Pick-up losgeschickt hatte, kam Claire die vergangene Nacht im Nachhinein wie ein böser Traum vor. Jetzt, im hellen Licht des Tages, schämte sie sich beinahe, dass sie solche Angst gehabt hatte. Und noch mehr schämte sie sich dafür, dass sie nach dem Frühstück nicht gleich den Tierarzt angerufen hatte, um ihm zu sagen, dass alles wieder in Ordnung sei – daran hätte sie wirklich denken sollen.

»Eigentlich hätte ich wissen müssen, dass es eine Kolik ist«, gab sie jetzt zu. Sie stand bei Greg Watson und Alex im Stall. Greg untersuchte den Hengst, während Alex die Zügel hielt.

Dass Alex an diesem Morgen so früh aufgetaucht war, hatte Claire mit Heiterkeit erfüllt. Auch wenn er jetzt im Stall stand und den Anschein zu erwecken versuchte, dass er wegen des Pferdes gekommen sei. Claire war sich ziemlich sicher, dass es einen ganz anderen Grund dafür gab: Tess, die aber eben auf dem Weg zu Jodi und Becky war.

»Ich hätte Sie anrufen sollen«, fuhr Claire an den Tierarzt gewandt fort. »Jetzt sind Sie eigentlich umsonst hergekommen. Tut mir leid.«

Greg Watson lächelte sie freundlich an. »Mir tut es leid, dass ich Ihnen trotzdem eine Rechnung schicken muss«, antwortete er scherzhaft, während er weiter Scirocco untersuchte.

»Und du hast auch Pech gehabt«, fuhr Claire an Alex gewandt fort. »Du wolltest sicher Tess treffen. Aber die ist unterwegs. Draußen, bei den Jungkühen. Ich weiß nicht, wann sie wiederkommt ...«

Eine merkwürdige, kaum sichtbare Veränderung in Alex' Gesichtsausdruck ließ Claire mit einem Mal verstummen.

Während sie selbst Alex anblickte, bemerkte sie, wie die beiden Männer einen beunruhigten Blick wechselten. Es schien, als habe plötzlich zwischen ihnen eine wortlose Verständigung stattgefunden. Irgendetwas lief hier verdammt schief, und Alex und Greg wussten offenbar noch nicht, wie sie es Claire beibringen sollten ...

Claire sah kurz zwischen den beiden Männern hin und her. »Ach, ich sollte vielleicht ...«, begann sie. Ihr Herz schlug plötzlich bis zum Hals. »Ich ... ich muss unbedingt selbst mal eben hinaus. Zu den Jungkühen«, sagte sie dann schnell. »Ich bin aber bald wieder zurück.« Damit verließ sie den Stall, als könne sie auf diese Weise einer weiteren Katastrophe entgehen, von der sie zwar etwas ahnte, die sie aber nicht wahrhaben wollte.

Draußen rief sie nach Meg. »Wo ist der Pick-up-Schlüssel? Ich muss kurz rausfahren.«

Meg sah sie überrascht an. »Aber mit dem Pick-up ist doch Tess unterwegs.«

»Ach ja, stimmt ja.« Claire war plötzlich wieder blass geworden. Aber anders als nach einer durchwachten Nacht. Es war die Blässe der Angst, der Ohnmacht, des Entsetzens ... »Ich kann ja eins der Pferde nehmen«, fuhr sie fort, während sie verstört, mit auf den Boden gehefteten Blick, zurück zu den Ställen lief. »Ich könnte Star nehmen. Obwohl, Star ... Nein, Star ist noch nicht so weit ...«

Claire war ganz in Gedanken, als mit einem Mal Alex vor ihr stand.

Claire blieb wie angewurzelt stehen. Erschreckt wie ein Kind sah sie in seine Augen. Sie waren zu zwei schmalen Schlitzen zusammengepresst. Alex sah sie ernst an und schien nach Worten zu suchen.

»Claire«, begann er, und in diesem Moment wusste Claire, was er ihr sagen würde. »Es geht um Scirocco. Er ... er hat einen Tumor. Greg sagt, er hatte es schon befürchtet, als er gestern hier war. Er war sich nicht sicher. Aber jetzt, nachdem er ihn untersucht hat, hat er keinen Zweifel mehr.«

Claire hatte das Gefühl, dass der Boden von Drover's Run unter ihren Füßen wankte. Sie atmete tief durch, suchte nach ihrem Gleichgewicht. »Gut, dann wird er operiert werden müssen.« Ihre Stimme klang fest und entschieden.

Alex sah sie noch immer unverwandt an. Er schüttelte kaum merklich den Kopf. »Dazu ist es zu spät, sagt Greg. Der Tumor ist zu weit fortgeschritten.«

Dies waren die Worte, auf die Claire sich fast die ganze Nacht eingestellt hatte. Trotzdem trafen sie sie mit voller Härte. Claire hatte das Gefühl, förmlich darunter zu ersticken.

»Wenn du willst, kann Greg ihn einschläfern«, bot Alex an. »Oder ich ... ich kann ...« Er sprach nicht zu Ende. Dennoch wusste Claire, was er gemeint hatte.

Sie schüttelte mit einer schwachen Bewegung den Kopf. »Nein«, antwortete sie, während ihr Blick langsam verschwamm. »Ich mache es selbst. Ich ... ich werde ihn begleiten.«

Als Claire ihre Flinte aus dem Schrank holte, flossen Tränen aus ihren Augen. »Okay, Dad«, sagte sie mit dennoch entschlossener Miene. »Du willst ihn also haben. Schön, dann bekommst du ihn.« Sie nahm das Gewehr und überprüfte kurz seine Gängigkeit. Dann holte sie die Patronen aus der abschließbaren Schreibtischschublade, die sie mit einer heftigen, harschen Bewegung wieder zuschob, und verließ das Haus.

Obwohl es schon auf den Mittag zuging, schien die Luft mit einem Mal kühler geworden zu sein. Fröstelnd zog Claire ihre Jacke zu, als sie Scirocco am Zügel aus dem Stall führte. Sie hatte einen Weg vor sich, der schwerer nicht sein konnte.

Seit dem Tag des Rodeos hatte sie gefühlt, dass mit Scirocco etwas nicht stimmte. Es war weniger die Beobachtung gewesen, dass der Hengst empfindlich auf das Streicheln seiner Flanke reagiert hatte, als vielmehr die Ahnung, dass das Glück, das Pferd ihres Vaters zu übernehmen, es in gleicher Weise reiten zu können und ihren Vater damit noch eine Weile länger in ihrer Nähe zu halten, nur kurze Zeit währen würde.

Müde trottete der Hengst hinter Claire her. Er hatte seinen Kopf gesenkt. So sehr Claire versuchte, diesen Gedanken zu verdrängen, er tauchte doch immer wieder in ihrem Kopf auf: Ob Scirocco wusste, wo Claire ihn hinbrachte? Ob er ahnte, dass sein Leben nun zu Ende ging? Dass es beendet werden würde durch Claires Hand?

Der Weg führte bergauf. Claire wusste, wohin sie das Pferd führen wollte. Seit Jacks Tod war ihr klar gewesen, dass an diesem Ort eines Tages auch Scirocco sein Leben aushauchen würde: an der kleinen Steinhütte, auf der Kuppe des Hügels. Dort, wo auch Jack, Sciroccos wirklicher und einziger Herr und Meister, gestorben war und wo das Pferd die Totenwache gehalten hatte.

Unterdessen kamen Tess, Jodi und Becky nach Hause. »Mom!«, rief Jodi aufgeregt und stürzte durch den Flur. »Mom! Stell dir vor: Wir waren gerade Geburtshelfer.« Es war ungewöhnlich, dass Jodi von Vorgängen auf der Farm in so begeistertem Ton sprach. Normalerweise ließ sie sich nur widerwillig zur Arbeit bewegen.

»Ja, das stimmt«, pflichtete Tess bei. »Wir haben ein Kälbchen auf die Welt gebracht.« Sie war noch ganz atemlos von den Erlebnissen der letzten Stunden. Es war ihr gelungen, Hilfe für die kalbende Kuh zu holen. Wenn auch nicht allzu erfahrene Hilfe: Jodi und Becky hatten jedoch bei mancher Geburt zugesehen und wussten immerhin theoretisch, wie man einem Kälbchen auf die Welt half. Und sie hatten es geschafft! Mit gemeinsamen Kräften hatten sie einen hübschen kleinen Stier zur Welt gebracht. Dann hatten sie sich allerdings schnell aus dem Staub gemacht.

»Für den Fall, dass wir es mit noch einer überbesorgten Mami zu tun haben, die rot sieht, wenn sie für ihren Liebling Gefahr wittert«, wie Jodi als Anspielung auf Meg scherzhaft hinzugesetzt hatte.

»Hey, Mom, was ist denn los?« Es war Jodi, die als Erste bemerkte, dass Megs ansonsten stets gute Laune merkwürdig gedämpft war.

»Ist Claire nicht da?« Tess brannte darauf, ihrer Schwester von der Geburt des Kälbchens zu erzählen. Sie sollte doch endlich merken, dass Tess zu mehr zu gebrauchen war, als den Laufburschen zu spielen.

Meg stellte den Bilderrahmen mit dem Foto von Jack und Scirocco, den sie gerade in der Hand gehalten und betrachtet hatte, zurück auf den Tisch mit dem Telefon. »Claire ist weg. Mit Scirocco«, antwortete sie tonlos.

»Mit Scirocco?«, wiederholte Tess. »Aber wohin ...?«

Im gleichen Moment wusste sie die Antwort selbst. Allen war klar, was gemeint war.

Einen Augenblick lang schien sie unschlüssig zu sein, dann wandte sie sich abrupt um und verließ das Haus.

Seitdem Tess auf Drover's Run angekommen war, hatte sie Oskar nicht allzu oft gesattelt. Trotzdem gelangen ihr die Handgriffe nun, als hätte sie nie in ihrem Leben etwas anderes getan.

Sie wusste, dass es jetzt keine Alternative gab. Weder zu Fuß noch mit dem Pick-up oder dem Käfer hatte sie eine Chance, zu Claire zu kommen. Sie musste ihr einfach beistehen. Vielleicht wurde ihrer Schwester heute zum ersten Mal wirklich bewusst, dass sie jemanden brauchte. Einen Menschen, der ihr nahe war und ihr die Hand hielt.

»Mach mir jetzt keinen Ärger!«, zischte Tess dem alten Hengst ins Ohr, sobald sie im Sattel saß. Dann drückte sie ihre Fersen in seine Flanken, und Oskar trabte los.

Schon von weitem sah sie den Hügel, auf dem die kleine Steinhütte stand. Intuitiv war Tess hierher geritten. Es konnte nur dieser Ort sein. Der Ort, an dem Claire ihren Vater zum letzten Mal gesehen hatte.

Obwohl Scirocco nur noch mit kleinen Schritten vorankam, waren die beiden inzwischen angekommen. Claire musste sich die Tränen aus den Augen wischen, immer wieder. »Er will dich bei sich haben«, sagte sie, als sie endlich stehen blieben und sie ihr Gesicht an den großen Kopf des

Pferdes schmiegte. »Er ruft dich. Und ich bleibe allein hier zurück.«

Scirocco stieß ein tiefes, qualvolles Brummen aus. Dann ging er in die Knie und sackte in sich zusammen.

Claire fasste den Zügel. Noch einmal zog sie den Kopf des Hengstes vorsichtig zu sich heran und rieb ihren Kopf an seinem mächtigen Schädel. Ihr Schmerz und der Schmerz des Tieres nahmen ihr schier den Atem. »Scirocco«, flüsterte sie tränenerstickt. »Scirocco!«

Sie drückte einen letzten Kuss auf die Wangenknochen des Hengstes, dann richtete sie sich mühsam auf. Sie nahm ihre Waffe und stellte sich ein paar Schritte entfernt, außerhalb des Sichtwinkels des Pferdes auf. Sie entsicherte das Gewehr, lud durch und hob es in die Höhe. Ihr Finger umklammerte bereits den Abzug.

Da schüttelte sie ein neuer Weinkrampf. Sie musste das Gewehr absetzen.

Als ihr Blick wieder klarer wurde, hob sie die Waffe erneut. Sie atmete durch, zielte und drückte ab.

Gellend zerriss der Schuss die Luft. Wie ein endgültiger Schnitt zwischen Himmel und Erde.

Als Tess ihn hörte, fuhr sie zusammen. Auch ihr Pferd zuckte. Aber Tess hatte Oskar fest im Griff. »Ruhig«, beschwor sie ihn. »Ruhig!«

Sie sah auf die Anhöhe des vor ihr liegenden Hügels. Eine Gestalt zeichnete sich jetzt dort ab. Winzig klein, aufrecht gehend – und doch merkwürdig gebrochen und gebeugt.

Tess trieb Oskar an und ritt auf die Gestalt zu. Nur wenige Schritte vor ihr zügelte Tess das Pferd und stieg ab.

Claires Gesicht war von Tränen überströmt. Es war nicht zu erkennen, ob sie ihre Schwester wirklich wahrnahm. »Ich hätte früher nachsehen sollen«, stammelte sie weinend. »Ich hätte früher nachsehen sollen.«

Ohne Widerstand zu leisten, ließ Claire sich von Tess das Gewehr abnehmen.

»Jack, dieser Sturkopf«, sagte sie wie zu sich selbst. »Er hat Scirocco bei sich haben wollen. Ich musste … ich musste ihn gehen lassen. Er ließ mir keine Wahl.« Sie machte einige Schritte um ihre Schwester herum, als müsse sie den Schmerz, der sie umfing, aus ihrem Körper lassen. »Ich hätte eher nachsehen müssen«, wiederholte sie noch einmal, während Tess sie am Arm berührte, sie schließlich zum Stehen brachte und sie beruhigend streichelte.

»Komm«, sagte sie dann. Sie umfasste ihre Schwester und führte sie schweigend zu Oskar.

Für einen kurzen Moment gab sie Claire das Gewehr zurück, während sie sich in den Sattel hinaufschwang. Dann nahm sie die Flinte, befestigte sie wieder am Sattel und half Claire mit einer Armbewegung ebenfalls auf das Pferd hinauf.

Ein letztes Mal sah Claire zu der Hügelkuppe empor. Einsam und verlassen zeichnete sich die alte Steinhütte vor dem blassblauen Himmel ab.

»Gehen wir nach Hause«, sagte Tess leise. Sie legte die Hand ihrer Schwester um ihren Bauch herum, damit Claire sich festhalten konnte, und drückte ihre eigene für einen Moment darauf.

Während sie langsam nach Drover's Run zurückritten, spürte Tess an ihrem Rücken den Körper ihrer Schwester, von Weinkrämpfen geschüttelt.

12. Kapitel

Der Verlust von Scirocco war hart für Claire. Und auch Tess tat es unendlich leid, dass Jacks Pferd seinem Herrn gefolgt war. Andererseits hegte sie die stille Hoffnung, dass vielleicht nun doch eine größere Annäherung zwischen ihr und Claire möglich wäre. Am Abend nach Sciroccos Gnadenschuss hatte es jedenfalls so ausgesehen. Die Schwestern hatten zusammen am Kaminfeuer gesessen und Jacks alten Scotch getrunken. Zur Erinnerung an ihn und an sein Pferd.

Schon wenige Tage darauf aber hatte Claire eine neue Beschäftigung gefunden, die sie vollkommen ausfüllte. Sie wollte die junge Stute Blaze einreiten, eine Tochter von Scirocco. Zunächst musste das Pferd an die ständige Präsenz eines Menschen gewöhnt werden, der mit ihm sprach und sich kümmerte. Erst wenn das gelungen war, konnte man das Tier an einen Sattel gewöhnen und es später auch einreiten.

Tess lehnte über dem Gatter der Koppel und sah ihrer Schwester zu. »Kann ich dir irgendwie helfen?«, bot sie wieder einmal an.

Claire schüttelte den Kopf, ohne dabei die Stute nur einen Moment aus den Augen zu lassen. »Nein, danke. Die Sache ist ein bisschen kompliziert ...«, antwortete sie.

Seufzend stieß Tess sich vom Gatter ab. Nichts hatte sich geändert! Und allmählich schien es ihr auch, als würde sich nie mehr etwas ändern! Wo immer sie anpacken wollte – es war nicht nötig. Selbst Meg und Jodi, die heute Morgen irgendetwas auf den Pick-up luden, hatten Tess' Hilfsangebot freundlich lachend abgelehnt, weil sie zu zweit schon damit fertig wurden.

Jetzt stand Tess in der Küche. Der Vormittag war bereits halb vorbei, und Tess hatte seit dem Morgen noch nichts Vernünftiges zuwege gebracht. Im Radio erzählte eine Frauenstimme irgendeinen Unfug über eine tote Katze, die sie unter einem Kumquats-Baum begraben hatte, und dass dieser Baum im darauffolgenden Jahr den besten Ertrag seit Jahren geliefert hatte.

Tote Katzen, Kumquats und Schafscheiße, dachte Tess entnervt. Soll das das Leben auf dem Lande sein?

In diesem Moment klopfte es an das Küchenfenster. Es war Bob, der einarmige Postbote.

»Kann es sein, dass Sie ein Paket erwarten?«, rief er Tess durch das Fenster zu, während er einen großen Karton auf seiner einzigen Hand balancierte.

Das ist sie! Die Erlösung!, jubelte Tess innerlich. »Ein Paket erwarten?«, wiederholte sie freudig erregt. »Erwarten ist gar kein Ausdruck. Ich fiebere ihm seit Tagen entgegen!« Dann rannte sie durch die Diele zur Tür, um Bob die Sendung abzunehmen.

Tess hielt es kaum mehr aus, bis sie das Paket auspacken konnte. Sie wechselte noch ein paar freundliche Worte mit Bob, dann riss sie die Verpackung auf. »Bitte, bitte, lass es die Maschine sein!«, betete sie leise vor sich hin. Dabei ließ der Absender ihrer Freundin Briony aus Melbourne kaum einen Zweifel daran.

Vorsichtig grub Tess sich durch das Verpackungsmaterial. Ihre Hände stießen auf etwas Hartes, Metallisches. Sie zog den Gegenstand aus der Schachtel. Es war eine hübsche kleine und kompakte Espressomaschine.

Genauso hübsch wie Claires junge Stute, schoss es Tess mit einem Lachen durch den Kopf. Nur eben kein Pferd.

Endlich, endlich! Ein Stück Zivilisation und städtische Kultur waren auf der Farm angekommen. Tess konnte es kaum erwarten, ihren ersten Espresso aufzubrühen – und natürlich alle an diesem kleinen Wunderwerk teilhaben zu lassen. Sie sah auf ihre Uhr. Bald würden die anderen zum Mittagessen kommen. Und dieses Mittagessen sollte die feierliche Einweihung der ersten Espressomaschine auf Drover's Run werden.

Sie hielt die Maschine noch einmal vor sich in die Höhe und sah sie liebevoll an. Dann schenkte sie der Teekanne, die ihre einzige Rettung vor dem auf der Farm sonst üblichen Instant-Kaffee gewesen war, einen letzten verächtlichen Blick.

Eine gute halbe Stunde später hatte Meg das Mittagessen auf den Tisch gestellt. Jodi und Becky saßen bereits und griffen mit gutem Appetit zu. Claire schien über ihre junge Stute die Welt um sie herum zu vergessen. Und dass sie Hunger haben könnte, erst recht.

»Seht mal hier«, sagte Tess und stellte ihre Espressomaschine auf den Küchentisch. Sie war bereits mit Wasser gefüllt und eingeschaltet, damit die Vorstellung möglichst eindrucksvoll verlaufen konnte. »Die habe ich mal ersteigert«, erklärte Tess. »Gebraucht, aber günstig. Und jetzt hat sie eine Weile bei meiner Freundin Briony gestanden.«

Meg schenkte der Maschine einen skeptischen Blick, während sie einen Teller mit Würstchen brachte. »Du meinst wohl: im Weg gestanden. Braucht man wirklich so ein Ding, um Kaffee zu kochen?«, fragte sie skeptisch.

»Es ist ein etwas anderer Kaffee als die Instant-Brühe, die ihr gewöhnt seid.« Man konnte die Begeisterung in Tess' Stimme deutlich hören. »Und ich wette, wenn ihr erst einmal einen Cappuccino probiert habt, wollt ihr überhaupt nichts anderes mehr trinken. Also, wer will denn den ersten?«, fragte sie, während Meg die Maschine weiter zweifelnd betrachtete.

»Für mich keinen Cappuccino, sondern einen doppelten Macchiato bitte«, warf Jodi fachmännisch ein. »Mit aufgeschäumter Milch. Den haben wir auf der Highschool immer getrunken.«

»Na, Jodi, dann war die lange Schulzeit ja wenigstens nicht ganz umsonst«, warf Meg vom Herd aus ironisch ein.

Mit siegessicherem Lächeln füllte Tess das Kaffeepulver in das kleine Sieb. Sie drehte den Siebhalter fest, stellte eine Tasse unter die Tüllen und drückte den Knopf zum Filtern.

Leise brummend und fauchend setzte sich die Maschine in Gang. Und im selben Augenblick ging das Licht aus, und das Fauchen verklang.

Meg war die Erste, die die Situation erfasste. »Stromausfall«, stellte sie fest und legte das Tuch zur Seite, mit dem sie eben noch eine heiße Platte angefasst hatte. »Hoffen wir mal, dass es nur die Sicherung ist.«

Damit verließ sie die Küche und ging in den Flur, um das Problem zu beheben.

»Oje«, seufzte Tess. Sie sah auf ihre Maschine, die mit einer halb gefüllten Tasse vor ihr stand. »Heute ist wohl nicht mein Tag …« Sie zog vorsichtshalber den Stecker aus der Steckdose, dann folgte sie Meg zu den Sicherungen.

Das ist hier aber auch echt mittelalterlich«, schimpfte sie, als sie zurück in die Küche kam. Jodi und Becky waren verschwunden. Dafür war Claire jetzt da. Sie hatte schon versucht, den Wasserkessel anzuwerfen – umsonst. Jetzt betrachtete sie versonnen die Küchenlampe.

»Oh, hallo«, meinte Tess. »Da ist eine Sicherung herausgeflogen«, erklärte sie mit einer vagen Geste Richtung Flur. »Aber keine Angst, ich kriege das wieder hin.«

»Lass mich raten, woran es lag«, antwortete Claire säuerlich. Sie hatte sich auf einen Kaffee gefreut. Daraus wurde jetzt wohl nichts. »An deinem Föhn?«

»Wieso mein Föhn? Nein, daran lag es nicht. Hier ist eben einfach alles alt und kaputt. Versuch jetzt nicht, mir die Schuld zu geben, Claire.«

»Und was ist das da?«, entgegnete Claire und zeigte auf die Espressomaschine.

»Eine italienische Kaffeemaschine. Ich habe sie gekauft. Weil ich dachte, du freust dich«, antwortete Tess. Dass sie das Ding längst gehabt hatte und selbst auf Cappuccino-Entzug war, musste sie Claire ja nicht auf die Nase binden.

»Ich brauche dieses Ding nicht«, antwortete Claire. »Dann habe ich auch keine Probleme mit der Elektrizität.«

»Also, du machst es dir ja einfach!«, gab Tess zurück. »Du läufst jeden Morgen draußen herum und kontrollierst, ob die Zäune in Ordnung sind, die Tränken und wer weiß was noch alles. Und deine Tiere, die Schafe, die Rinder und die Pferde gehen dir über alles. Hier im Haus aber kümmerst du dich um gar nichts. Bei dieser vorsintflutlichen Stromversorgung kannst du froh sein, dass das Haus noch nicht abgebrannt ist. Die Bäder sind Schrott, das Dach ist überall undicht...«, zählte sie auf.

»Tess!«, fiel Claire ihr jetzt ins Wort. Ihre Augenbrauen waren vor Zorn fast zu einer durchgehenden Linie zusammengezogen. »Es reicht! Ich lasse mir von dir nicht vorschreiben, wie ich die Farm zu führen habe.«

Da war es wieder! Kein Wort davon, dass Tess durchaus ein amtlich festgelegtes Recht auf Mitsprache auf Drover's Run hatte.

Tess war jetzt richtig sauer. »Vielleicht täte es dir aber ganz gut, wenn du hin und wieder einen Rat annehmen könntest. Dir und der Farm!« Damit drehte sie sich um und stapfte wütend aus der Küche.

»Wo willst du hin?«, rief Claire ihr nach, während sie hinter ihrer Schwester herrannte.

Tess stieg bereits in ihren Käfer.

»Ich brauche einen Cappuccino. Und wenn ich dafür bis Melbourne fahren muss.«

Tess hatte nicht wirklich vor, für einen Cappuccino vierhundert Kilometer zurückzulegen. Aber bis nach Pinnaroo – das hätte sie sich schon vorstellen können.

Außerdem tat es einfach gut, Drover's Run wenigstens mal für ein paar Stunden hinter sich zu lassen. Während der letzten Tage hatte es ausgiebig geregnet, und die Landschaft war zu neuem Leben erwacht. Einige Gräser und kleinere Pflanzen sahen aus der sonst trockenen Erde hervor. Vielleicht verschaffte ihr allein dieser Anblick ein Stück Entspannung, hoffte Tess.

Mit einem Mal tauchte ein Hindernis vor ihr auf. Mitten auf der Straße stand eine Kuh und schaute dem orangefarbenen Käfer aufmerksam entgegen.

Tess blieb stehen. Sie klatschte ein paar Mal in die Hände, aber die Kuh rührte sich nicht. Tess drückte auf die Hupe. »Aus dem Weg, Kuh! Los, beweg dich!«, rief sie über die Windschutzscheibe ihres geöffneten Cabrios hinweg. »Hopp, mach schon! Schieb ab!«

Die Kuh bewegte sich keinen Zentimeter. Offenbar erreichte die Botschaft das Rinderhirn nicht. Sie sah Tess seelenruhig an.

»Du bist genauso stur wie meine Schwester«, ließ Tess die Kuh wissen. »Und weißt du, was? Mach doch, was du willst!« Damit legte sie den Rückwärtsgang ein, setzte ein Stück zurück und lenkte den Wagen dann vorwärts über den unwegsamen und mit Gras bewachsenen Seitenstreifen.

Sie war noch nicht ganz an der Kuh vorbei, als das Auto plötzlich nicht mehr vorwärtskam. Tess gab Gas – umsonst. Sie öffnete die Tür und sah zur Hinterachse. Die Räder steckten in Vertiefungen, die wahrscheinlich von einer großen Landmaschine stammten. Gestern hatte es stark geregnet, und in den Vertiefungen stand Wasser. Auf dem matschigen Untergrund fanden die Reifen keinen Halt und drehten durch.

»Mist!«, stieß Tess aus. »Ich sag doch, das ist heute nicht mein Tag!« Sie gab nochmals Gas. Wieder drehten die Räder durch, der Motor heulte auf.

Tess stieg aus und sah sich die Bescherung an. Die Kuh muhte ihr zu. »Großartig«, meinte Tess nur. »Daran bist du schuld.«

Tess holte ihr Handy. Sie tippte eine Nummer ein, aber wie erwartet hatte sie keinen Empfang. »Mist!« Wütend knallte sie das Handy auf den Beifahrersitz.

Jetzt muhte die Kuh wieder. Dann setzte sie sich langsam und gemächlich in Bewegung.

»Ach so, und jetzt haust du ab? Aha. Natürlich! Immer dasselbe!« Mit einem Seufzer stieg sie wieder in ihr Auto, stellte die nackten Füße auf die Ablage vor der Windschutzscheibe, schloss die Augen und ließ sich die Sonne auf das Gesicht scheinen.

Vögel zwitscherten, Wolken zogen über das Land, und außer dem leisen Säuseln des Windes war nichts zu hören.

Irgendwann wurde Tess klar, dass es durchaus länger dauern konnte, bis hier jemand vorbeikam, der ihr helfen konnte. Von wegen Cappuccino, dachte sie seufzend. Sie zog ihr T-Shirt aus und sank ein Stück tiefer in ihren Sitz.

Als Tess wieder auf die Uhr sah, war schon später Nachmittag. Sie war drauf und dran gewesen, ein wenig einzuschlummern. Aber jetzt hörte sie plötzlich ein Motorengeräusch. Sie schlug die Augen auf.

Auf einem Motorrad näherte sich ein Mann. Bei näherem Hinsehen erkannte Tess, dass es Alex Ryan war. Schnell zog sie ihr T-Shirt wieder an. Dann war Alex auch schon bei ihr.

»Nanu? Wo wollen Sie denn hin?«, erkundigte er sich mit einem eigenartigen Grinsen. Offenbar kam es ihm komisch vor, Tess hier sozusagen im Straßengraben zu finden.

»Nach Pinnaroo«, gab Tess ein wenig verlegen zu. Hatte Alex bemerkt, dass sie bis vor wenigen Augenblicken kein Oberteil angehabt hatte? »Einen Cappuccino trinken.«

Alex warf einen skeptischen Blick auf die Hinterräder. »Wird wohl nichts draus?«, meinte er, ohne näher darauf einzugehen, dass es bis Pinnaroo noch ziemlich weit war. Vor allem, wenn man nur einen Cappuccino trinken wollte.

»Nur dass Sie es wissen«, antwortete Tess, und sie merkte selbst, dass sie mit einem Mal wieder ein bisschen bockig klang. Wohl eine Nachwirkung des Streits mit ihrer Schwester. »Wenn es sein muss, komme ich hier auch alleine wieder weg.«

Alex sah sie an. Dann stieg er lächelnd von seinem Motorrad.

Claire hatte sich nicht weiter darum gekümmert, dass ihre Schwester ärgerlich abgezogen war. Und wenn sie dreimal recht hatte, dass das Haus ein wenig heruntergekommen war – mit der Führung des Haushalts konnte die Farm kein Geld verdienen. Und Geld verdienen war nun mal leider die Hauptaufgabe auf Drover's Run.

Fast den ganzen Tag hatte Claire sich mit Blaze beschäftigt. Sie war ein wunderschönes Tier – aber eben ein Nachkömmling ihres Vaters. Ebenso stur wie Scirocco – oder auch wie Jack es gewesen war.

Jetzt war es fast Abend. Claire hatte das Training mit dem Pferd beendet, und auch die übrigen Arbeiten auf der Farm waren, für diesen Tag, so gut wie getan. Alle Arbeiten jedenfalls, die Jodi, Meg und sie selbst erledigen mussten.

Denn völlig unvermutet hatte es schon am Vormittag eine Veränderung auf Drover's Run gegeben. Beckys Mutter war aufgetaucht und hatte ihrer Tochter erklärt, dass sie sie wieder zu Hause haben wollte. Claire wusste, dass die Beziehung zwischen Becky und ihrer Mutter, die einen Truck-Stop in der Stadt führte, eigentlich nicht die beste war. Trotzdem war Becky bereit, wieder nach Hause zurückzukehren – und Claire riet ihr zu. Auch wenn die Farm auf Beckys tatkräftige Unterstützung kaum verzichten konnte. Aber Familie war eben Familie. Das sagte Claire auch der jungen Frau.

Jetzt kehrte Claire zum Haus zurück, wo Meg auf der Veranda saß. »Unglaublich«, stieß sie aus und griff nach einer Dose Bier, die Meg auf dem Tisch für sie bereitgestellt hatte. »Tess dampft einfach ab und lässt sich nicht mehr blicken. Sie ist wohl tatsächlich nach Melbourne gefahren, um ihren albernen Kaffee zu trinken. Ob sie überhaupt noch mal wiederkommt?«

Meg konnte sich ein leichtes Grinsen kaum verkneifen. Dass Claire und Tess nicht einer Meinung waren, daran hatte sie sich seit Tess' Ankunft gewöhnt. Dass Claire sich um ihre Schwester jetzt offenbar sorgte, das war eine Neuerung in den geschwisterlichen Beziehungen.

»Tess? Ach, die hat doch vorhin angerufen«, sagte Meg und tat so, als wunderte sie sich, dass Claire davon nichts mitbekommen hatte. »Sie ist bei den Ryans. Ihr Auto ist liegen geblieben, und Alex hat sie aufgegabelt. Sie sagt, sie bleibt zum Abendessen.«

»Wie? Tess ist bei den Ryans?«, platzte Claire geradezu heraus.

Meg sah sie fragend an.

»Ach so.« Claire gab sich sichtlich Mühe, gleichgültig zu klingen. Vielleicht auch, um sich selbst nicht eingestehen zu müssen, dass sie sich ernsthaft Sorgen gemacht hatte um ihre kleine Schwester. Was aber offenbar überhaupt nicht nötig gewesen war, weil sie in aller Ruhe bei den Nachbarn saß. »Bei den Ryans«, wiederholte sie. »Na dann.«

Tatsächlich hatte Alex, nachdem er einen Achsenbruch an Tess' Wagen festgestellt hatte, Tess auf die Farm seiner Eltern mitgenommen. Im Stillen beschlich Tess zwar der vage Verdacht, dass sich diese Diagnose recht bald wieder als Irrtum herausstellen könnte. Aber bis dahin war sie bereit, sich in ihr Schicksal zu fügen.

Schlammbesudelt kamen sie mit Alex' Motorrad auf Killarney an. Während die beiden versucht hatten, den Wagen freizubekommen, hatte sich eine freundschaftliche kleine Schlammschlacht zwischen Tess und Alex entwickelt. Und beide hatten sich dabei bestens amüsiert. Auch wenn nicht ganz klar war, ob es sich bei dem Wurfmaterial um Schlamm oder viel eher um Kuhmist handelte.

Schon als sie das Haus betrat, war Tess von dem ländlichen Luxus und der Gediegenheit überwältigt. »Das ist hier wie in einem Jane-Austen-Roman«, stellte sie begeistert fest. »Da traut man sich ja höchstens, durch den Hintereingang zu gehen.«

Der Hausherr Harry Ryan und seine Frau Liz kamen, um den Gast zu begrüßen.

»Ich habe schon viel von Ihnen gehört«, sagte Liz Ryan, nachdem sie einander vorgestellt worden waren. »Ich dachte, Sie bleiben nur für einen Kurzbesuch auf Drover's Run?«

»Tja, so war es geplant«, gab Tess zu. »Aber ... nun ja.« Sie wollte lieber nicht darüber sprechen. Die Schwierigkeiten, die ihre Schwester und sie miteinander hatten, gingen schließlich niemanden etwas an. Hinzu kam, dass sie sich ohnehin schon etwas komisch vorkam – mit ihrem schlammbespritzten T-Shirt inmitten dieser edlen ländlichen Eleganz. »Alex, hatten Sie mir nicht ein Bad versprochen, in das ich erst einmal kurz eintauchen kann?«

»Oh, doch, natürlich«, antwortete Alex eifrig. »Ich bringe Sie gleich rauf ...«

»Ach, Alex ...« Die Stimme von Liz Ryan klang freundlich – und gleichzeitig unerbittlich. »Wenn du nichts dagegen hast – ich denke, dass sich Miss Silverman den Weg doch lieber von mir zeigen lassen möchte. Von Frau zu Frau, du verstehst?«

Tess folgte Liz in das obere Stockwerk des Hauses. Hier befand sich ein wundervolles Bad. Es war nicht übertrieben, bot aber dennoch einen gewissen Luxus. Nicht zuletzt durch die vielen flauschigen Handtücher, die blütenweiß und akkurat gefaltet bereitlagen. Aber auch verschiedene Badeessenzen, Shampoos und Cremes entdeckte Tess.

»Ach!« Tess war beeindruckt. »Ich wusste doch, dass das Leben auf dem Land nicht nur furchtbar sein kann!« Sie lief auf den kleinen Tisch mit dem Shampoo und den weiteren Essenzen zu. »Das Shampoo benutze ich auch!«, jubelte sie, als sie die Flaschen erkannte. »Und diese Haarspülung!«

Liz schenkte ihr ein nachsichtiges Lächeln. »Wenn Sie Ihre schmutzigen Sachen vor die Tür legen, dann kümmere ich mich darum. Und für die Zwischenzeit bringe ich Ihnen etwas anderes zum Anziehen«, versprach sie und ließ Tess dann allein.

Tess genoss es in vollen Zügen, nach so langer Zeit einmal wieder in einer Badewanne zu liegen. Die Wanne auf Drover's Run hatte wahrlich nicht dazu eingeladen.

Irgendwann klopfte es an der Tür. »Kann ich Ihnen irgendwie helfen?«, fragte Alex' Stimme.

Tess konnte ein Lachen kaum unterdrücken. »Sonst noch Fragen?«, gab sie zurück. »Nein, nein«, antwortete sie dann. »Ich komme schon allein zurecht. Vielen Dank.«

Sie hätte Stunden in der Wanne bleiben können, in dem warmen, nach Sandelholz und Rosen duftenden Wasser. Da sie aber Gast auf Killarney war, musste Tess doch nach einer für sie viel zu kurzen Zeit die Badewanne wieder verlassen. Sie hatte sich gerade abgetrocknet und begonnen sich einzucremen, als es wieder an der Tür klopfte und im selben Augenblick von außen geöffnet wurde.

»Alex!«, schrie Tess auf. Sie raffte in aller Eile ein Handtuch und hielt es vor sich. »Alex, Sie sollten wenigstens eine halbe Sekunde warten, nachdem Sie angeklopft haben … Oh, Nick …«, hielt sie dann verblüfft inne.

Tatsächlich war es Alex' Bruder Nick, der da vor Tess im Bad stand. Er fühlte sich wohl selbst ein wenig überfordert von der unerwarteten Situation. Jedenfalls verzögerte sie seine Reaktionszeit beträchtlich. Anstatt sofort wieder aus dem Bad herauszugehen, stand er wie angewurzelt vor Tess und lächelte sie an.

»Was ist?«, fragte Tess. »Wollen Sie nicht einfach wieder hinausgehen?«

»Doch, sicher«, antwortete Nick, rührte sich aber noch immer nicht vom Fleck. »Bis später«, sagte er schließlich und drehte sich um.

»Bis später«, antwortete Tess. Erst jetzt bemerkte sie, dass sie die ganze Zeit vor einem großen Spiegel gestanden hatte, der Nick eine fabelhafte Aussicht auf ihre nackte Rückseite gewährt hatte.

Das Kleid, das Liz Ryan ihr zwischendurch ins Bad gereicht hatte, war nicht gerade die neueste Mode. Allerdings sollte es sowieso in die Altkleidersammlung, wie die Hausherrin ihr mitgeteilt hatte. Tess konnte ihm mit ein paar Handgriffen einen modischeren Touch verleihen. Und sie genoss es, dass alle aufsahen, als sie nach einer Weile damit ins Wohnzimmer zurückkam.

»Oh«, bemerkte Liz allerdings mit hochgezogenen Augenbrauen. »Dieses Kleid hatte ich ganz anders in Erinnerung.«

»Ich habe es etwas ... verändert«, gab Tess zu. »Sie sagten doch vorhin, Sie wollten es ohnehin in die Altkleidersammlung geben.«

Während Liz in der Küche das Abendessen vorbereitete, hatte Tess Gelegenheit, die technische Ausstattung der Farm zu bewundern. Killarney verfügte über Computerprogramme, die die Zäune kontrollierten und den Viehbestand überwachten. Über Satellit hatte die Farm Mobilfunk-Empfang, und über Video hielten die Ryans die Tränken der Tiere im Blick.

Tess hatte das Gefühl, dass Killarney die perfekte Kombination der Vorzüge des Landlebens mit den Annehmlichkeiten der Stadt – oder zumindest der gehobenen Zivilisation – sei. Dieser Eindruck verstärkte sich, als man mit Einbruch der Dämmerung ein paar Cocktails zu sich nahm und im Hintergrund Musik aus der Stereoanlage erklang. Tess fühlte sich ausgesprochen wohl und nutzte die Gelegenheit, ihre Kenntnisse im Mixen anzubringen.

Ihr Vorschlag, einen »Screaming Orgasm« zu kreieren, wurde von den Männern mit stürmischer Begeisterung aufgenommen. Liz Ryan, die zum Aperitif wieder zu den anderen gestoßen war, schaute dagegen eher verwundert.

Schließlich begab man sich an den perfekt gedeckten Tisch, wo man bei einer kleinen Vorsuppe die Unterhaltung fortsetzte. Tess genoss es, dass die Ryan-Männer sozusagen an ihren Lippen hingen. Die durchaus geistvollen und witzigen Einwürfe von Liz Ryan schienen allerdings von Mal zu Mal spitzer zu werden.

Unterdessen hatte sich auf Drover's Run auch Claire an den Tisch gesetzt. Zu ihrem Erstaunen war nur ein Gedeck aufgelegt. Für sie.

Becky ist nicht da, und Tess kommt an diesem Abend auch nicht zum Essen, überlegte Claire. Aber was war denn mit Meg und Jodi?

»Hast du keinen Hunger?«, wandte sie sich an Meg, als sie mit einem Teller ins Esszimmer kam.

»Ich muss mich ein bisschen um Jodi kümmern. Sie ist traurig, weil Becky nicht mehr da ist – was ich persönlich ja gar nicht so schlecht finde«, vertraute sie Claire an. »Ich meine ... nun ja, ich bin bei ihr wirklich mit vielem nicht einverstanden. Und ich denke, ihr Einfluss auf Jodi – der günstigste kann er nicht sein.«

»Und weil Becky weg ist, esst ihr jetzt nichts mehr?«, hakte Claire nach.

»Wir machen uns Popcorn und gucken ein Video. Wenn du willst, kannst du gern zu uns rüberkommen«, bot Meg freundlich an.

»Nein, danke, ich gehe heute früh ins Bett«, lehnte Claire ab. »Ich werde es genießen, ein bisschen Ruhe zu haben. Wenn Tess hier ist, die redet in einem fort. Die braucht beim Essen mehr Luft als Wasser, weil sie so viel plappert.« Noch im selben Moment war Claire sich gar nicht so sicher, ob sie wirklich überzeugend klang.

»Immerhin kostet die Luft ja nichts«, antwortete Meg begütigend.

Zur gleichen Zeit sprach man auch auf Killarney von tatsächlichen Kosten. Tess hatte ihr Missgeschick mit der Espressomaschine erzählt und erklärt, dass sie auf Drover's Run gern einiges erneuern lassen würde.

»Das heißt, Sie wollen das Haus mit einer neuen Stromversorgung ausstatten?«, wiederholte Liz nachdenklich und legte ihr Besteck zusammen. Sie hatte ein herrliches Essen gekocht, und wie Tess schon an dem wundervollen Bad, dem perfekt gedeckten Tisch und vielem mehr klar geworden war, war Liz eine hervorragende Hausfrau. Nun hoffte Tess, dass die Sättigung nach dem opulenten Mahl ein wenig dazu beitragen könnte, Liz' Bemerkungen die Spitzen zu nehmen. »Nun, da kommt eine Menge Geld zusammen, selbst wenn Drover's Run kleiner ist als unser Haus«, fuhr Liz fort. »Die Handwerker, das Material ... und all die Renovierungen, die sich daran noch anschließen ...«

»Das ist sicher richtig«, stimmte Tess ihr zu. »Aber letzten Endes, wenn das Haus abbrennen sollte – ich glaube, da würde als Schaden noch eine viel größere Summe entstehen.«

»Mag sein«, antwortete Liz mit hochgezogenen Brauen. »Und wenn das Konto ohnehin überzogen ist, dann ... nun ja, dann kommt es auf den Rest ja vielleicht auch nicht mehr an.« Ihrer Stimme war nicht anzumerken, ob sie diese Bemerkung ironisch gemeint hatte oder Tess tatsächlich in ihrem Vorhaben bestärken wollte.

Harry, Alex und Nick aber wurden bei Liz' Worten merkwürdig steif. Was Tess in ihrer Befürchtung bestätigte, dass Liz soeben eine weitere Spitze losgelassen hatte.

»Nun, es gibt ja heutzutage eigentlich kaum noch jemanden, der sein Konto nicht überzogen hat«, meldete Harry sich jetzt wieder zu Wort. »Aber der ganze Aufwand, nur um italienischen Kaffee trinken zu können«, wandte er sich mit einem charmanten Lächeln an Tess. »Das kommt mir doch ein bisschen teuer vor, meine Liebe.«

Alex hatte sich angeboten, Tess mit dem Auto nach Hause zu bringen. Beim Abschied bekam sie noch ihre Kleider in die Hand gedrückt; frisch gewaschen, gebügelt und gestärkt! Sogar die Jeans. Tess bedankte sich artig, dann war sie froh, das Haus der Ryans wieder verlassen zu können.

Während Tess mit Alex durch die Nacht fuhr, hatte auch Claire ihr Abendessen beendet. Sie hatte geduscht und war dann noch mal kurz in die Küche hinuntergegangen, um ein Glas Wasser zu trinken.

Sie hatte ihren seidigen Kimono angezogen. Es war ein Geschenk von Jack, und eigentlich fand Claire, dass er nicht zu ihr passte. Sie war keine Dame, und sie würde nie eine werden. Sie war Farmerin, mit Leib und Seele. Trotzdem wollte sie einfach mal ausprobieren, wie es sich anfühlte, ein solches Kleidungsstück auf der Haut zu tragen. Tess trug ja laufend solche Dinge. Und gerade die Abwesenheit der Schwester schien der passende Moment dafür zu sein.

Als sie die Treppe wieder hinaufkam, bemerkte sie, dass Tess' Zimmertür offen stand und ein Licht im Zimmer brannte. Typisch Tess! Über die kaputte Elektronik schimpfen und dann den ganzen Tag – vermutlich seit dem Morgen – eine Lampe brennen lassen. Ohne lange nachzudenken, trat Claire ein. Sie sah sich kurz in dem Zimmer um. Merkwürdig. Das Zimmer ihrer Schwester war so ganz anders als ihr eigenes. Überall standen und lagen kleine verspielte Dinge herum. Armbänder aus Glasperlen, Räucherstäbchenhalter. Der Kleiderschrank stand offen. Eines von Tess' bunten Sommerkleidern lugte ein Stück hervor. Claire nahm es heraus und hielt es prüfend an sich. Eigentlich steht es mir ganz gut, dachte Claire mit einem Blick in den Spiegel. Mit einem Kopfschütteln, als wundere sie sich über sich selbst, hängte sie das Kleid dann schnell zurück in den Schrank.

Sie sah sich weiter um. Auf der Frisierkommode standen Parfümflaschen. Daneben ein Stapel Fotos. Claire nahm ihn und sah ihn durch.

Tess in der Stadt, mit ihren Freundinnen und Freunden. Tess am Strand, im Urlaub. Sie sieht gut aus, stellte Claire mit einem gewissen Stolz fest. Tess vor einem ihrer geliebten Cappuccinos. Tess mit einem jungen Mann. Ihr Freund? Oder vielleicht Ex-Freund? Und schließlich: ein altes Foto von zwei kleinen Mädchen, vielleicht fünf und sieben Jahre alt. Ein Kind mit dunklen, das andere mit blonden Haaren, und beide halten sich an den Händen.

Ein merkwürdiges Gefühl machte sich in Claires Brust breit. Sie wäre niemals darauf gekommen, dass Tess dasselbe Foto besaß wie sie. Und dass sie es offenbar genauso liebte und überallhin mitnahm wie sie selbst.

In diesem Moment näherte sich ein Auto dem Farmhaus. Eilig legte Claire die Bilder zurück an ihren Platz und verließ das Zimmer ihrer Schwester.

Unten im Hof schaltete Alex den Motor ab.

»Da wären wir«, meinte Tess etwas hilflos.

»Ja, da wären wir«, bestätigte Alex. »Ich hoffe, Sie besuchen uns jetzt öfter.«

Tess konnte sich ein leises Lachen nicht verkneifen. »Glauben Sie, dass Ihre Mutter sich darüber freuen würde?«

»Oh, bestimmt, sie hat selten Besuch von Frauen«, meinte Alex ahnungslos.

»Alex, Ihre Mutter mag mich nicht«, widersprach Tess und hatte Mühe, dabei ein Seufzen zu unterdrücken.

»So kann man das aber nicht sehen«, entgegnete Alex. Er beugte sich zu Tess und kam ihr dabei immer näher.

»Ich weiß ja nicht, wovor sie Angst hat«, fuhr Tess fort. »Vielleicht davor, dass ich Sie irgendwie ... zu irgendwelchen Dingen ... bringen könnte ...«

Alex kam noch ein Stück näher. Er legte seinen Arm um Tess. »Vielleicht wäre ich ja damit einverstanden«, meinte er.

»Aber Ihre Mutter ... ich meine, mich würde ja interessieren, was sie wirklich von mir denkt ...«, machte Tess einen neuen rhetorischen Versuch.

»Tess«, sagte Alex ruhig. »Wissen Sie was? Im Moment kann ich mir wirklich Schöneres vorstellen, als ausgerechnet über meine Mutter nachzudenken.« Damit senkte er seine Lippen auf ihren Mund und küsste Tess innig und lang.

13. Kapitel

Claire hatte den Abschied zwischen ihrer Schwester und Alex Ryan vom Fenster ihres Zimmers aus beobachtet. Unwillig zog sie jetzt den Vorhang ein Stück weiter vor, so als wollte sie die Szene nicht länger vor Augen haben. Als sie in ihrem kunstseidenen Morgenmantel am Spiegel ihrer Kommode vorbeikam, ließ sie ihren Kimono bis in die Taille hinabrutschen. Sie schwenkte die Hüften.

»Nacht, Alex!«, versuchte sie Tess' Tonfall zu imitieren. »Das war ein wunderbarer Abend«, zwitscherte sie. Dann warf sie sich plötzlich auf ihr Bett und wühlte verzweifelt den Kopf in ihr Kissen.

Früh am nächsten Morgen wagte sie mit der Jungstute Blaze den nächsten Schritt, indem sie das Pferd vorsichtig sattelte. Einen Augenblick lang blieb die Stute wie angewurzelt stehen, doch dann begann sie plötzlich auszuschlagen und wie wild durch die Koppel zu galoppieren. Claire hatte gerade noch Zeit, sich jenseits des Gatters in Sicherheit zu bringen. Wie erwartet gestaltete sich das Unterfangen recht kompliziert. Während sie dem wild um sich schlagenden Pferd zusah, kam Tess aus dem Haus. Ihr Gesichtsausdruck war alles andere als freundlich.

»Wieso hast du mir nichts von dem überzogenen Konto erzählt?«, stellte sie ihre Schwester zur Rede.

Claire zog die Augenbrauen in die Höhe. »Ihr habt bei den Ryans über unsere Finanzen gesprochen?«, fragte sie.

»Ich habe das Thema nicht angeschnitten. Aber Liz Ryan hat mir ins Gesicht gesagt, dass wir Schulden haben«, antwortete Tess aufgebracht.

Claires Augen folgten jetzt wieder Blaze, deren wilde Sprünge allmählich etwas ruhiger wurden. »Typisch Jack«, stellte sie fest. »Zwei Whiskey, und die ganze Welt weiß, was man unter Kollegen so redet.«

»Ach, so ist das?«, antwortete Tess. Ihre Stimme klang vor Erregung noch etwas höher. »Die Tatsache, dass wir Schulden haben, stört dich nicht allzu sehr – solange es die anderen nicht wissen?«

»So ist es brav«, sagte Claire jetzt, ohne auf den Vorwurf ihrer Schwester zu antworten. Die Jungstute war stehen geblieben und hatte sich offenbar damit abgefunden, dass sie einen Sattel tragen sollte. Claire stieg über das Gatter, um mit dem Training fortzufahren.

Tess sah ihr ärgerlich nach. »Ich werde mir jetzt die Bücher ansehen«, erklärte sie. »Ich bin gespannt, was für Überraschungen mich noch erwarten.«

»Sie stehen im Büro«, antwortete Claire über die Schulter. »Sieh sie dir ruhig an! Und lass dir Zeit!«

Als sie im Büro war, stapelte Tess die Unterlagen der letzten acht Jahre auf den Schreibtisch und nahm dahinter Platz. Dann begann sie zu lesen. Die Seiten waren sorgfältig mit Jacks klarer, geschwungener Handschrift gefüllt. Sämtliche Einnahmen waren aufgeführt, einschließlich der Quellen und wofür sie der Farm zuflossen, und ebenso die Ausgaben. Aber es standen auch allgemeine Bemerkungen darin. Zum Beispiel über die Witterung oder Entwicklungen, die die Leute auf der Farm betrafen. Mitarbeiter, die eingestellt oder denen gekündigt wurde. Wenn Tiere eingingen oder Jungtiere auf die Welt kamen, hatte Jack auch das vermerkt.

Je mehr Tess zu sehen bekam, umso mehr fesselten sie diese Bücher. Hier ging es nicht nur um die wirtschaftliche Entwicklung von Drover's Run. Tess fand darin Dokumente eines persönlichen Lebens – des Lebens von Jack McLeod.

»Claires fünfundzwanzigster Geburtstag« stand auf einer Seite neben einer Entnahme aus der Kasse. »Gemeinsames Essen beim Chinesen.« Und an einer anderen Stelle in einem Buch, das fünf Jahre früher geführt wurde, stand über allen Ein- und Ausnahmen: »Dies ist Tess' achtzehnter Geburtstag. Ich hoffe, sie ist glücklich.«

Mit einem Mal standen Tess die Tränen in den Augen. Sie hatte immer geglaubt, dass ihr Vater sie vergessen hätte, nachdem ihre Mutter mit ihr nach Melbourne gegangen war. Nun hielt sie den Beweis, dass dies nicht der Fall war, in Händen. Schnell sprang sie auf und lief wieder zu dem Regal, auf dem sich die Bücher der Farm bis in frühere Generationen hinein befanden. Sie stapelte die Bücher, die bis in ihre Kindheit zurückreichten, auf ihren Arm und machte es sich damit auf dem Boden des Büros bequem.

Sie schlug die ersten Seiten auf und überflog sie. Nichts von Belang. Sie blätterte weiter. Mit einem Mal lag ein rosafarbener Briefumschlag zwischen den Seiten. Tess nahm ihn in die Hand und betrachtete den Absender. Er stammte von Jack McLeod. Sie drehte den Brief herum, um die Adresse des Empfängers zu lesen. »Tess Silverman« stand dort.

»O'Sullivan Road 287, Melbourne«. Die Adresse war durchgestrichen. Und in einer Frauenschrift stand daneben: »Return to sender – Zurück an den Absender.«

Tess betrachtete die Aufschrift mehrfach und drehte den Brief ratlos in ihren Händen.

Es war schon kurz vor Mittag, als Claire ins Büro kam.

»Na, hast du unser Problem gelöst?«, wandte sie sich an ihre Schwester.

Tess sah auf. Ihr Gesicht war von Tränen überströmt.

»Also, so schlimm ist die Lage aber auch nicht«, antwortete Claire ungeduldig.

»Als Mom und ich weggingen, damals, dachte ich, das war's. Ich dachte, Dad hat uns aus seinem Leben gestrichen«, erklärte Tess. »Aber jetzt sind hier alle diese Briefe. Bis ich zehn war, hat er mir regelmäßig geschrieben. Zum Geburtstag und zu Weihnachten. Aber Mom hat sie alle zurückgeschickt.«

Claire wendete ihren Blick von Tess ab und sah nervös auf den Schreibtisch.

»Hat er mal etwas gesagt?«, fragte Tess. »Ich meine, wegen der Karten. Wenn sie immer wieder zurückkamen. War er traurig oder ärgerlich?«

Claire schob einen Stift auf dem Schreibtisch von einer Stelle zu einer anderen. »Ich habe nicht gewusst, dass er diese Karten überhaupt jemals geschrieben hat. Ich muss wieder an die Arbeit«, schloss sie dann schnell und ging zur Tür.

»Meine liebe kleine Tess«, begann Tess jetzt eine ihrer Geburtstagskarten vorzulesen, noch bevor Claire das Büro verlassen hatte. »Heute ist dein sechster Geburtstag, und ich wünsche dir alles Liebe und Gute. Auch wenn ich an diesem Tag nicht bei dir sein kann – du sollst wissen, dass ich dich sehr liebe und dass ich dich immer lieben werde, mein Schatz, meine kleine Süße ...«

Claire stand mit dem Rücken zu ihrer Schwester. Als sie hörte, was ihr Vater geschrieben hatte, durchlief sie ein kalter Schauer. Immer war sie davon überzeugt gewesen, dass sie die Einzige war, der Jacks Liebe galt. Waren nicht er und sie einfach unzertrennlich gewesen?

»Claire, er hat mich geliebt«, schloss Tess, verwundert und fassungslos.

»Ich ... ich muss wieder raus«, antwortete Claire tonlos und verließ das Haus.

Bis zum Mittagessen verbrachte Claire die Zeit weiter mit Blaze. Man konnte jetzt zusehen, wie die junge Stute fast stündlich Fortschritte machte. Von Augenblick zu Augenblick schien sie ihre neue Bestimmung als Reitpferd mehr zu akzeptieren und sträubte sich daher immer weniger gegen den Sattel.

»Siehst du, braves Mädchen«, sagte Claire leise zu ihr. Sie stand vor der Stute und strich ihr über die Stirn. Claire war noch immer nicht in den Sattel auf dem Rücken des Pferdes gestiegen. Damit wollte sie sich Zeit lassen. »Ich verstehe, dass dir das hier nicht leicht fällt«, fuhr sie fort, und das Pferd drehte aufmerksam seine Ohren nach ihrer Stimme. »Wenn du dich aber erst einmal daran gewöhnt hast, wirst du merken, dass es gar nicht so schlecht ist, ein gutes Reitpferd zu sein.« Damit klopfte sie Blaze aufmunternd auf den Hals und ging ins Haus.

Sobald das Essen beendet war, begab sich Claire hinauf in ihr Zimmer – Jacks ehemaliges Zimmer –, um ein paar Kleider aus seinem Schrank einzupacken. Sie wollte die Sachen mitnehmen, wenn sie später mit Meg nach Gungellan fuhr.

Sie war gerade dabei, Jacks Hemden einzupacken, als Tess in der Tür stand. Sie hatte wieder eines der Bücher bei sich.

»Hier, hör mal, was Dad aufgeschrieben hat«, sagte sie schmunzelnd. »Kannst du dich daran erinnern?«

Dann las sie vor: »Heute kam Claire zu mir. Sie hatte verweinte Augen und war vollkommen aufgelöst. Ich fragte sie, was denn los sei. Darauf erklärte sie mir, dass es in Ordnung wäre, wenn alle kleinen Tiere der Farm irgendwann verkauft würden. Die kleinen Lämmchen und die Kälbchen. ›Ja, und?‹, fragte ich. ›Warum weinst du denn?‹ Darauf sagte Claire: ›Aber Tess geben wir nicht weg. Die wollen wir behalten.‹« Tess lachte auf. »Ist das nicht süß? Du dachtest, sie wollten mich verkaufen.«

Claire gelang ebenfalls ein Lächeln, während sie einen weiteren Stoß Hemden aus Jacks Schrank nahm. »Mir war wohl damals schon klar, dass man mit dir keinen guten Preis erzielen würde«, sagte sie.

»Na ja, jedenfalls erinnerst du dich«, antwortete Tess und überging damit den etwas missratenen Scherz ihrer Schwester. Dann sah sie auf. »Was machst du denn da eigentlich?«, wollte sie wissen.

»Ich packe nur ein paar Sachen von Jack ein«, antwortete Claire, während sie die Hemden zusammenlegte. »In der

Stadt gibt es ein paar arme Teufel, die sie gut gebrauchen können.«

»Das ist aber ein schönes Hemd.« Tess deutete auf das karierte Flanellhemd, das Claire gerade in der Hand hielt. Sie nahm es ihrer Schwester kurzerhand ab, zog es über und betrachtete sich damit im Spiegel von Jacks Kommode. »Kann ich das haben?«

Claires Mund war plötzlich trocken. »Klar. Wieso nicht?« Ohne weiter auf Tess zu achten, lief sie eilig die Treppe hinunter.

Die Farm, Jacks Liebe und nun noch seine Hemden, dachte Claire, überwältigt von einer tiefen Traurigkeit. Was würde Tess ihr noch alles wegnehmen wollen?

Als sie am Nachmittag gemeinsam mit Meg in die Stadt fuhr, versuchte Claire das Thema anzuschneiden, das ihr auf der Seele brannte. »Tess hat Briefe von Jack gefunden. Karten zu Weihnachten und zu ihrem Geburtstag, nachdem Ruth mit ihr weggegangen war«, begann sie. »Wusstest du davon?«

Meg ließ sich einen Moment Zeit, bevor sie Claire ihre Frage beantwortete.

»Ja, ich wusste davon«, sagte sie schließlich ruhig.

Claire schüttelte den Kopf. War es möglich, dass Jack etwas ohne ihr Wissen getan hatte? Und konnte es sein, dass sie Jack und seine Liebe immer schon hatte teilen müssen, ohne es zu ahnen?

Meg betrachtete die Landschaft, die ruhig an ihnen vorüberzog. »Er hat dich vergöttert«, sagte sie, als wüsste sie, woran Claire dachte. »Und das weißt du. Warum willst du es plötzlich bezweifeln?«

Unterdessen näherten sich zwei Autos Drover's Run. Alex brachte zusammen mit Terry den liegen gebliebenen Käfer von Tess zurück. Tatsächlich war von einer »defekten Hinterachse« keine Rede mehr. Alex wollte natürlich auch Tess besuchen und erhielt von Jodi, die gerade missmutig die Viehtränken scheuerte, die Auskunft, dass sich Tess im Haus aufhalte. Als Terry sich nach Meg erkundigte, spürte Jodi zum ersten Mal ein deutliches Misstrauen.

Alex fand Tess im Büro. Sie saß wieder am Schreibtisch und las die Bücher.

»Hallo, Tess. Das ist aber ein viel zu schöner Tag, um Büroarbeit zu machen«, sagte Alex mit einem Blick auf den Schreibtisch. »Wollen wir nicht vielleicht einen kleinen Ausflug machen?«

Er trat hinter sie und beugte seinen Kopf, um Tess einen Kuss auf ihre nackten Schultern zu drücken.

Tess reagierte überhaupt nicht auf seine Frage. »Hat deine Mutter dich jemals belogen?«, entgegnete sie stattdessen.

Alex wurde nun wirklich sauer. »Können wir mal über etwas anderes reden als über meine Mutter?«

»Ich meine nicht deine Mutter.« Tess erhob sich von ihrem Platz. Ihre Stimme klang aufgebracht, und sie schien in Rätseln zu sprechen. »Ich spreche von meiner Mutter. Sie hat sicher gedacht, sie tut nur das Beste für mich, als sie Jacks Karten und Briefe einfach unterschlagen hat. Aber es passt so gar nicht«, fügte sie hinzu. »Schließlich war sie Therapeutin und hätte es besser wissen müssen.« Sie lief aufgeregt durch das Zimmer.

Alex, der gerade noch rückwärts vor ihr her gegangen war, wich zur Seite und sah ihr verblüfft zu. Er verstand nicht, was mit Tess los war.

»Ich hatte immer gedacht, unser Zusammenleben wäre harmonisch und offen gewesen«, fuhr Tess fort. »Aber anscheinend ... anscheinend habe ich mich getäuscht. Das Furchtbare ist nur, ich werde sie nie mehr fragen können. Ich werde nie mit ihr darüber sprechen können. Und auch Jack werde ich nie mehr sagen können, wie sehr ich mich über seine Karten gefreut hätte.«

Mittlerweile hatte Alex bemerkt, dass Tess in diesem Moment mit ihren Gedanken offenbar ganz woanders war als bei ihm und einem Ausflug in die Gegend. Einen Moment lang schien er unschlüssig zu sein, dann näherte er sich allmählich der Tür, während Tess aufgeregt weitersprach. Er konnte die Situation nicht genau einschätzen und war etwas verärgert über das Verhalten seiner neuen Freundin. Oder zumindest enttäuscht, dass Tess sich noch nicht einmal für das zurückgebrachte Auto bedankte. Er griff nach seinem Hut, den er zuvor an den Haken im Büro gehängt hatte. »Es ist wohl ein ungünstiger Zeitpunkt«, bemerkte er ein wenig verletzt. »Du bist wohl ziemlich beschäftigt. Also dann ... dann will ich nicht länger stören. Wir sehen uns ein anderes Mal. Der Autoschlüssel steckt.« Damit setzte er seinen Hut auf und verließ das Haus.

Tess sah ihm nach. Was hat Alex jetzt eigentlich gewollt?, dachte sie hilflos und verstört. Schließlich ging sie zurück an den Schreibtisch, setzte sich in den Stuhl, schloss die Augen und dachte nach.

Die Briefe und Karten bewiesen, dass Jack sie niemals vergessen hatte. Sie war, auch in ihrer Abwesenheit, immer ein Teil seines Lebens, und damit ein Teil von Drover's Run gewesen. Sie erinnerte sich, wie Claire ihr die einzelnen Teile der Farm gezeigt hatte, den Fluss, die Weiden, die Hügel. Und wie sie ihr erklärt hatte, dass jede Parzelle ein unverzichtbarer Teil des Ganzen sei.

Mithin war auch Tess, als Jacks Tochter und Teil seines Lebens, ein Teil dieses Ganzen. Und vielleicht verpflichtete sie das zu etwas ganz anderem, als nur den Erbteil von Drover's Run einzufordern, der ihr zustand ...

Nachdem Meg und Claire in der Stadt alles erledigt hatten und nun die Landstraße zurück nach Drover's Run fuhren, fiel ihnen plötzlich ein junges Mädchen am Straßenrand auf. Im Näherkommen sahen sie, wer es war: Becky. Sie hatte schon bald nach der Rückkehr zu ihrer Mutter bemerkt, dass lediglich eine Arbeitskraft im Truck-Stop fehlte. Von einer neu erwachten Liebe der Mutter zu ihrer Tochter war nichts zu spüren. Becky war darüber so enttäuscht, dass sie sich erneut mit der Mutter überworfen hatte. Und diesmal endgültig.

Die junge Frau nahm das Angebot von Meg und Claire, sie wieder mit nach Drover's Run zurückzunehmen, gerne an. Becky war allerdings klar geworden, dass sie noch einige Dinge in ihrem Leben ändern musste, wenn sie länger auf der Farm bleiben wollte – wenn nicht gar für immer.

Gleich nach ihrer Rückkehr ging Claire zurück zu ihrer Jungstute Blaze auf die Koppel. Zu ihrer großen Freude kam das Pferd auf sie zu und begrüßte sie freudig.

Einen Augenblick lang zögerte Claire. Dies konnte der richtige Moment sein, um mit dem Einreiten zu beginnen – sollte sie es jetzt wagen? Kurz entschlossen setzte sie ihren Fuß in den Steigbügel und schwang sich in den Sattel, auf den Rücken des Pferdes.

Mit angehaltenem Atem wartete sie nun auf das Bocken, Austreten und Herumrennen, das bei dem ersten Reitversuch üblicherweise eintrat. Aber nichts geschah. Die Stute verhielt sich vollkommen ruhig.

Merkwürdig, dachte Claire. Vor dem Mittagessen hätte sie mich vielleicht noch abgeworfen. Es war anscheinend richtig gewesen, dem Pferd ein bisschen Zeit zu geben. Zeit, um sich an die neue Situation zu gewöhnen. So wie auch Claire sich in der Zwischenzeit an die neue Situation gewöhnt hatte und einige Dinge für sich und in ihrem Leben ordnen konnte.

Sie dachte daran, wie Meg im Auto zu ihr gesagt hatte: »Er hat dich vergöttert. Das weißt du. Warum willst du es jetzt bezweifeln?«

Vielleicht nahm Jacks Liebe zu Tess ihr selbst ja gar nichts weg. Weil sie immer schon da gewesen war. Nur dass Claire dies nicht bemerkt hatte.

Sehr vorsichtig hob Claire jetzt ein wenig die Zügel an. Sie drückte vorsichtig ihre Fersen in die Flanken des Pferdes, sprach ganz ruhig mit ihm, und die Jungstute setzte sich langsam in Bewegung.

»Das ist ja unglaublich.« Tess, die ein Stück abseits Oskar gestriegelt hatte, kam zur Koppel gelaufen. Sie kletterte auf das Gatter und sah ihre Schwester bewundernd an. »Gestern war sie noch total wild.«

»Gestern dachte sie noch, ich bin ihr Feind«, antwortete Claire glücklich. »Und jetzt hat sie verstanden, dass ich ihr nichts Böses will.« Sie beugte sich vor und klopfte zärtlich den Hals des Pferdes.

Tess setzte sich auf das Gatter der Koppel und sah Claire zu, wie sie mit der Stute einige Runden drehte.

»Übrigens, ich bin zu einem Entschluss gekommen«, sagte sie dann unvermittelt. »Ich werde ... ich werde hier einziehen.«

Claire schenkte ihr von der Seite einen interessierten Blick. »Aber das hast du doch schon längst getan«, meinte sie.

»Ich meine für länger. Ich werde meine Sachen hierherbringen lassen ...«

»Oh«, warf Claire ein. »Noch eine Espressomaschine oder so was in der Art?«

Tess grinste, antwortete auf diese Frage aber nicht. Stattdessen suchte sie nach den passenden Worten, mit denen sie ihrer Schwester ihren Entschluss erklären konnte – ohne Claire damit zu verletzen. Denn Tess war klar geworden, wie schwer es ihrer Schwester fiel, Jacks Liebe plötzlich teilen zu müssen. Was hatte Claire gerade über die Jungstute gesagt? Gestern hatte sie Claire noch als ihre Feindin angesehen. Und heute verstand Blaze, dass sie zusammen stark sein konnten.

»Es ist doch so«, begann Tess. »Die Hälfte der Farm gehört mir. Das bedeutet, dass auch die Hälfte der Schulden auf meine Kappe geht. Darum denke ich, ich bleibe einfach noch eine Weile und helfe, das überzogene Konto wieder auf die Haben-Seite zu bringen.«

Claire warf ihr einen skeptischen Blick zu. »Hm, vielleicht hätten wir dich damals doch verkaufen sollen«, meinte sie mit einem ironischen Grinsen. »Bevor du die Farm jetzt ganz und gar ruinierst.«

»Oh, keine Sorge«, entgegnete Tess. »Ich habe mich im Internet umgesehen und eine tolle Seite gefunden, auf der steht, wie man eine richtige Farmerin wird.«

»Im Internet«, wiederholte Claire nachdenklich. »Also, wenn das so ist, dann sollte ich wohl besser dafür sorgen, dass Drover's Run in Zukunft überhaupt keinen Strom mehr hat ...«

Noch vor dem Abendessen war die Premiere. Tess hatte die Espressomaschine aufgeheizt. Sie hatte Wasser eingefüllt, Milch aufgeschäumt und die Siebe mit Kaffee gefüllt.

»Okay«, sagte sie. »Seid ihr alle fertig?«

Meg, Becky und Jodi nickten. Claire saß mit gerunzelten Augenbrauen am Tisch.

»Licht?«, fragte Tess.

»Ist aus«, antwortete Meg und legte den Schalter um.

»Das Radio?« Tess sah zu Jodi.

»Aus«, sagte Jodi und drehte den Knopf nach links.

»Der Kühlschrank?«

Becky zog den Stecker. »Auch aus.«

»Also dann!« Tess drückte den Knopf der Espressomaschine. Dampfend, fauchend und nachtschwarz floss der Espresso in die Tassen.

Wenige Augenblicke später stand vor allen je eine dampfende Tasse herrlichen Cappuccinos mit einer hohen Milchschaumhaube.

»Ihr werdet nie mehr etwas anderes trinken wollen – und schon gar keinen Instant-Kaffee«, versprach Tess. Dann setzten alle ihre Tassen an die Lippen.

»Nun ja«, meinte Claire, nachdem sie einen ersten Schluck genommen hatte. Sie spürte dem Geschmack an ihrem Gaumen nach. »Ich glaube, ich setze doch noch mal Wasser auf.«

Damit erhob sie sich und füllte Wasser in den Kocher, um sich ihren altvertrauten Instant-Kaffee aufzugießen – den Kaffee, der auf Drover's Run immer schon getrunken worden war.

McLeods
Töchter

Trügerische Gefühle

Roman von Thea Silva

1. Kapitel

Der Himmel über Drover's Run war bedeckt an diesem Morgen, und ob er im Laufe des Vormittags aufreißen würde, war ungewiss. Bis zum Mittag konnte es trotzdem noch ziemlich heiß werden, obwohl die Luft frisch war.

Claire McLeod und ihre Halbschwester, Tess Silverman McLeod, ritten auf ihren Pferden über eine noch feuchte Wiese, die an einer Seite an ein Waldstück grenzte.

»Ich verstehe das nicht«, sagte Tess mit einem Blick auf den Zaun, an dem sie entlangritten. »Wenn es der Grenzzaun zwischen zwei Farmen ist, zwischen Killarney und Drover's Run – dann müssen sich doch die Besitzer beider Seiten darum kümmern, ob er kaputt ist oder nicht.«

Tess war eigentlich froh, dass ihre Schwester sie endlich mehr in die alltäglichen Arbeiten der Farm einbezog. Manches aber leuchtete ihr so, wie Claire es zu tun gewohnt war, einfach nicht ein.

»Es hat sich nun mal auf diese Weise eingebürgert«, antwortete Claire. »Ich habe es so von Jack übernommen. Er wird seine Gründe dafür gehabt haben.«

Tess verzog kaum merklich das Gesicht. Dass Traditionen eine Rolle spielten, damit war sie vollkommen einverstanden. Allerdings konnte man einige davon durchaus in Frage stellen. Das Trinken von Instant-Kaffee gehörte zum Beispiel dazu. Andererseits hatte sich ja schon manches auf Drover's Run verändert, das musste sie zugeben.

Seitdem Jack McLeod vor einigen Monaten gestorben war, hatte diese Farm, die Jack McLeods Familie seit Generationen bewirtschaftete, nicht mehr nur einen Besitzer, sondern stattdessen zwei Besitzerinnen: Claire McLeod und Tess Silverman McLeod.

Mit dieser Entwicklung hatten beide Schwestern nie gerechnet. Bis zu dem Tag, als Tess sich aus dem vierhundert Kilometer entfernten Melbourne aufmachte, um zur Stätte ihrer Kindheit zu fahren, die ihr nun laut Testament des Vaters zur Hälfte gehörte.

Claire hatte ihre Schwester nie vergessen. Sie hatte sogar oft an sie gedacht. Tess' Mutter und Jack McLeod hatten sich getrennt, und Ruth hatte mit Tess die Farm verlassen. Zwanzig Jahre hatten die beiden sich nicht gemeldet, und im Laufe dieser oft schmerzlichen Zeit hatte Claire nicht mehr mit einem Wiedersehen gerechnet.

Nach einigen Schwierigkeiten und Missverständnissen war Tess schließlich auf Drover's Run eingezogen. Zum einen, weil sie seit dem Tod ihrer Mutter kein richtiges Zuhause mehr hatte. Zum anderen, weil Drover's Run zurzeit hoch verschuldet war. Und es gab nur einen Weg, das Vermögen, das die beiden Schwestern mit der Farm gemeinsam besaßen, für beide nutzbar zu machen: Drover's Run musste wieder ein gesundes Unternehmen werden. Dabei klafften die Pläne der beiden, wie sie ihre Anteile anschließend nutzen wollten, allerdings weit auseinander. Dass Claire immer schon all ihre Kräfte für die Farm eingesetzt hatte, daran zweifelte niemand, der sie kannte. Und auch Tess wollte zu jeder Zeit tun, was in ihrer Macht stand.

»Weißt du überhaupt, wie man feststellt, ob ein Zaun repariert werden muss?«, fragte Claire und ließ ihren Blick prüfend von einem Pfosten zum anderen wandern. Sie waren jetzt an eine Stelle in der Nähe einer Viehtränke gekommen. Claire hielt ihr Pferd an und stieg ab. »Man verpasst dem Pfosten einen ordentlichen Tritt.« Claires Fuß traf gegen das Holz. Ein dumpfes Vibrieren ging durch den Pfahl.

Tess, die sich Mühe gab, so viel wie möglich von ihrer Schwester über die Farmarbeit zu lernen, stieg ebenfalls ab. »Einen Tritt? Etwa so?« Sie holte kräftig aus und trat zu – und verzog im gleichen Moment vor Schmerz das Gesicht.

Claire lachte und stieg bereits wieder auf ihr Pferd. »Doch nicht mit den Zehen!«

»Das hättest du mir auch vorher sagen können«, beschwerte sich Tess und humpelte zurück zu Oskar, ihrem alten Schimmel.

»Hoppla«, sagte Claire plötzlich, noch bevor Tess ihr Pferd erreicht hatte, »da ist dieser verflixte Bulle. Dieser Einzelgänger, du weißt schon ... Er will wohl an die Tränke da drüben. Los, beeil dich!«, rief sie ihrer Schwester zu. »Sieh zu, dass du in den Sattel kommst.«

Tatsächlich war ganz in der Nähe wie aus dem Nichts ein massiges Tier aufgetaucht. Oskar wieherte nervös und tänzelte ein Stück zur Seite.

»Hey, bleib hier«, rief Tess, während sie ihm hinterherhumpelte. Dabei warf sie einen Blick über ihre Schulter. Der Bulle starrte sie an. »Und du bleib bitte, wo du bist!«

Als hätte Tess ihm mit ihren Worten ein Signal gegeben, rannte der Bulle plötzlich los. Er hielt genau auf Tess zu.

Tess blieb wie angewurzelt stehen. »Sitz! Platz! Aus!«, rief sie dem Tier mit immer höher werdender Stimme verzweifelt zu. »Himmel, worauf hört denn der?«

Augenblicklich riss Claire ihr Pferd herum und ritt seitlich gegen den Bullen an, um Tess vor seinem Angriff zu schützen. Er ließ sich zunächst abdrängen, lief dann aber einen Bogen und nahm wieder seinen alten Kurs auf.

Voller Panik sah Tess sich um. Oskar hatte sich ein Stück weiter in Sicherheit gebracht, als der Bulle losrannte, und war für Tess nun fast unerreichbar. In ihrer momentanen Position war sie für den Bullen ein leichtes Ziel. Und auch wenn Claire ihm jetzt wieder nachsetzte und einen neuen Versuch machte, ihn abzulenken, musste Tess sich schleunigst etwas einfallen lassen.

Mit ihren verstauchten Zehen humpelte sie, so schnell sie konnte, auf den nächsten Baum zu. Anscheinend wurde der Bulle dadurch nun wirklich wütend. Wie eine Kampfmaschine stob er auf Tess zu, während Claire ihn auf ihrem Pferd erneut attackierte und abzulenken versuchte.

Obwohl es höllisch wehtat, setzte Tess ihren Fuß in den geteilten Stamm des Baumes. Dann griff sie nach dem erstbesten Ast und zog sich in Windeseile den Baum hinauf.

Einen Augenblick später, und Tess wäre verloren gewesen. Voller Wut bog der Bulle jetzt kurz vor dem Zusammenprall mit dem Baumstamm ab. Claire setzte ihm auf ihrem Pferd nach.

»Hau ab!«, rief Tess schwer atmend von ihrem Platz in luftiger Höhe herab. »Hau ab! Los! Weg! Weg!« Sie nahm ihren Hut zu Hilfe, um den Bullen besser verscheuchen zu können.

»Ich dachte, du hast Höhenangst!«, rief Claire lachend in den Baum hinauf.

»Hab ich auch!«, rief Tess zurück und wedelte weiter mit ihrem Hut. »Aber wenn ich die Wahl habe zwischen schwindelig werden oder mich von einem Bullen auf die Hörner nehmen zu lassen – da nehme ich lieber das Schwindelgefühl.«

In diesem Moment wechselte der Bulle seine Richtung. Anstatt weiter den Baum zu umkreisen, rannte er plötzlich auf den Zaun zu. Ohne seine Geschwindigkeit zu vermindern, setzte er kurz davor zu einem mächtigen Sprung an, und sein riesiger Körper flog über den Zaun hinweg. Seine Hinterhufe allerdings rissen einen der ohnehin morschen Zaunpfosten bis auf einen Stumpf um.

»Wow!«, meinte Tess beeindruckt. »So könnte ich jetzt also auch aussehen ...«

»Du kannst wieder herunterkommen. Er hat ein riesiges Loch in den Zaun gerissen.« Claire war zu ihrer Schwester zurückgekehrt und zeigte auf die Spuren der Verwüstung. »Wir müssen die Kühe auf eine andere Weide treiben, bevor sie nach Killarney hinüberlaufen.«

»Okay«, meinte Tess. »Dann ... dann komme ich jetzt erst einmal wieder herunter.«

Sobald Tess vom Baum herabgestiegen war, musste sie sich erst einmal schütteln. Der Schreck steckte ihr noch regelrecht in den Knochen.

Claire sah sie bei ihrem Treiben belustigt an.

»Was ist?«, fragte Tess unsicher und versuchte, mit dem verstauchten Fuß aufzutreten.

»Hast du nicht vielleicht etwas vergessen?«, meinte sie und deutete in den Baum hinauf.

Tess hob den Kopf. In mittlerer Höhe schwankte ein brauner Gegenstand aus Filz an einem Ast: Tess' Hut. Sie hatte ihn aus lauter Angst und Sorge im Geäst vergessen.

Die verschmitzt grinsende Claire blickte ihre Schwester erwartungsvoll an. »Ach, mein Hut? Den hole ich ein anderes Mal. Es wird sich schon wieder eine Gelegenheit ergeben.« Damit humpelte sie zu Oskar, der sich ebenfalls beruhigt hatte und einige Meter entfernt unter einem Baum auf sie wartete.

Als Claire und Tess zurück nach Drover's Run kamen, hatte Meg bereits das Mittagessen zubereitet. Megs Tochter Jodi und Becky, ein Mädchen aus dem nahe gelegenen Gungellan, das seit einiger Zeit auf der Farm lebte und arbeitete, griffen schon mit gutem Appetit zu.

»Tess!«, begrüßte Meg die junge Frau, die wie so oft durch die Waschküche hereingekommen war. Sie hatte bei ihrer Rückkehr von der Weide also nicht den Weg über den Hof genommen. Genau dorthin deutete Meg nun jedoch mit dem Kopf. »Da draußen steht etwas für dich. Es ist heute Vormittag gebracht worden.«

Tess strahlte über das ganze Gesicht. »Was, wirklich? Ich hätte nicht gedacht, dass es so schnell geht.«

»Muh!«, machte Jodi täuschend echt und ließ sich von Becky den Ketchup reichen.

Gerade hörten die Frauen nun auch Claire durch den Flur kommen.

»Psst!«, flüsterte Tess beschwörend zu Jodi und Becky. »Sie weiß noch nichts davon!«

Claire kam herein, setzte sich an den Tisch und begann sofort, die Arbeit für die nächsten Stunden einzuteilen.

»Also, Leute!«, sagte sie. »Als Erstes werden Becky und ich nach dem Mittagessen schnell den Grenzzaun reparieren. Dann bekommen sie auf Killarney den Schaden gar nicht erst mit. Nichts gegen Harry Ryan, aber es ist mir lieber, ihm zuvorzukommen. Schwieriger wird es, Mickey Bull einzufangen, bevor er noch mehr Schaden anrichtet. Jodi, Becky, darum könnt ihr euch kümmern, wenn Becky und ich zurück sind.«

Tess, die sich gerade ein Stück Fleisch auf den Teller gelegt hatte, sah auf. »Mickey Bull? Ich denke, man gibt Farmtieren keine Namen?«

Jodi, Meg, Becky und Claire sahen sich einen Moment lang überrascht an. Dann lachten sie plötzlich alle zusammen los.

»Mickey Bull ist doch kein Name«, prustete Jodi los. Obwohl sie sich lange Zeit wirklich alle Mühe gegeben hatte, so wenig wie möglich mit der Farm und ihren Arbeiten in Berührung zu kommen, hatte sie ihre Kindheit eben doch hier auf dem Land verbracht. Und sie kannte sich mit dem Landleben besser aus, als sie vor den anderen zuzugeben bereit war.

»Mickey Bull – das ist eine Bezeichnung für Bullen, die ihre Hoden noch haben. Für richtige Stiere also. Meistens sind sie Einzelgänger und ziemlich aggressiv«, schaltete sich Meg ein.

»Ach so«, Tess nickte zustimmend. »Ja, das kann man wohl sagen.« Die Erfahrungen von heute früh würde sie so schnell nicht vergessen. »Übrigens, Claire«, versuchte sie dann geschickt das Thema zu wechseln. Schon eine ganze Weile hatte sie sich auf diesen Augenblick gefreut. »Ich habe mir etwas überlegt. Ich finde es komisch, wenn wir hier, auf einer Farm, wo auch Rinder leben, Milch aus Tüten trinken. Es ist doch viel besser, wenn …«

Sie konnte nicht weitersprechen. Vom Hof vor dem Küchenfenster erklang ein lautes, langgezogenes »Muuuh!«.

Claire horchte auf. Sie lauschte einen Moment. Als ein zweites »Muh« ertönte, sah sie ihre Schwester forschend an. Dann erhob sie sich und lief durch den Flur zum Hof. Die anderen folgten ihr.

Es gelang Tess, ihre Schwester auf dem Weg nach draußen zu überholen und – voller Besitzerstolz – den Hof als Erste zu betreten. Angebunden an einen Baum stand dort eine stattliche schwarzbunte Kuh. Tess lief auf sie zu, fasste den Strick, der an ihrem Hals befestigt war, und drehte den anderen den Kopf der Kuh entgegen. »Seht mal«, rief sie begeistert. »Ist die nicht hübsch?«

Claire war offenbar ziemlich überrascht. Dennoch musterte sie die Kuh mit kritischem Blick. »Ein bisschen blass«, bemerkte sie.

Tess lachte. »Wie soll eine schwarze Kuh denn blass sein?«

»Die Schleimhäute«, antwortete Claire. »Ihre Schleimhäute, das Maul und die Nase sind blass. Ich fürchte, da hat dich jemand reingelegt.« Sie klang ein wenig überlegen.

»Es soll ja schon Leute gegeben haben, die unterernährte Schafe ersteigert haben«, gab Tess zurück und spielte damit auf eine Episode an, die nicht zu Claires Ruhm als Farmerin hatte beitragen können.

»Wie viel hast du denn für sie bezahlt?«, wollte Claire jetzt wissen. Ihr Blick war mehr als skeptisch.

»Gar nichts«, antwortete Tess prompt und grinste breit. »Ich habe sie getauscht. Gegen eine Espresso-Maschine.«

»Ah, dann müssen auf Drover's Run also keine neuen Stromleitungen verlegt werden?«, warf Meg begeistert ein. Ihr schien gerade ein Stein vom Herzen zu fallen. Und nicht nur sie erinnerte sich an die spektakulären Ereignisse, als Tess die Maschine in Betrieb genommen hatte.

Tess schüttelte den Kopf.

»Nein, keine herausgeflogenen Sicherungen mehr. Dafür haben wir jetzt immer frische Milch. Ich habe gedacht, für das Melken könnten wir einen Plan aufstellen«, fuhr sie fort und holte einen Zettel aus ihrer Hosentasche. »Ich habe mir schon mal Gedanken gemacht ... Ich kann die erste Schicht übernehmen ...«

»Oh, ich muss dringend in die Küche«, fiel Meg ihr ins Wort. Sie drehte sich auf dem Absatz um und verschwand.

Becky zog Jodi plötzlich heftig am Arm. »Bist du fertig, Jodi? Ich muss dir etwas zeigen, bevor wir uns nachher um den Bullen kümmern.«

»Oh ja, der Bulle!«, pflichtete Jodi ihr bei. Ihrem Tonfall nach hatte sie plötzlich ihre tiefe Leidenschaft für die Landwirtschaft entdeckt. »Ich habe überhaupt keine Ahnung, wie wir diesen riesigen Kerl einfangen sollen. Du musst mir das erst mal erklären.« Damit waren die beiden Mädchen augenblicklich verschwunden.

Auch Claire wollte sich gerade mit einer ebenso fadenscheinigen Entschuldigung aus dem Staub machen, als ein Motorengeräusch erklang und sie zurückhielt.

Ein großer Range Rover fuhr auf den Hof. Es war Harry Ryan, der Besitzer der Killarney-Farm und unmittelbarer Nachbar von Drover's Run.

»Hallo, Claire«, begrüßte er die Farmerin. »Hast du einen Moment Zeit?«

Claire sah ihren Nachbarn verdutzt an. »Klar, natürlich. Komm nur rein.« Sie deutete mit dem Kopf auf das Haus. Ihrer Schwester warf sie noch einen fragenden Blick zu, dann begleitete sie Harry hinein.

Harry Ryan war oft genug auf Drover's Run gewesen, um zu wissen, wo sich das Büro befand. Zielstrebig durchschritt er den Flur. Im Büro schaltete er das Licht an und trat ein, während Claire ihm folgte.

Sie konnte sich beim besten Willen nicht vorstellen, was Harry von ihr wollte. Sofern er ihr neue Projekte zur Zusammenarbeit vorschlagen wollte, könnte sie diese momentan nur ablehnen. Aus finanziellen Gründen. Und das würde sich wahrscheinlich in kürzester Zeit in der ganzen Gegend herumsprechen.

»Setz dich doch, Harry«, bot Claire ihrem Nachbarn an, sobald dieser seinen Hut an die Wandleiste gehängt hatte.

Diese Aufforderung wäre kaum nötig gewesen. Harry betrachtete nur kurz ein paar Bilder an der Wand – auch das von Claire gemalte – und steuerte dann zielstrebig auf den

Stuhl hinter dem Schreibtisch zu. Ein wenig schwerfällig ließ er sich darauf nieder. Er drehte den Stuhl ein paarmal hin und her. »Tja«, sagte er dann nachdenklich, »so ist das also. Jetzt sitze ich zum ersten Mal ohne Jack in diesem Büro.« Er seufzte und fuhr mit der Hand über die Tischplatte. Sie hatte Rillen und Furchen und an einigen Stellen Brandlöcher und Ränder von Trinkgläsern, die vermutlich durch Whiskey zustande gekommen waren. Über diese Ränder strich Harry jetzt mit besonderer Hingabe.

»Da haben Jack und ich im Laufe der Jahre unsere Spuren hinterlassen«, stellte er fest. Er nickte. »Es war eine schöne Zeit. Aber wie heißt es doch?«, fuhr er nach einem Augenblick seufzend fort. »Das Leben geht weiter. Wie sieht es denn bei dir aus?«, wechselte er das Thema. »Ist Tess jetzt hier eingezogen?«

Claire lehnte am Kaminsims und hatte die Arme verschränkt. Noch immer war ihr nicht ganz klar, was Harry nach Drover's Run geführt hatte. Obwohl sie allmählich eine Ahnung zu bekommen glaubte. »Ja, sie wohnt jetzt hier«, bestätigte sie. »Immerhin gehört ihr ja auch die Hälfte der Farm.«

»Und? Vertragt ihr euch?«

Claire versteckte ihre Verwunderung über diese Frage hinter einem halb spöttischen Lachen. Wenn sie sich nicht mit Tess vertrüge – ob sie diese Tatsache ausgerechnet Harry auf die Nase binden würde? Harry, der jahrzehntelang Berufskollege ihres Vaters gewesen war – aber auch sein schärfster Konkurrent? »Wir lernen uns allmählich besser kennen«, antwortete Claire vollkommen aufrichtig.

»Das ist ja schön«, sagte Harry väterlich und nickte. »Liz und ich haben vorhin nämlich noch von euch gesprochen. Liz fragte sich, wie es wohl mit Drover's Run weitergehen würde, wenn du und Tess ...«

Claire holte Luft, um ein ärgerliches Lachen zu unterdrücken. Warum fragte Harry sie nicht gleich, ob sie Drover's Run an ihn verkaufen wollten? »Wir werden sehen«, antwortete Claire. »Erst einmal läuft alles so weiter wie bisher. Nur eben mit Tess.«

Während sie antwortete, hatte Harry sie keinen Moment aus den Augen gelassen. »Claire«, sagte er jetzt mit einem eigentümlichen Gewicht in seiner Stimme. »Wir müssen den Grenzzaun reparieren.«

Claire sah ihren Nachbarn überrascht an. Es war erst wenige Stunden her, seitdem der Bulle den Zaun umgerissen hatte. Was war das für ein irrsinniger Zufall, dass Harry den Schaden schon entdeckt hatte? »Klar, natürlich wird er repariert«, sagte sie und gab sich Mühe, vollkommen selbstsicher zu klingen. »Das habe ich fest vor.«

»Gut, dann sind wir ja einer Meinung. Es ist also genauso, wie es mit Jack immer war.« Harry erhob sich. Er kam hinter dem Schreibtisch hervor und schüttelte der Tochter von Jack McLeod die Hand. »Also, Claire! Bis zum nächsten Mal. Mach deinem Vater Ehre.« Er klopfte ihr noch einmal auf die Schulter und sah sie beinahe gerührt an. Dann nahm er seinen Hut von der Hakenleiste neben der Tür und verließ das Haus.

Sobald Harry wieder weg war, ging auch Claire hinaus. Tess kam ihr entgegen. Ihr war klar, dass Harry sie nicht als ernst zu nehmende Teilhaberin auf Drover's Run ansah. Deswegen wäre es auch falsch gewesen, mit ins Büro zu gehen.

»Wir müssen den Zaun reparieren. Sofort«, sagte Claire, bevor ihre Schwester auch nur ein einziges Wort erwidern konnte.

Tess war betroffen. Streit mit den Nachbarn hatte sie in Melbourne genug gehabt. Wenn jemand sich über etwas beklagen wollte, gab es immer einen Grund. »Oh, hat er sich beschwert?«, fragte sie.

»Nein. Er wollte mich ausquetschen«, antwortete Claire, und jetzt brach sich ihr Ärger richtig Bahn. »Darüber, wie es mit Drover's Run weitergehen soll.«

»Aber ... aber was hat das denn mit dem Zaun zu tun?« Tess hatte Mühe, mit Claires eiligem Schritt mitzuhalten. Wenn Claire verärgert war, ging sie meistens sehr schnell.

Sie kamen jetzt in den Schuppen, wo Becky gerade dabei war, Material für die Reparatur des Zaunes bereitzustellen.

»Harry sucht nach einer Gelegenheit, Macht über mich zu bekommen. Ich meine: Macht über uns«, verbesserte Claire sich schnell. »Der Zaun war immer Sache von Drover's Run. Und ich will, dass das auch so bleibt.«

Bei ihren Worten hatte Becky schon aufgesehen. Sie hatte sich durch eine Reihe von Drahtrollen gewühlt, aber nichts Passendes gefunden.

»Es ist kaum noch Draht da«, sagte sie. »Und auch keine Pfosten mehr.«

Seufzend blieb Claire stehen. Sie stemmte die Hände in die Hüften und atmete entnervt durch. »Okay, Becky«, sagte sie dann. »Fahr nach Gungellan und hol Material. Und nimm Jodi mit, sie soll dir helfen.«

Während Tess sich inzwischen auf ein altes Ölfass gesetzt hatte und den Hofhund Roy streichelte, der ihnen gefolgt war, blieb Claire einen Augenblick reglos stehen. Auf Drover's Run gab es immer genug zu tun. Trotzdem war sie im Moment ein wenig ratlos, wie sie die Zeit bis zu Beckys Rückkehr nutzen sollte.

»Muuuh!«, klang es laut und durchdringend über den Hof.

Claire sah ihre Schwester an, während die Kuh draußen weiter muhte. »Tess, ist die Kuh heute schon gemolken worden?«, wollte Claire wissen.

»Keine Ahnung«, antwortete Tess und spielte weiter mit Roy, der ihre Aufmerksamkeit dankbar annahm.

»Keine Ahnung? Du musst es überprüfen und sie melken, falls es heute noch nicht geschehen ist«, sagte Claire beinahe empört.

Tess sah ihre Schwester aus ihren graugrünen Augen unbefangen an. »Ich dachte, ich melke sie heute Abend. Dann haben wir frische Milch zum Abendessen.«

Claire strich sich die Haare zurück und verschränkte die Arme. Ein wenig mehr landwirtschaftliche Erfahrung wünschte sie sich von ihrer Schwester manchmal schon! »Zweimal täglich, Tess«, sagte sie mit der größtmöglichen Geduld in der Stimme. »Kühe werden zweimal täglich gemolken, morgens und abends.«

»Okay«, sagte Tess und streichelte weiter den Hund. »In Melbourne hat es die Milch im Supermarkt gegeben. Nicht wahr, Roy?«

Wieder muhte auf dem Hof die Kuh.

»Tess, ist das, was ich gesagt habe, bei dir angekommen?«, fragte Claire. Sie klang jetzt ziemlich angespannt.

Plötzlich kam wieder Leben in Tess. Sie hatte Claire in langen Gesprächen erklärt, dass sie Verantwortung für Drover's Run übernehmen wollte. Und auch wenn sie eigentlich gehofft hatte, dass alle Bewohnerinnen der Farm sich über frische Milch freuen und ihren Teil dazu beitragen würden – es blieb ihr wohl nichts anderes übrig, als selbst Hand anzulegen, im wahrsten Sinne des Wortes.

»Aber klar«, antwortete sie strahlend. »Zweimal täglich.« Damit stand sie auf und verließ den Schuppen.

Es war ausgesprochen schwierig, Material für die Reparaturarbeiten zu bekommen. Jodi und Becky fuhren in Gungellan zu beiden Händlern, die landwirtschaftlichen Bedarf bedienten. Aber anscheinend hatte erst kurz zuvor jemand eine größere Menge Draht und Pfosten erstanden. Beim zweiten Händler kauften sie noch ein paar Restbestände, mit denen man wenigstens das Nötigste reparieren konnte. Ansonsten hätte Claire warten müssen, bis wieder eine neue Lieferung eintraf.

Dennoch wurde es schon langsam dunkel, als Jodi und Becky auf die Farm zurückkehrten. Für die Reparatur des Zaunes war es jetzt zu spät. Die Arbeit musste wohl oder übel auf den nächsten Tag verlegt werden. Resigniert pustete

Claire sich eine Haarsträhne aus der Stirn. Dann ging sie ins Haus, wo Meg schon dabei war, das Abendessen vorzubereiten, und nutzte die Zeit für Büroarbeiten. Obwohl für die Führung eines Hofes unabdingbar, lagen Claire diese Schreibarbeiten am wenigsten.

»Wo ist denn Tess?«, wollte Claire wissen, als sie sich etwas später mit den anderen zum Abendessen an den Tisch setzte.

»Sie ist draußen«, antwortete Meg. »Mit ihrer Kuh.«

»Mit Madonna«, warf Jodi ein und grinste. »Sie wollte ihr unbedingt einen Namen geben.«

Claire zog die Augenbrauen in die Höhe. Auch wenn Tess die ersten Jahre ihres Lebens auf Drover's Run verbracht hatte – sie war ein Stadtkind, wie es im Buche stand. »Madonna«, sagte Claire noch einmal nachdenklich und grinste dabei. Wenn sie Tess einfach machen ließ, würden sie über kurz oder lang mit Sicherheit sämtliche Größen der Popmusik in ihrem Stall vereint haben.

»Madonna hat Blähsucht«, berichtete Meg jetzt. »Wir haben es festgestellt, als Tess sie vorhin melken wollte. Sie hat ununterbrochen gemuht. Und mit dem Melken ...« Sie zuckte nur die Schultern.

»Kein Tropfen?«, vermutete Claire. Sie erinnerte sich gut an ihre ersten Versuche, eine Kuh von Hand zu melken.

»Kein Tropfen«, bestätigte Meg. »Aber das lag nicht an Tess, glaube ich. Ich habe ihr zugesehen – sie hat sich nicht ungeschickt angestellt.«

Claire schüttelte den Kopf und legte sich ein Stück Fleisch auf den Teller. »Ich habe es mir gleich gedacht. Diese blassen Schleimhäute sind nicht gerade Merkmale bester Gesundheit. Und Harry hat es bei seinem Besuch natürlich auch gesehen«, setzte sie seufzend hinzu. Das würde ihm wieder einmal zeigen, dass Frauen niemals eine Farm führen können. »Habt ihr Madonna etwas gegen die Blähsucht gegeben?«, fragte sie nun.

»Natürlich«, antwortete Meg. »Jetzt müssen wir nur beten, dass es hilft.«

Claire kaute nachdenklich. »Hoffen wir es«, pflichtete sie bei. »Und hoffen wir, dass es hilft, bevor zu der Blähsucht noch eine Euterentzündung hinzukommt.«

Sobald das Abendessen beendet war, gingen Claire und die anderen nach draußen auf die Veranda. Im schwachen Licht des Mondes war Tess zu erkennen, die mit ihrer Kuh an einem Strick über die Weide stapfte. Genau wie Claire es tat, wenn ihre Pferde krank waren, musste auch sie Madonna jetzt in Bewegung halten. Damit sich das Problem in Madonnas Bauch im wahrsten Sinne des Wortes in Luft auflöste.

»Komm, Madonna, mach schon«, bat Tess ihre Kuh eindringlich. »Lass einen schönen Furz! Es ist doch gar nicht schwer. So etwa.« Sie presste ihre Lippen aufeinander und ließ mit einem knatternden Geräusch die Luft entweichen. »Oder einen Rülpser. Ein Rülpser geht auch. Aber mach irgendwas. Komm! Wir versuchen es jetzt mal zusammen!« Sie presste wieder die Lippen aufeinander und machte Furzgeräusche.

Vom Haus erscholl Gelächter. Tess drehte den Kopf und wäre am liebsten augenblicklich im Boden versunken. Die anderen standen auf der Veranda und hielten sich vor Lachen die Bäuche.

»Tess, soll ich dich mal ablösen?«, bot Meg an, während die anderen noch kicherten. »Ich kann Madonna mal eine Weile herumführen. Damit du etwas zu essen bekommst.«

»Nein, danke. Nicht nötig.« Ohne dass Tess etwas dagegen tun konnte, fühlte sie Zorn in sich aufsteigen. Sie hatte die Rolle der unwissenden Städterin so satt. Warum hatte ihr jetzt diese neue Pleite passieren müssen? »Madonna ist meine Kuh. Claire führt ihre Pferde auch immer allein herum«, stellte sie deshalb fest. »Damit sie weiß, dass es richtig gemacht wird.«

»Aber selbstverständlich«, pflichtete Claire ihrer Schwester bei. »Das gehört zur Arbeit einer Farmerin einfach dazu.« Innerlich amüsierte sie sich. Zuweilen schlug eben auch in Tess das Erbgut ihres Vaters Jack McLeod durch, in Form seines Dickschädels. »Und du machst es sehr gut, Tess«, fügte sie hinzu.

Tess schenkte ihrer älteren Schwester einen grimmigen Blick.

»Mach dich nur über mich lustig«, sagte sie. »Das hätte ich mir jedenfalls nicht träumen lassen. Anstatt in einer edlen Hotelbar Cocktails zu mixen, wie ich es in meiner Ausbildung zur Hotelfachfrau gelernt habe, versuche ich jetzt, eine Kuh zum Furzen zu bringen!«

»Wer weiß denn, wie viele Fürze du früher mit deinen Cocktails produziert hast?«, warf Jodi lachend ein.

Tess enthielt sich jeden Kommentars. Sie wendete Madonna und begann die nächste Runde.

»Ach, Tess, du tust mir leid«, schaltete Becky sich jetzt ein. »Wir können ja verstehen, wenn du Madonna selbst führen willst – aber vielleicht können wir dir ja trotzdem helfen«, meinte sie mit einem breiten Grinsen.

Jetzt sah Tess wieder zur Veranda herüber. »Ach ja? Wie denn?«, fragte sie skeptisch.

Und wie auf Kommando pressten Becky, Jodi, Meg und Claire gleichzeitig die Lippen aufeinander und machten knatternde Geräusche, um Madonna anzufeuern.

Am nächsten Morgen fuhren Claire und Becky sehr früh los, um den kaputten Zaun zu reparieren. Schon von weitem sahen sie den Wagen der Ryans dort stehen. Heftiger als sonst zog Claire die Handbremse an und stieg aus.

Alex Ryan, Harrys älterer Sohn, war gerade damit beschäftigt, ein Loch für einen neuen Zaunpfahl auszuheben. »Schön, euch hier draußen zu sehen!«, rief er Claire fröhlich entgegen. »Auch wenn ihr ein bisschen spät kommt!«

Claire ging nicht weiter auf seine Frotzelei ein. »Was machst du da?«, herrschte sie Alex an.

Alex grinste, unterbrach seine Arbeit für einen Moment und stützte sich auf die Hacke. »Soll das eine Fangfrage sein?«

»Ich habe gestern mit Harry besprochen, dass ich den Zaun reparieren werde«, schimpfte Claire. Ihre Augenbrauen hatten sich fast zu einer durchgehenden Linie zusammengezogen. »Heute Morgen bin ich hier. Willst du mir etwa sagen, ich hätte mich mehr beeilen sollen?«

Alex' Miene wurde jetzt ebenfalls ernst. »Claire, diesen Zaun zu reparieren, das lohnt sich doch gar nicht mehr.«

»Es war aber so ausgemacht«, gab Claire zurück.

Alex zuckte die Schultern. »Meine Aufgabe ist es, den Zaun zu ersetzen. Wir haben gerade neue Kameras installiert, zur Bewachung unserer Herden. Aber was nützen die, wenn die Zäune marode sind und die Viecher ausbrechen?« Er hob seine Hacke, um mit der Arbeit weiterzumachen.

Claire warf einen kurzen Blick auf die Kamera, die von einer Stange herab die Szene im Visier hielt. Kurz entschlossen nahm sie Alex die Hacke ab und warf sie hinter sich in die Büsche. »Lass die Finger von dem Zaun!«, fuhr sie ihn an. »Du und alle anderen auch!«

Sie setzte Becky kurz darauf auf Drover's Run ab, dann stieg sie auf ihr Pferd und ritt hinüber zur Killarney-Farm. Sie hatte immer schon geahnt, dass sie über kurz oder lang ihr erstes Hühnchen mit Harry würde rupfen müssen. Und offenbar war dieser Moment nun gekommen.

Harry kam gerade aus einer seiner riesigen Scheunen. Als er Claire sah, kam er mit jovialem Lächeln auf sie zu.

»Harry, wir müssen reden«, ergriff Claire als Erste das Wort. Sie versuchte ruhig und sachlich zu sprechen. Auch wenn ihr nach einem gänzlich anderen Ton zumute war. »Wir hatten doch besprochen, dass ich den Grenzzaun repariere. Als ich aber eben dorthin kam, war Alex dabei, einen neuen Zaun zu ziehen.«

Aus Harrys väterlichem Lächeln wurde jetzt ein nachsichtiges Grinsen. »Das stimmt, Claire. Aber ich habe mir den Zaun gestern nach unserem Gespräch noch angesehen und festgestellt, dass er nicht zu retten war. Glaub mir, man hätte ihn umpusten können.«

»Wie ich die Sache sehe, hast du neben dem kaputten Pfosten gleich noch ein paar weitere umgerissen – unter anderem, um eine neue Kamera anzubringen«, entgegnete Claire. »Du hast damit auch das Land von Drover's Run im Visier. Ich kann mich nicht erinnern, dass wir darüber gesprochen hätten.«

»Die Kamera ist ein Teil des neuen Sicherheitssystems von Killarney«, antwortete Harry ungerührt. »Und was den neuen Zaun betrifft: Ich habe gedacht, ich übernehme die Sache einfach – und fertig. Vom Finanziellen her, meine ich.«

Claire fuhr zurück. Sie hatte sich alles Mögliche überlegt, was sie Harry vorschlagen könnte. Aber auf diese Lösung war sie nicht gekommen. »Das kommt nicht in Frage«, wies sie sein Angebot dennoch rasch zurück. »Ich meine ...« Sie zögerte einen Moment. Sie wollte ihre finanzielle Situation Harry gegenüber eigentlich nicht preisgeben. »Ich nehme keine Almosen«, sagte sie deshalb mit fester Stimme und schaute ihm entschlossen in die Augen.

»Als Almosen war das auch nicht gemeint. Wir brauchen diesen neuen Zaun ...«

»Du brauchst ihn«, unterbrach ihn Claire. »Und was meinen Anteil daran betrifft: Ich werde mir etwas einfallen lassen und mich dann wieder bei dir melden.« Damit ging sie zurück zu ihrem Pferd, das zwischen den Wagen und Motorrädern auf dem Hof der Ryans recht seltsam anmutete, und machte sich auf den Weg nach Drover's Run.

Bei einem kurzen Abstecher zur Weide wollte sie sich den neuen Zaun aber doch etwas genauer ansehen. Alex hatte tatsächlich eine ganze Reihe von Pfosten ersetzt.

Das wäre nun wirklich nicht notwendig gewesen, dachte Claire verärgert.

Dann glitt ihr Blick zu Harrys Kamera. Vielleicht war es sinnvoll, die Zäune auf diese Weise zu überwachen. Claire befürchtete aber, dass nicht nur die Rinderherden, sondern auch sie selbst und jeder, der auf Drover's Run lebte und arbeitete, damit überwacht wurde. »Jack hätte das auch nicht gefallen«, murmelte sie vor sich hin. »Und solange er lebte, hätte Harry sich so etwas nie erlaubt.«

2. Kapitel

Jodi und Becky waren unterdessen unterwegs, um nach dem Bullen Ausschau zu halten. Gestern war es dafür schon zu spät gewesen.

Tess führte Madonna noch immer am Zügel hinter sich her. Die ganze Nacht war sie mit ihr auf den Beinen gewesen und hatte dennoch nicht den gewünschten Erfolg erzielt. Die Kuh litt immer noch unter Schmerzen. »Claire, ich brauche deine Hilfe!«, rief Tess ihrer Schwester, die gerade wieder auf den Hof ritt, schon von weitem völlig verzweifelt entgegen.

Eigentlich wollte Claire momentan gar nichts von Tess' Problemen mit der kranken Kuh wissen. Trotzdem hielt sie einen Moment inne. »Harry war heute besonders charmant«, sagte sie zu Tess, während sie von ihrem Pferd stieg und es zurück auf die Koppel brachte. »Er schenkt uns unseren Anteil am Zaun. Ist das nicht reizend?«

»Kannst du vielleicht mal an etwas anderes denken als an diesen blöden Zaun?« Tess klang wirklich verzweifelt. »Meine Kuh stirbt, wenn nicht bald etwas passiert.«

Erst jetzt musterte Claire Madonna etwas eindringlicher. Die arme Kuh war tatsächlich aufgeblasen wie ein Ballon. Und solange dies so war, würde Tess für nichts anderes zu gebrauchen sein. Es half also nur eins: kurzer Prozess. »Komm mit«, sagte Claire ohne weitere Erklärungen und stapfte voraus zu den Rinderställen.

Nach Claires Anweisungen führte Tess die Kuh in einen engen Pferch, der sich auf der Wiese hinter den Ställen befand. Madonna konnte sich darin kaum bewegen und schon gar nicht ausbrechen. Claire erzählte unterdessen weiter von ihrer Begegnung mit Harry. Wenn Tess als Teilhaberin von Drover's Run ernst genommen werden wollte, dann musste sie sich wohl oder übel dafür interessieren.

»Ich habe versucht ihm zu erklären, dass wir keine Almosen annehmen. Aber nein, Harry ist ja so großzügig ...«.

»Aber das ist doch Unfug!«, fiel Tess ihr ins Wort. Sie stand neben dem Gatter bei ihrer Kuh und streichelte sie. »Wenn jemand einem ein Geschenk machen will, kann man es doch annehmen. Warum denn nicht?«

»Weil es kein Geschenk ist«, antwortete Claire bestimmt. Sie hatte einen Sanitätskoffer aus dem Stall geholt, in dem sie Gerätschaften und Material aufbewahrte, das sie zur medizinischen Versorgung ihrer Tiere benötigte. Sie suchte einen bestimmten Gegenstand. »Es ist ein echter Erpressungsversuch à la Harry. Und wenn wir sein Vorgehen akzeptieren, dann hat er uns damit in der Hand.« Jetzt hatte sie den Gegenstand gefunden. Sie zog ihn heraus und hielt ihn Tess unter die Nase.

Tess fuhr zurück. »Huch!«, rief sie. »Was ist das denn?«

Claire zog den zweiteiligen metallenen Gegenstand auseinander. »Das ist ein Trokar«, erklärte sie. »Eine Hohlnadel mit einem Kolben, den man herausziehen kann.«

»Oh, mein Gott!« Tess hatte das System sofort durchschaut. Sie wurde blass. »Und das willst du jetzt ... das willst du jetzt in Madonna hineinstechen?«

»Sehr richtig.« Offenbar war sie an solche medizinischen Eingriffe bei ihren Tieren schon gewöhnt. »Ich werde den Trokar genau an der Stelle, wo sich die Luftblase in Madonnas Bauch befindet, durch das Gewebe bis in den Pansen bohren. Dann werde ich den Kolben aus der Hohlnadel herausziehen, und die Luft kann entweichen.«

»Aber das tut doch weh!«

Claire wiegte den Kopf. »Wahrscheinlich schon. Aber tot sein ist auch nicht schön.«

Tess wurde plötzlich nervös. »Soll ... soll ich dir vielleicht einen Tee kochen? Ich meine, du musst dich doch auch mal entspannen ...« Sie war schon drauf und dran zu entwischen. Aber Claire hielt sie am Jackenärmel zurück.

»Du bleibst hier! Das hier ist immerhin deine Kuh!«

»Na ... na gut!« Tess bekam langsam weiche Knie. Claire sah mit dem Trokar in der Hand wirklich gefährlich aus. Und bevor sie das Ding selbst in den Bauch bekam, ließ sie die Schwester lieber gewähren.

»Wenn wir uns auf Harrys Angebot einlassen, ohne eine Gegenleistung zu erbringen«, fuhr Claire fort, während sie eine Stelle auf dem Fell der Kuh mit Alkohol desinfizierte, »hat er uns in der Hand. Dann wird er schneller, als du denkst, wieder an Jacks Schreibtisch sitzen. Als Besitzer von Drover's Run. Und allein bei diesem Gedanken wird mir schlecht.« Sie holte schwungvoll aus und hieb den Trokar mit voller Wucht in den Pansen der Kuh. Madonna brüllte vor Schmerz auf, konnte aber zum Glück nicht fliehen.

Jetzt zog Claire den Kolben des Trokars aus der Hohlnadel. Mit einem zischenden Laut begann die Luft aus dem

Bauch der Kuh zu entweichen. Ein bestialischer Gestank breitete sich aus.

»W... Was ist das?«, fragte Tess verblüfft. Sie schnupperte kurz, dann kniff sie die Nasenflügel eilig mit den Fingern zusammen.

»Die Luft aus Madonnas Bauch«, erklärte Claire und schnüffelte dem Geruch fachmännisch hinterher. »Ziemlich herbe Mischung. Aber ich glaube, jetzt wird sie wieder gesund.«

Tess schluckte plötzlich sehr heftig. »Apropos schlecht werden...«, knüpfte sie an das an, was Claire über die mögliche Übernahme von Drover's Run durch Harry Ryan gesagt hatte. Aber noch bevor sie den Satz zu Ende sprechen konnte, begann sie zu würgen und lief davon.

Nachdem Madonna nun von ihren Beschwerden befreit worden war, konnte Tess mit dem Melken beginnen. Als Claire ihre Schwester zum ersten Mal mit den schweren Zinkeimern zum Kuhstall hinüberlaufen sah, fragte sie sich allerdings, wie wohl das Ergebnis ihrer Bemühungen aussehen würde. Schließlich war Tess in ihrem früheren Leben als Hotelfachfrau sicher niemals in die Verlegenheit geraten, die Frühstücksmilch für die Gäste des Hauses persönlich zu beschaffen.

Während der nächsten Tage stieß Claire im Flur auf ein Handbuch, das Tess sich offenbar extra für die neue Herausforderung zugelegt hatte. Ein Handbuch mit dem viel versprechenden Titel »Die Milchkuh«. Claire nahm es kurz in die Hand, blätterte es durch und legte es wieder weg. Nach dem, was die Lektüre versprach, müsste Drover's Run bald in Milch ertrinken. Sie nahm sich allerdings nicht die Zeit zu überprüfen, wie viel Liter Milch die neue Errungenschaft der Farm täglich ablieferte. Die Küche war nicht das Gebiet, für das sie sich in erster Linie zuständig fühlte. Außerdem hatte sie im Moment wirklich andere Sorgen.

Als Claire an einem der nächsten Tage in ihr Büro ging, war Meg wie immer in der Küche beschäftigt. Claire setzte sich an den Schreibtisch, strich sich das Haar aus der Stirn und schaltete den Computer ein.

Ihr Blick glitt über die einzelnen Dateien der Buchhaltung. Es war genau so, wie sie erwartet hatte. Bei all den Raten und anderen Verpflichtungen, die die Farm zu erfüllen hatte, konnte sie sich eine nicht geplante Ausgabe – wie beispielsweise einen neuen Zaun – einfach nicht leisten. Claire strich sich nervös die Haare aus dem Gesicht.

»Du erinnerst mich an deinen Vater. Wie du da sitzt, mit den Büchern und den Unterlagen.« Es war Meg. Sie stand im Türrahmen des Büros und sah Claire an.

»Ja. Und ich weiß jetzt auch, wie er sich dabei gefühlt haben muss«, antwortete Claire und rieb sich nachdenklich das Kinn.

Meg lachte leise. »Genau diese Handbewegung hat er auch immer gemacht«, stellte sie fest. »Weißt du, was er an deiner Stelle in dieser Situation getan hätte?«, fuhr sie fort.

Claire wendete ihren Blick von ihrem Monitor ab. Natürlich hatte auch Meg inzwischen das Problem mit dem Zaun mitbekommen. Und Meg kannte Harry Ryan lang genug, um sich den Rest selbst zusammenzureimen.

»Jack hätte bei der Bank angerufen und um eine Erweiterung des Kreditrahmens gebeten«, sagte Meg rundheraus, bevor Claire irgendetwas darauf entgegnen konnte.

Claires Augenbrauen zogen sich zusammen. »Genau das ist ja das Problem«, antwortete sie. »Weil er das öfter mal getan hat, sitzen wir jetzt umso tiefer in der Tinte.« Sie schüttelte den Kopf. »So geht es nicht. Ich werde etwas verkaufen müssen. Irgendwas.« Ihr Blick glitt zu den Fotos, die über dem Kaminsims hingen, und zu den Plaketten und Pokalen. Es hatte einmal eine Zeit gegeben, in der die Pferde von Drover's Run zu den gefragtesten der Gegend gehört hatten. Es war immer Claires Traum gewesen, eine neue Zucht aufzubauen.

»Ich werde Blaze verkaufen«, sagte sie plötzlich entschlossen.

Meg zuckte regelrecht zurück. »Was? Blaze? Für einen Weidezaun?« Sie trat ins Zimmer, wo Claire sich jetzt vom Schreibtisch erhoben hatte und vor den Kamin getreten war. Gemeinsam betrachteten sie die Bilder und Trophäen. »Das kannst du nicht tun, Claire. Du hattest mit dieser Stute doch große Dinge vor. Die Zucht... Glaubst du, dass du so ohne Weiteres noch einmal eine Stute wie Blaze finden wirst? Eine Tochter Sciroccos, eine Stute, die das Zeug hat, die Urmutter einer neuen Linie zu werden?«

Claire betrachtete die Fotos noch einen Moment lang. »Nein, wahrscheinlich nicht.« Dann lächelte sie Meg an. »Du hast Recht, Meg. Danke. Danke für deine Unterstützung.« Damit ging sie zurück an den Schreibtisch, zog das Telefon heran und wählte die Nummer ihrer Bank, während Meg sich mit einem Staubwedel in der Hand ihr gegenüber in einen Sessel setzte und die Daumen drückte.

An diesem Abend wusste Claire nicht, wie der Tag eigentlich vergangen war. Das Gespräch mit der Bank war ausgesprochen kurz gewesen. Und die Zeit danach hatte Claire vor allem damit verbracht, auf den Schreibtisch zu starren.

Nach Megs Zuspruch hatte sie sich auf ein erfreulicheres Gespräch mit der Bank eingestellt. Der ehemalige Leiter der Zweigstelle in Gungellan war ein alter Kumpel ihres Vaters gewesen und hatte mit ihm zusammen gejagt. Kurz nach Jacks Tod war er aber mit einem ›goldenen Handschlag‹ verabschiedet worden.

Der Mann, mit dem Claire nun gesprochen hatte, war irgendein Sachbearbeiter in einem Callcenter gewesen, der anstatt einer Aufstockung des Kredits nur an der Frage interessiert war, wann Claire denn ihre bisherigen Schulden zu tilgen gedächte. Irgendwann hatte Claire wütend den Hörer aufgeknallt.

Den restlichen Tag hatte sie daraufhin mit Grübeln und mit der Sorge um Drover's Run zugebracht. Und die fremdartigen Gerüche, die aus der Küche drangen, stärkten ihren Blick in die Zukunft auch nicht besonders. Jedenfalls nicht, was die unmittelbare Zukunft anbelangte – das bevorstehende Abendessen.

Anscheinend hatte Tess sich bereit erklärt, an diesem Abend zu kochen. Und spätestens als Claire einen Blick in das Esszimmer warf, fragte sie sich, wo Tess ihre Hotel-Ausbildung eigentlich absolviert hatte. In Melbourne oder irgendwo in Indonesien?

Die Tafel war ganz im ostasiatischen Stil gedeckt. Räucherstäbchen qualmten in der Mitte des Tisches, und aus den dumpfen Lautsprechern der uralten Musikanlage, die Jack in den 70er Jahren erworben hatte, klang Tempelmusik mit Glöckchen.

Tess, die Köchin des Menüs, hatte ihr Äußeres ebenfalls der Küche des Abends angepasst. Auf ihrem Top war das Ebenbild einer elefantengesichtigen Göttin zu sehen, und ihre Ohrgehänge hätten jeder Prinzessin aus Tausendundeiner Nacht zur Ehre gereicht.

»Silakan makan«, zwitscherte sie, während sie den ersten Gang auftrug. »Das ist Indonesisch und heißt: Bitte, esst!«

Claire sah die undefinierbare Masse auf ihrem Teller skeptisch an. Auch Becky schien die Sache nicht geheuer zu sein. Dabei hatte sie heute zusammen mit Jodi den ganzen Tag im Sattel gesessen und – völlig umsonst übrigens – Mickey Bull gesucht. Sie hatte wirklich einen Riesenhunger.

Meg und Jodi hingegen ließen Neugier erkennen.

»Und was ist das?«, wollte Jodi wissen.

»Dickmilch mit Linsen«, antwortete Tess stolz.

»Lecker!«, sagte Jodi und machte sich mit gutem Appetit über die Sache her.

Der nächste Gang war ›Paneer Tikka‹, wie Tess stolz verkündete, eine Art Curry mit Käse.

Tess musste schon seit Tagen Vorbereitungen für dieses Abendessen getroffen haben, wurde Claire schlagartig bewusst. Sonst wäre es ihr kaum möglich gewesen, Madonnas

Milch in so unterschiedlicher Form wie Dickmilch und Käse, und was immer noch folgen mochte, anzubieten. Vielleicht wäre es doch sinnvoll gewesen, zumindest mal einen kurzen Blick in den Kühlschrank zu werfen. Denn bevor der Hof in einem Milchsee ertrank, sollte man schleunigst Gegenmaßnahmen ergreifen.

Dass Claire schon so bald satt war, lag womöglich an der frischen Milch, die es zu trinken gab und die den Magen zusätzlich füllte. Claire und Meg warfen sich viel sagende Blicke zu, als Tess unaufgefordert ihre halb leer getrunkenen Gläser wieder bis zum Rand füllte. Gegen ein ordentliches Bier hätten sie beide nichts einzuwenden gehabt. Aber wahrscheinlich war dafür kein Platz mehr im Kühlschrank gewesen.

Nach diesem Hauptgang falteten Meg, Becky und Claire ihre Servietten zusammen. Tess aber huschte schon wieder in die Küche hinaus.

»Wie viel … wie viel Liter gibt eigentlich eine Kuh so am Tag?«, erkundigte sich Becky leise.

Claire zuckte die Schultern. »Zwischen zehn und fünfzehn Liter. Damit sollte man schon rechnen«, meinte sie. »Glaube ich jedenfalls.«

In diesem Moment stand Tess schon wieder mit einem Tablett in den Händen in der Tür. »Nachtisch!«, rief sie und strahlte. »Quark mit Sahne.«

»Oh, für mich bitte nichts Milchiges mehr.« Beckys Stimme klang wirklich Mitleid erregend.

»Dann gib ihn mir!« Jodi winkte den Quark zu sich heran. »Immer her damit.«

Nach dem Abendessen fühlte Claire sich ein wenig schläfrig. Sie lehnte es ab, darüber nachzudenken, wie sie in Zukunft Madonnas Milchproduktion Herr werden sollten. Stattdessen ging sie noch einmal ins Büro, auch wenn ihr die Bilanzen und Listen im Computer wahrscheinlich keine neuen Erkenntnisse verschaffen würden. Aber sie durfte nicht aufgeben, nach einer Lösung zu suchen. Eine Lösung, mit der sie Harrys feindliche Übernahme der Farm, der sie sonst über kurz oder lang ins Auge sehen musste, abwenden konnte.

Wie erwartet, brachten ihr weder die Aufstellungen im Computer noch die Unterlagen, die sie vor sich liegen hatte, die Erleuchtung. Entnervt schlug sie das große Buch zu und stützte den Kopf auf die Hand. Ihr Blick glitt über den Schreibtisch, die Stifte, die Jack schon benutzt hatte, solange sie denken konnte, die alten Stempel, das längst eingetrocknete Tintenfass, und zu den Gebrauchsspuren, die das Holz hatte hinnehmen müssen. Rillen, Riefen, Brandlöcher und Ränder von Whiskeygläsern. Whiskeygläser, die Jack und Harry gemeinsam geleert hatten. Wehmütige Erinnerungen wurden in ihr wach.

Mit einem Mal richtete Claire sich auf. Ihr Blick hing immer noch an den Glasrändern. Es gab so gut wie keine beweglichen Güter auf Drover's Run, die von irgendeinem materiellen Wert gewesen wären.

Und auch der Wert dieses Schreibtischs konnte nicht besonders hoch sein. Aber immerhin – es war ein Originalstück aus dem letzten Jahrhundert, eine Antiquität also. Noch dazu ein Erinnerungsstück für Harry an seinen alten

Kollegen Jack. Und es war das Einzige, was Claire Harry überhaupt anbieten konnte.

Sie seufzte erleichtert auf, schloss die Augen und lehnte den Kopf zurück. Als sie Schritte näher kommen hörte, öffnete sie sie wieder.

Tess stand in der Tür des Büros. »Na?«, fragte sie. »Du siehst aus wie eine Katze, die einen Napf Milch ausgeschleckt hat.«

Claire grinste zufrieden. »Nicht nur die Milch. Auch den Joghurt, den Quark und die Sahne.«

Tess wusste diese Anspielung nicht so recht zu deuten und lächelte unsicher. Hoffentlich hatte sich ihre Schwester nicht zu sehr an dem etwas einseitig ausgerichteten Abendessen gestört.

Aber Claire fuhr schon fort. »Ich weiß jetzt, wie ich Harry bezahlen kann«, erklärte sie.

»Wirklich? Wie denn?« Tess' Augen leuchteten erwartungsvoll.

Claire lehnte sich zurück und verschränkte siegesgewiss die Arme vor der Brust. »Das sage ich erst, wenn ich Harrys Einverständnis habe.«

Am nächsten Tag machte Claire sich früh auf den Weg nach Killarney. Die Aussicht, Harrys zweifelhafte Gabe nicht länger ohne Entschädigung akzeptieren zu müssen, beflügelte sie.

Harry kam ihr schon auf dem Hof entgegen. Aber Claire wartete mit ihrem Angebot, bis sie in Harrys Büro waren. Sie sah sich einen Augenblick um. Dieser Raum war so vollkommen anders als das Büro auf Drover's Run. Er war nicht nur kleiner. Im Laufe der Zeit hatte Harry anscheinend die alten Farmermöbel ausgewechselt und sie durch modernere ersetzt. Und obwohl sonst so gut wie alles auf Killarney dem neuesten Stand der Technik entsprach – das Mobiliar hatte an Attraktivität eingebüßt. Zumal sich Liz Ryans ansonsten so fürsorgliche Hausfrauenhände so gut wie nie in diesen Teil des Hauses verirrten. Vor allem Harrys Schreibtisch musste dringend durch einen besseren ersetzt werden.

»Ich weiß jetzt, wie ich für meinen Anteil am Zaun aufkommen kann«, kam Claire ohne Umschweife zur Sache. »Ich gebe dir Jacks Schreibtisch.«

Harry war absolut überrascht. »Wie bitte? Jacks Schreibtisch?«, hakte er nach und ließ sich im Chefsessel nieder. Er sah Claire ehrlich verblüfft an. »Das ... das ist sehr verlockend, Claire. Aber das ...« Er schüttelte den Kopf. »Das kann ich nicht annehmen. Der Schreibtisch gehört nach Drover's Run. Jack hat ihn geliebt.«

»Kann ich so einfach einen Anteil am Zaun annehmen?«, gab Claire zurück. »Bitte, tu mir den Gefallen. Nimm diesen Schreibtisch. Und dann sind wir quitt.« Er ist das Einzige, was ich dir anbieten kann, fügte sie in Gedanken hinzu und hoffte, dass Harry ihr diese Wahrheit nicht von den Augen ablas.

Aber Harry schüttelte wieder den Kopf. »Ich kann das nicht annehmen«, sagte er. »Lass den Zaun auf meine Kosten gehen ... Es ist okay so, Claire. Wirklich.«

»Harry, ich bitte dich.« In Claires Stimme lag etwas Beschwörendes.

»Claire ... ich ...« Harry sah einen Augenblick vor sich hin. »Nein«, sagte er dann.

Claire, die sich bis eben mit beiden Ellbogen auf Harrys Schreibtisch aufgestützt und ihm in die Augen gesehen hatte, sackte regelrecht in ihrem Stuhl zusammen. Sie hatte nicht damit gerechnet, dass Harry ihr Angebot nicht annehmen würde. Sie hatte es für unwiderstehlich gehalten und sich damit wohl verkalkuliert. Und nun hatte Harry sie weiter in der Hand.

Mit einem merkwürdigen Ausdruck ließ Harry seinen Blick auf Claire ruhen. Er schien zu sagen: Ich habe deinen Vater gekannt. Ich kenne dich von Kindheit an.

»Claire«, sagte er dann. »Du kannst doch nicht wirklich wollen, dass der Schreibtisch hier auf Killarney steht.«

In diesem Moment schöpfte Claire wieder Mut. Sie richtete sich auf und sah Harry erneut in die Augen. »Warum nicht? Geschäft ist Geschäft«, sagte sie fest.

Harry überlegte noch eine Sekunde, dann seufzte er und erhob sich. Er ging ans Fenster und sah hinaus. »Also gut«, sagte er schließlich. »Es fällt mir nicht leicht. Aber wenn du unbedingt willst.« Er drehte sich um und streckte Claire über den Tisch die Hand entgegen. »Abgemacht?«, sagte er fragend.

Claire stand ebenfalls auf und schlug ein. »Abgemacht«, bestätigte sie.

3. Kapitel

Es hatte Claire einige Mühe gekostet, ihrer Schwester Tess klarzumachen, dass der Schreibtisch, an dem Jack McLeod und auch einige seiner Vorfahren gesessen hatten, demnächst bei Harry Ryan im Büro stehen sollte. Ausgerechnet Tess, die anfangs noch Land verkaufen wollte, um an ihr Erbteil zu kommen, war über die Entscheidung ihrer Schwester bestürzt. Und auch Claire kamen allmählich Zweifel, ob sie sich mit diesem Geschäft wirklich einen Gefallen getan hatte.

Obwohl Tess die Entscheidung ihrer Schwester missbilligte, half sie ihr am nächsten Morgen, den Schreibtisch zu räumen. Es konnte jeden Augenblick ein Mitglied der Familie Ryan auftauchen – die Söhne Alex und Nick, Harry selbst oder auch sein Mitarbeiter Terry Dodge –, um den Schreibtisch abzuholen.

»Und?«, erkundigte sich Tess, während sie das Kabel der Computertastatur aufwickelte. »Kommst du klar?«

Claire strich sich die Haare aus dem Gesicht. Sie hatte gerade eine von Jacks Pfeifen in der Hand gehabt und daran gerochen. Der Duft seines Tabaks rief so viele Erinnerungen in ihr wach. »Natürlich«, antwortete sie. »Warum nicht?«

Tess zuckte die Schultern. »Dieser Schreibtisch, der gehört doch einfach zu Drover's Run. Er ist ein bisschen … ein bisschen wie ein Familienmitglied. Es kommt mir vor, als wenn wir unsere Oma verkauften.«

Claire versuchte die Worte ihrer Schwester nicht zu sehr zu beachten. Sie legte die Pfeife zu den anderen in einen Karton, stemmte die Hände in die Hüften und ließ ihren Blick durch das Zimmer schweifen.

»Hier müsste eine ganze Menge weggeworfen werden«, stellte sie fest.

»Auf gar keinen Fall!«, protestierte Tess. Viele der alten Wirtschaftsbücher hatten sich seit Jahrzehnten in diesem Büro angesammelt. Sie enthielten jedoch nicht nur landwirtschaftliche Daten und Fakten, sondern gaben das Leben der Farm und ihrer Bewohner wieder – auch das Seelenleben. »Wir können sehr vieles davon noch gebrauchen, um uns ein realistisches Bild über die Entwicklung der Farm zu machen«, entschied sie.

Claire stieß die Luft aus, als wenn sie ein Lachen unterdrücken wollte. »Das ist das, was die Bank mir auch gesagt hat.«

»Wir müssen einen Geschäftsplan aufstellen«, fuhr Tess fort, während sie den Monitor vom Computer abstöpselte. »Über fünf Jahre. Mit allen Kosten, die entstehen werden, und allen Entwicklungen, die wir vorantreiben wollen. Wenn wir gut wirtschaften und unsere Mittel effektiv einsetzen, müsste es uns gelingen, den Schreibtisch in fünf Jahren zurückkaufen zu können. Vielleicht jedenfalls.«

Claire sah ihre jüngere Schwester erstaunt an. »Seit wann hast du einen Abschluss in Wirtschaftswissenschaften?«, wollte sie wissen.

Tess grinste geschmeichelt. »Habe ich nicht. Nur einen Abschluss im Hotelfach. Aber da war Betriebswirtschaft ein

Teil des Diploms«, sagte sie und versuchte den Monitor anzuheben. »Hey«, meinte sie, als ihr dies nicht gelang. »Der Stecker. Kannst du den bitte mal rausziehen?«

Claire kroch unter den Schreibtisch und zog den Stecker aus der Mehrfachsteckdose. »Nanu? Hoppla«, rief sie von unten hoch.

»Was ist denn?« Tess stellte schnell den Monitor beiseite und ging ebenfalls in die Knie.

Claire hockte unter dem Schreibtisch und betrachtete interessiert die Schreibplatte von unten. Mehrere verschiedenfarbige Kaugummis klebten hier neben Buchstaben-Kritzeleien, die eindeutig von Kinderhänden stammten.

»Igitt!«, sagte Tess. »Zwanzig Jahre alter Kaugummi!«

Claire schien sich an dem Kaugummi überhaupt nicht zu stören. »Weißt du noch?«, fragte sie stattdessen begeistert. »Wir haben hier unten immer Teepartys veranstaltet.«

Tess guckte verunsichert. »Wirklich?«

»Ja, ich hatte ein kleines Teegeschirr aus Plastik, und wenn du mir nicht zu sehr auf die Nerven gegangen bist, dann durftest du mit mir Tee trinken«, antwortete Claire.

Ihre Schwester hatte sich inzwischen auf den Rücken gedreht, um die Tischplatte besser von unten betrachten zu können.

»Schreiben konntest du aber nicht besonders gut«, revanchierte Tess sich für Claires kleine Gemeinheit. »Guck mal hier: Claire McLod und Tess McLod – beide Male fehlt das E. Ich weiß noch, wie du das geschrieben hast«, fuhr sie dann weiter fort. »Wir haben uns darüber in die Haare bekommen. Wieder mal. Eine unserer albernen Streitereien.«

Claire nickte. »Ja, ich weiß es auch noch. Und kurz danach wart ihr weg, du und Ruth«, endete sie. Sie sah noch mal zur Schreibtischplatte hinauf. Dann ließ sie plötzlich den Kopf hängen. »Ich habe einen Fehler gemacht«, gab sie mit einem Seufzer zu. »Ich hätte Harry den Schreibtisch nicht anbieten dürfen.«

»Es ist ja noch nicht zu spät!« Tess schöpfte neuen Mut. Während sie den Schreibtisch ausräumten, hatte sie die ganze Zeit auf die Einsicht ihrer Schwester gehofft. Jetzt setzte sie alles daran, Claire den Rücken zu stärken und ihr klarzumachen, dass sie ihr Gesicht nicht verlor, wenn sie die Entscheidung rückgängig machte. »Du musst Harry nur anrufen. Sag ihm, dass du es einfach nicht übers Herz bringst. Dass man ja auch seine Oma nicht einfach verkauft und ...«

In diesem Moment klopfte jemand an den Rahmen der Bürotür. Claire und Tess, noch immer unter dem Tisch liegend, sahen auf. In der geöffneten Tür stand Alex Ryan.

Er griff mit einer fahrigen, verlegenen Geste nach seinem Hut und nahm ihn ab. »Mein Vater schickt mich«, sagte er und hatte Mühe, Tess und Claire in die Augen zu sehen. »Ich ... äh ... ich soll hier etwas abholen.«

Es war Alex anzumerken, dass er sich während der nun folgenden Stunde sichtlich unwohl fühlte. Offenbar war ihm klar, was dieser Schreibtisch für die McLeod-Schwestern bedeutete. Zugleich wusste Tess aber auch, dass es noch etwas anderes gab, was Alex unsicher machte.

Vor einiger Zeit schien sich zwischen ihr und Alex etwas anzubahnen, was deutlich über ein gewöhnliches nachbarschaftliches Verhältnis hinausging. Vor allem Alex war dabei die treibende Kraft gewesen. Tess hatte sogar einen Abend auf Killarney verbracht und war zum Essen geblieben. Dann hatte Alex sie in seinem Wagen nach Hause gebracht und sie zum Abschied ziemlich innig geküsst.

Nur kurze Zeit später hatte sich das Verhältnis aber merklich abgekühlt. Und Tess wusste bis heute nicht recht, woran es gelegen hatte. Es war jener Tag gewesen, an dem sie in den Aufzeichnungen ihres Vaters Zeugnisse seiner Liebe zu ihr gefunden hatte. Und ebenso hatte sie feststellen müssen, dass ihre Mutter ihr Briefe von Jack vorenthalten und ungeöffnet wieder zurückgeschickt hatte. Diese Entdeckung hatte Tess vollkommen verstört, und sie war nicht in der Lage gewesen, sich in diesem Moment auf etwas anderes einzulassen. Auch nicht auf den kleinen Ausflug, den Alex ihr damals vorgeschlagen hatte. Es hatte ihn wohl tief getroffen, dass Tess ihn so wenig beachtete und auf sein Angebot gar nicht eingegangen war.

Mittlerweile hatten die Männer, die Alex von Killarney mitgebracht hatte, Jacks alten Schreibtisch komplett auseinandergenommen, um die Einzelteile besser transportieren zu können. Bleich und schweigend beobachtete Claire, wie ein Teil nach dem anderen aus dem Haus getragen wurde. Die Tischplatte war das Letzte, was auf die Ladefläche des Pick-ups gehievt wurde.

»Hey, ein bisschen vorsichtig!«, fuhr Claire die Männer an, denn beinahe wäre ihnen die Platte heruntergefallen. Erst im letzten Moment bekamen sie das wertvolle Stück wieder in den Griff.

»Augenblick mal!« Tess, die gerade noch neben Claire gestanden hatte, kam angelaufen, nahm ihren Kaugummi aus dem Mund und klebte ihn unter die Tischplatte. Feucht glänzend und pinkfarben stach er neben den alten vertrockneten Kaugummis ins Auge. »So«, sagte sie mit sichtlicher Zufriedenheit. »Und der hängt noch da, wenn der Schreibtisch in fünf Jahren wieder nach Hause kommt. Darauf kannst du dich verlassen.«

Unterdessen war Alex an Claire herangetreten. Claire und er kannten sich von Kindheit an, und sie waren immer gute Freunde gewesen. »Ich kann Dad sagen, dass du es dir anders überlegt hast«, bot er ihr leise an. »Wirklich, es liegt ganz bei dir ...«

Einen Moment lang schwankte Claire. Sie sah kurz zum Pick-up, auf dessen Ladefläche der Schreibtisch nun komplett verladen war. Dann drehte sie den Kopf ruckartig zur Seite. »Nein«, sagte sie. Sie wandte sich um und ging, dicht gefolgt von Tess, ins Haus.

Claire brauchte dringend einen Schluck Wasser. In der Küche hatte Meg vom Fenster aus der Verladung des Schreibtisches zugesehen. Während Claire trank, beobachteten sie gemeinsam, wie Alex Ryan mit dem Pick-up vom Hof fuhr.

»Das muss schwer sein«, sagte Meg mitfühlend. Sie stand sehr nah neben Claire, berührte sie beinahe.

Claire starrte weiter aus dem Fenster. »Wenn Dad halbwegs vernünftig mit Geld hätte umgehen können, wäre es nie so weit gekommen.«

Meg schenkte ihr ein nachsichtiges Lächeln von der Seite. »Bist du da nicht etwas zu hart mit ihm? Er hat sich Mühe gegeben, hat vierzig Jahre lang alle Kraft in die Farm gesteckt. Und er hat nie anderen die Schuld gegeben, wenn etwas nicht funktionierte.«

Claire lachte leise, ein bitteres Lachen. »Er hat ja auch nie einen Rat von anderen angenommen. Er war derjenige, der entschied. Und er war derjenige, der die Kredite immer weiter aufgestockt hat.«

»Und weißt du, warum er das gemacht hat?«, fragte Meg. Wie immer klang sie auch jetzt ruhig und überlegt. Im Allgemeinen schätzte Claire Megs ruhige Art. Dennoch spürte sie, dass sich in diesem Moment etwas in ihr dagegen sträubte. »Weil er den Besitz unter allen Umständen erhalten wollte. Für dich und für Tess. Groß sollte Drover's Run werden. Viel größer als Killarney. Stundenlang hat er mir seine Pläne im Detail erläutert …«

Mit einer heftigen Bewegung schüttete Claire den Rest Wasser plötzlich ins Spülbecken. Sie wandte sich um und sah Meg wütend an. »Danke, das genügt. Ich muss mir nicht anhören, was ihr beiden auf dem Kopfkissen ausgetauscht habt. Und nur weil du mal etwas mit Dad hattest, brauchst du mir noch nicht zu sagen, wie ich die Farm führen soll.« Sie knallte das Glas auf die Ablage neben dem Becken, dann wollte sie die Küche verlassen, während Meg unbeweglich da stand.

Bevor Claire aber die Tür erreicht hatte, kam ihr Jodi entgegen. Sie ging geradewegs auf den Kühlschrank zu, um sich eine Cola zu holen.

»Ich denke, du und Becky seid unterwegs, um den Bullen zu fangen? Was ist denn jetzt damit?«, fuhr Claire sie an, bevor sie die Kühlschranktür öffnen konnte. »Ihr seid doch schon seit Tagen damit beschäftigt. Habt ihr ihn endlich?«

»Äh ... nicht so richtig«, antwortete Jodi ausweichend. »Wir haben zwar seine Trinkstellen trockengelegt, wie du gesagt hast ... Und wir waren auch schon ein paarmal ganz kurz davor, ihn einzufangen ...«

»Was ist denn das hier eigentlich für ein Laden?«, schimpfte Claire. »Ein Haufen von Amateuren, oder was?« Sie drehte Jodi an den Schultern um hundertachtzig Grad herum. »Es reicht. Mickey Bull wird jetzt gefangen. Und zwar von uns allen gemeinsam«, sagte sie mit einer besonderen Betonung in Megs Richtung. Die stand immer noch am Fenster und starrte hinaus.

Es war nicht das erste Mal, dass ein Bulle sich auf diese Weise die Freiheit erkämpfte. Immer wieder kam es vor, dass einzelne Tiere die Weidezäune durchbrachen. Normalerweise reichte es, wenn die Tränken – bis auf eine – trockengelegt wurden. Irgendwann im Laufe des Tages musste das Tier die Tränke schließlich aufsuchen.

Dieser Bulle aber schien sich nicht an Regeln zu halten. Daher hatte Becky bereits am Abend zuvor auch noch die Pumpe der einzig verbliebenen Wasserstelle abgeschaltet.

Jetzt packten Claire und die Frauen nicht nur ein mobiles Gatter, sondern auch ein großes Fass Wasser auf den Pickup. Sie bauten den Fangzaun in der Nähe der nunmehr ebenfalls trockengelegten Tränke auf und stellten das Fass in die Mitte des so umzäunten Areals. Es war genau die Stelle, wo der Bulle neulich auf Tess losgegangen war. »Für ihn ist dies die Stelle, wo er zuletzt getrunken hat. Wenn er an den übrigen Stellen nichts mehr findet, kann es nicht lange dauern, bis er hierherkommt«, meinte Claire, während sie sich mit den anderen ins Gebüsch zurückzog.

Sie warteten lange, schweigend und in gebückter Haltung. Nichts geschah.

»Ich bekomme schon einen Krampf im Bein«, beschwerte sich Jodi irgendwann.

»Pst!«, machte Claire und warf ihr einen unwilligen Blick zu.

»Ich glaube, ich habe eine Idee«, sagte Tess. »Ich weiß etwas, das den Bullen noch viel mehr interessiert als Wasser.«

Sie stand auf und lief schnurstracks in das Fanggitter. Dann breitete sie die Arme aus und drehte sich einmal um ihre eigene Achse. »Komm hierher! Hier ist dein Lieblingsköder!«

Claire war ihrer Schwester auf dem Fuß gefolgt. »Lass das, Tess! Komm wieder raus! Was du da tust, ist albern. Und gefährlich noch dazu!«

»Wie lange willst du den Bullen denn noch frei herumlaufen lassen?«, gab Tess zurück. »Wir können es doch versuchen. Ich bin sicher, er mag mich. Also.« Sie gab ihrer Schwester mit einer Kopfbewegung zu verstehen, dass sie gehen solle. Und Claire zog sich entnervt auf ihren Beobachtungsposten zurück.

»Hallo«, flötete Tess nun weiter. »Hier bin ich. Komm zu mir! Wir werden uns gut verstehen. Wir haben so viel gemeinsam.«

»Wie bitte?«, flüsterte Jodi im Gebüsch den anderen Frauen zu. »Kann mir bitte mal einer sagen, was Tess mit einem Bullen gemeinsam haben soll?«

Aber Tess setzte selbst schon zu einer Antwort an. »Wir sind allein, ohne Eltern und ohne Zuhause. Immer auf der Suche nach einem stillen Unterschlupf in dieser rastlosen Welt. So führen uns unsere Schicksale ausgerechnet hier auf Drover's Run zusammen.«

Claire verdrehte die Augen. »So ein Unfug! Die redet wie ein Prediger. Das hält man ja gar nicht aus ...«

»Aber dies ist nun vielleicht der Moment, in dem sich alles ändern kann«, zwitscherte Tess. »Du musst es nur wollen. Komm! Komm zu mir! Hm«, machte sie dann resigniert. »Ich glaube, es funktioniert nicht. Und irgendwie komme ich mir auch blöd vor.«

»Ach, wirklich?«, meinte Claire trocken.

»Oh, Moment mal«, sagte Tess jetzt aber. Sie deutete vorsichtig voraus. »Da drüben. Ich ... ich glaube ... da bewegt sich was ... Ja. Ja. Ganz sicher. Da bewegt sich was ...«

»Auf!«, rief Claire mit unterdrückter Stimme. Und in Windeseile schwangen sich die Frauen auf ihre Pferde.

Es war genau der richtige Moment. Der Bulle brach soeben aus dem angrenzenden Wald hervor und nahm Kurs auf den Fangzaun. Tess stand wie angewurzelt neben dem Wasserfass und riss verstört die Augen auf.

»Es hat geklappt«, sagte sie zu sich selbst. »Es hat tatsächlich geklappt. Oder war es vielleicht doch das Wasser?«

Leider blieb ihr keine Zeit, über diese Frage länger nachzudenken. Der mächtige Bulle rannte schon auf sie zu.

Schnell wandte sie sich um, lief auf den mannshohen Fangzaun zu und kletterte in Windeseile darüber, während der Bulle mit gesenkten Hörnern in die Falle ging.

Claire, Meg, Becky und Jodi folgten ihm in kurzem Abstand auf ihren Pferden. Noch bevor Mickey Bull gewahr wurde, dass sich der ruhelose Punkt, der Tess für ihn gewesen war, außerhalb seiner Reichweite befand, sprang Claire aus dem Sattel. Sie griff nach den beiden offen stehenden Flügeln des Fangzauns, schloss sie und sicherte sie mit einem kräftigen Hebel. Dann drehte sie sich erleichtert um. »Den hätten wir«, seufzte sie.

Sie sah sich suchend um. Jodi, Meg und Becky saßen auf ihren Pferden. Aber wo war ihre Schwester? »Tess?«, rief Claire nervös. »Tess, wo bist du?«

Einen Augenblick blieb alles ruhig. »Hier oben«, ertönte dann eine vertraute Stimme. Tess saß in der Astgabel eines Baums. Die luftige Höhe war ihr anscheinend sicherer vorgekommen als der Boden.

Claire sah hinauf. »Und? Was machst du da?«

Tess grinste etwas unbeholfen. Dann streckte sie den Arm aus und holte ihren Hut herunter. Erst jetzt bemerkte Claire, dass Tess ihn während der letzten Tage gar nicht getragen hatte.

»Ich sagte ja, ich wollte ihn holen – bei der nächsten Gelegenheit.«

Als Tess am nächsten Morgen erwachte, drangen neben dem Piepen des Weckers zwei Geräusche an ihr Ohr, die sie erst nach und nach identifizieren konnte. Das erste erkannte sie als Madonnas Muhen. Offenbar war es Zeit zum Melken.

Tess stand schleunigst auf. Während sie noch ganz schlaftrunken über den Hof wankte, erblickte sie durchs Küchenfenster Claire – Claire! –, am Küchentisch stehend und mit dem Handrührbesen die merkwürdig klappernden Geräusche erzeugend.

Auch Claire hatte das Muhen der Kuh gehört. Und damit nicht wieder mindestens zehn Liter Milch anfielen, die womöglich für ein komplettes Abendessen verbraucht werden mussten, entschloss sie sich, aus der bereits vorhandenen Milch zum Frühstück Pfannkuchen zuzubereiten.

Sie suchte gerade nach der Pfanne, als Schritte hinter ihr erklangen. Claire drehte sich um. Vor ihr stand Meg und schaute verschämt zu Boden. Offenbar hatte sie nicht damit gerechnet, Claire in der Küche anzutreffen.

Seit Claires harten Worten vom gestrigen Tag waren die beiden zum ersten Mal wieder allein miteinander.

»Ich ... ich wollte Pfannkuchen machen«, sagte Claire verlegen. »Aber ich finde die Pfanne nicht.«

Meg grinste schwach. »Ich finde auch überhaupt nichts mehr, seitdem Tess gekocht hat.«

Claire sah auf ihren Pfannkuchenteig. Sie schob sich eine Haarsträhne hinter das Ohr. »Es tut mir leid, was ich gestern gesagt habe. Das mit Dad und dir, meine ich.«

Meg atmete tief ein. Sie stellte eine Schüssel ab, die sie aus der Waschküche mit herübergebracht hatte. »Claire, ich will dir das erklären. Wir ... wir dachten, niemand hätte es mitbekommen ...«

»Du musst mir überhaupt nichts erklären«, fiel Claire ihr ins Wort. »Es war allein eure Angelegenheit. Ich hätte nichts sagen sollen. Es tut mir leid.« Sie streichelte Meg mit einer verlegenen Geste über den Oberarm.

Meg antwortete nicht – wie bei allen Dingen, von denen sie fand, dass man besser darüber schwieg. Stattdessen griff sie nach dem Rührgerät. »Was für Pfannkuchen sollen es denn sein?«, rief sie Claire hinterher, die gerade nach draußen gehen wollte.

Claire machte einen Schritt zurück. »Mit Zucker und Zitrone?«, schlug sie fragend vor.

Meg lachte. »Ich wusste, dass du das sagen würdest.«

Seitdem Madonna wieder gesund war und sich willig melken ließ, hatte Tess viel Routine im Umgang mit der Kuh bekommen. Das Melkergebnis wurde immer besser, und so musste sie sich allmählich neue Verwendungsmöglichkeiten für die Milch einfallen lassen. Tief in Gedanken versunken ging sie gerade zum Kuhstall, als ein Wagen auf den Hof fuhr.

Es war Alex Ryan. Auf der Ladefläche des Pick-ups war ein Gegenstand mit Decken verhängt, sodass Tess nicht erkennen konnte, was es war. »Hallo, Tess! Wie geht's denn so?«, erkundigte sich Alex.

»So weit, so gut, alles geht seinen Gang«, antwortete Tess. »Wir kümmern uns um einsame Bullen und stechen Milchkühe an.«

Alex' Grinsen wurde breit. »Ich mag es, wenn Frauen schmutzige Dinge sagen.«

Tess spürte, wie sie rot wurde. Ihr war im Moment nicht klar, welches Verhältnis zwischen ihr und Alex herrschte, nachdem sich sein Interesse an ihr so schlagartig abgekühlt zu haben schien.

»Ist deine Schwester auch da?«, fuhr Alex jetzt fort.

Mit einer Kopfbewegung deutete Tess auf das Haus. »Ich nehme an, sie ist im Büro und sitzt auf dem Boden. Am Computer. Dank deinem Vater haben wir ja keinen Schreibtisch mehr.«

Alex nickte. »Ich weiß. Aber ich glaube, ich habe eine Lösung dafür.« Er winkte Tess noch einmal zu, dann stieg er wieder in seinen Wagen und fuhr so nah wie möglich an das Haus heran.

Tatsächlich saß Claire im Schneidersitz auf dem Boden im Büro und versuchte zu arbeiten. Bevor Alex eintrat, klopfte er kurz an die offen stehende Tür. »Störe ich?«

Claire sah auf. Objektiv gesehen konnte er nicht stören. Die Einnahmen der Farm erhöhten sich nicht dadurch, dass sie die Computerdateien immer wieder miteinander verglich. »Nein, komm nur herein.« Sie schloss rasch die Buchführungsdaten und öffnete eine unverfänglichere Datei.

Mit einem stolzen Lächeln kam Alex auf sie zu. »Gibst du mir deine Hand?«

Claire lachte. »Soll das ein Antrag sein?« Aber sie streckte ihrem Besucher die Hand entgegen und stand auf.

Vorsichtig führte Alex sie über die verschiedenen Zubehörteile des Computers hinweg. »Augen zu«, sagte er, als sie an der Tür des Büros angekommen waren. »Ich habe eine Überraschung für dich.«

»Wo willst du denn mit mir hin?«, fragte Claire lachend, während Alex sie durch die Diele führte. »Nach draußen? Was ... was hast du denn vor?«

»Schön brav sein«, antwortete Alex, während er Claire mit seiner freien Hand um die Taille fasste und sie so noch besser zu dirigieren wusste. »Und auf den guten Alex hören. Gleich sind wir da. Da ist die Tür, jawohl, noch einen Schritt. Und – voilà! – da sind wir. Augen auf!«

Claire öffnete die Augen. Die Ladefläche des Pick-ups lag direkt vor ihr. Auf dieser Ladefläche befand sich ein Möbelstück: ein etwa fünfzehn Jahre altes Ungetüm, hässlich wie die Nacht.

»Hier ist dein neuer Schreibtisch«, verkündete Alex. »Nicht das neueste Modell, aber funktionstüchtig. Als Ausgleich sozusagen.«

Claire brauchte einen Moment, bis ihr klar wurde, was sie sah. »Alex!«, stieß sie dann aus, und gleichzeitig stiegen ihr die Tränen in die Augen. »Harrys Schreibtisch! Denkst du wirklich, ich will Harrys Schreibtisch haben? Harrys Schreibtisch in Jacks ehemaligem Büro?« Sie versetzte Alex einen heftigen Hieb vor die Brust. Dann brachen der Schmerz und die Enttäuschung mit einem hilflosen, verzweifelten Weinen aus ihr heraus.

»Aber ... aber Claire«, murmelte Alex fassungslos. »So war das doch nicht gemeint. Claire ...« Er fasste sie am Arm und zog sie an sich heran. Und Claire überließ sich ihrer Trauer und ihrer Verzweiflung an seiner breiten Brust.

Madonnas Milchproduktion war wirklich beachtlich. An diesem Morgen hatte sie noch mehr Milch gegeben als am Vortag. Weil sie den Bewohnerinnen von Drover's Run aber nicht schon wieder Milchspeisen aller Art vorsetzen wollte, hatte Tess eine neue Idee entwickelt. Eine zukunftsweisende Idee womöglich, die Drover's Run ganz neue Perspektiven eröffnen könnte. Es hatte mal eine kurze Zeit in der Schule gegeben, da war Geschichte ihr Lieblingsfach gewesen. Als sie die Ägypter durchgenommen hatten nämlich, und ihre Königin Kleopatra …

Zwei Zinkeimer mit Milch sind nicht gerade leicht, schoss es Tess durch den Kopf, als sie die Treppe in den ersten Stock hinaufging. Wenn man die Sache vermarkten will, muss man das anders organisieren.

Tess glaubte sich unbeobachtet, doch Claire hatte gesehen, wie ihre Schwester mit zwei Eimern Milch nach oben gehuscht war. Kurz darauf hörte man das charakteristische Rauschen der alten Wasserleitungen. Claire wartete noch ein paar Minuten, dann ging sie ebenfalls nach oben und klopfte an die Badezimmertür.

»Herein!«, rief Tess von drinnen.

Als Claire eintrat, musste sie grinsen. Tess lag in der Badewanne, die bis zum Rand mit einer milchweißen Flüssigkeit gefüllt war. Noch vor kurzem hatte sie behauptet, dass man in einem Bad wie diesem gar nicht baden könne. Das Bad auf Killarney, das sie einmal benutzen durfte, hatte ihr dagegen ganz außerordentlich gut gefallen.

Es mussten also besondere Voraussetzungen sein, unter denen Tess es nun gewagt hatte, in die Wanne zu steigen.

Claire tauchte ihren Finger in die milchweiße Flüssigkeit. »Haben wir jetzt auch einen Esel?«, wollte sie wissen.

»Nein«, antwortete Tess. »Aber Kuhmilch geht auch. Ist gut gegen Sonnenbrand. Auf diese Weise wird sogar ein Bad auf Drover's Run zum Genuss«, stellte sie fest und ließ den Schwamm über ihre Haut gleiten. »Vielleicht wird ja eine Geschäftsidee daraus. Drover's Spa, das exklusive Wellnessbad unweit der beschaulichen Ortschaft Gungellan ...«, träumte sie.

Claire setzte sich auf den Wannenrand und tauchte noch mal die Hand ins Wasser. Es fühlte sich samtig und zart an. Vielleicht würde sie so ein Milchbad auch einmal ausprobieren. Irgendwann mal, wenn sie allein und unbeobachtet war.

»Mit dem Schreibtisch ...«, begann sie zögernd. »Glaubst du, das war falsch?«

Tess ließ wieder den Schwamm über ihre Haut gleiten und dachte nach. »Ich habe es eingesehen: Du hattest keine andere Wahl«, stellte sie fest. »Wenn du Harrys Geschenk angenommen hättest, hätte er uns jetzt in der Hand.« Sie machte eine Pause. »Aber du weißt doch: Ich habe dir gesagt, wir bekommen den Schreibtisch wieder. Spätestens in fünf Jahren. Und bis dahin hat nicht Harry Drover's Run aufgekauft, sondern wir haben Killarney übernommen. Mitsamt dem Bad«, setzte sie hinzu.

Claire lachte. Offenbar war ihre Schwester gewillt, sich für ein bisschen Luxus ordentlich ins Zeug zu legen.

»Übrigens«, fuhr Tess jetzt fort. Sie sah ihre Schwester forschend an. Die Szene, die sie vorhin beobachtet hatte, in der Claire sich so innig an Alex' Brust geschmiegt hatte, ging ihr nicht aus dem Kopf. »Zwischen dir und Alex – läuft da was?«

Claire stutzte einen Moment. In der Tat war ihr aufgefallen, wie wohl sie sich vorhin in Alex' Armen gefühlt hatte. Und zugleich musste sie wieder lachen. »Alex und ich? Ich bitte dich«, antwortete sie. »Wie kommst du denn darauf?«

4. Kapitel

Obwohl der Schreibtisch von Jack McLeod jetzt abtransportiert war, musste Claire doch häufig an das Möbelstück denken. Auch wenn Tess der festen Überzeugung zu sein schien, dass der Tisch eines Tages an seinen angestammten Platz zurückkehren würde. Aber wie sie es auch drehte und wendete, es hatte keine andere Möglichkeit gegeben, den Anteil am Zaun abzugelten. Besonders deutlich wurde ihr dies wieder, als sie an einem der nächsten Tage, nach dem Abendessen, bei Blaze im Stall stand und sie striegelte. Normalerweise blieb Claire nach dem Abendessen im Haus. Blaze war ihr aber während der letzten Tage verändert vorgekommen, und sie wollte sich Gewissheit über einen Verdacht, den sie seit geraumer Zeit hegte, verschaffen.

Gut, dass ich die Stute nicht als Bezahlung für den Zaun an Harry weitergegeben habe, dachte Claire, während sie die Bürste über das seidig glänzende Fell gleiten ließ.

Die junge Stute entwickelte sich von Tag zu Tag prächtiger. Ganz unverkennbar war sie eine Tochter von Scirocco. An dem Hengst ihres Vaters hatte auch Claire sehr gehangen. Ursprünglich hatte sie vorgehabt, mit ihm auf Drover's Run eine neue Zucht zu beginnen.

Nachdem Scirocco aber wegen eines plötzlich und zu spät erkannten Tumors getötet werden musste, hatte Claire ihre Zuchtpläne sozusagen auf die nächste Generation verschieben müssen. Immerhin würde die neue Linie Scirocco aber noch im Stammbaum haben. Und das tröstete Claire einigermaßen.

Blaze war unruhig. Immer wieder wieherte sie auf und warf nervös den Kopf in den Nacken.

Sie ist tatsächlich rossig, überlegte Claire. Zum ersten Mal. Ihr Verdacht hatte sich bestätigt. Umso mehr musste sie jetzt darauf achten, dass die Stute nicht unbeobachtet mit Hengsten zusammen war. Für das erste Fohlen, das Blaze bekommen würde, wollte Claire den Vater nämlich persönlich aussuchen.

»Schön ruhig«, sprach sie sanft auf die Stute ein, als diese wieder aufwieherte und nervös hin- und hertänzelte. »So schnell geht es mit dem Erwachsenwerden nicht. Und bis der Richtige kommt, muss man schon einen Augenblick Geduld haben. Glaub mir.« Sie legte die Striegelbürste zurück an ihren Platz. Dann klopfte sie Blaze noch einmal den Hals und kehrte zurück ins Haus.

Sie ging am Büro vorbei und sah ihre Schwester am Schreibtisch sitzen. Das alte Möbelstück von Harry Ryan hatten sie nun doch aufgestellt. Es war auf die Dauer einfach zu mühsam, ohne Schreibtisch und Ablagefläche zu arbeiten.

Tess haute wie eine Besessene in die Tastatur des Computers. Dann wartete sie einen Augenblick, um gleich darauf wieder unter frenetischem Klappern weiterzuschreiben.

Claire kam näher. »Was machst du denn da?«, erkundigte sie sich. Sie sah auf den Bildschirm. Dann zuckte sie zurück. »Zweiundzwanzig Zentimeter?«, fragte sie. »Soll das etwa ein Name sein? Aber Moment mal, Kumura, eine Süßkartoffel ... das bist ja dann wohl du«, gab sie sich selbst die Antwort.

Tess nickte, ohne den Blick vom Bildschirm zu wenden. »Ich bin in einem Chatroom. Einem imaginären Raum, in dem man sich mit Leuten unterhalten kann.« Sie las wieder eine Antwort, biss sich auf die Lippen und lachte in sich hinein. Dann tippte sie erneut.

»Äh ... findest du das nicht vielleicht ein bisschen komisch?«, forschte Claire. »Sich auf diese Weise mit Leuten zu unterhalten?«

Tess ließ für einen Moment ihre Finger reglos auf der Tastatur ruhen. Sie sah ihre Schwester an. »Ich finde es eher komisch, wenn man überhaupt niemanden hat, mit dem man sich unterhalten kann. Gut, okay, wir sind hier ja zu viert ...«

»Und manchmal kommt der Postbote ...«, warf Claire ein.

»Aber trotzdem«, fuhr Tess fort. »Wir gehen nie aus. Können wir nicht mal ein paar Leute einladen? Alex und Nick zum Beispiel? Zum Grillen oder so?«

Claire zuckte die Schultern. »Die schuften genauso wie wir«, antwortete sie. »Und sie werden abends genauso müde sein.«

»Aber auf einen Versuch käme es doch vielleicht an«, meinte Tess.

Claire warf einen erneuten Blick auf den Bildschirm, wo Zweiundzwanzig Zentimeter gerade ungeduldig seine letzte Frage wiederholte. Claire klopfte ihrer Schwester auf die Schulter.

»Bleib lieber im Chatroom«, riet sie ihr. Dann drehte sie sich um und verließ das Büro.

Schon am Morgen des nächsten Tages spürte Claire die schwüle und drückende Luft. Vielleicht würde es im Laufe des Tages ein Gewitter geben. Claire hoffte es sogar. Denn unter dieser unangenehmen Wetterlage litten auch die Tiere. Sie waren schreckhaft und unausgeglichen, was sich im Moment bei Blaze ganz besonders stark bemerkbar machte.

Während Claire die anderen Pferde noch vor dem Frühstück auf die Koppel gelassen hatte, musste die rossige Stute im Stall bleiben. Das Risiko, dass sich Blaze mit einem der Hengste paarte, wollte Claire nicht eingehen. Das würde ihre Zuchtpläne erheblich gefährden.

Nun stand Blaze dort, streckte den Kopf aus der Tür und blähte die Nüstern. Sie schien den unwiderstehlichen Duft der Hengste zu wittern.

Claire trat zu ihr und streichelte ihr über die Nase. »Deine Zeit kommt erst noch, meine Süße. Wir werden dir den schönsten Hengst suchen, den es in der ganzen Gegend gibt. Wir nehmen doch nicht den Erstbesten, oder?« Sie lachte. Sie wollte lieber nicht wissen, wie viele junge Mädchen solche Sprüche schon von ihren Müttern hatten hören müssen. Ob Meg mit Jodi wohl auch so umging? Claire schüttelte amüsiert den Kopf. Bevor man gute Ratschläge gibt, sollte man die Tochter besser in die eigenen Beziehungen einweihen, dachte sie. Seit einiger Zeit hatte Meg nämlich ein besonders inniges Verhältnis zu Terry Dodge entwickelt, einem Mitarbeiter von Killarney. Alle außer Jodi wussten bereits davon ...

Als Claire wenig später zurück zum Haus ging, sah sie Tess mit etwas Undefinierbarem über eine ehemalige Rasenfläche laufen, die mal zu einem Garten gehört hatte. Jetzt stand das Gras etwa kniehoch. Tess hatte dieses Bündel aus Stricken und Seilen auf der einen Seite an einem Pfosten eingehakt. Jetzt lief sie damit zur gegenüberliegenden Seite der Wiese.

»Ich habe das Tennisnetz gefunden«, verkündete sie ihrer Schwester. »Ich will gerade nachsehen, ob es noch ganz ist. Wenn ja, könnten wir Nick und Alex doch mal zum Tennisspielen einladen.«

»Schade, dass der Gärtner nicht mehr kommt«, meinte Claire mit einem Blick auf den ehemaligen Tennisplatz von Drover's Run. »Sonst könnten wir hier glatt die nächsten Australian Open stattfinden lassen.«

Tess lachte zuversichtlich. »Ich werde mich schon darum kümmern«, versprach sie. »Den alten Rasenmäher habe ich auch gefunden.«

»Falls der nicht mehr funktioniert, dann hol doch die Schafe«, empfahl Claire. Sie hielt den Einfall ihrer Schwester gelinde gesagt für eine Schnapsidee. Außerdem hatte Tess wirklich anderes zu tun, als Tennisplätze zu pflegen. »Apropos«, fuhr sie daher fort, »wolltest du nicht die Mutterschafe von der oberen Weide heruntertreiben?«

»Schon geschehen«, sagte Tess selbstbewusst und kurbelte das Tennisnetz am dafür vorgesehenen Pfosten in die Höhe.

Claire stutzte. »Seit wann geht das so schnell?«,

»So wie man sich heutzutage per Computer in Chatrooms unterhält, muss man eben auch in der Landwirtschaft neue Wege gehen«, antwortete Tess grinsend. »Ich habe einfach ›Buh!‹ gemacht. Du hättest mal sehen sollen, wie die gerannt sind!«

Claire fasste sich an den Kopf. Wahrscheinlich lagen die Schafe jetzt allesamt halb tot auf der Weide neben dem Schafstall. »Du bist wirklich die geborene Farmerin«, stellte sie kopfschüttelnd fest und ging ins Haus.

Den ganzen Tag über war es drückend heiß, aber das erhoffte Gewitter wollte sich nicht entladen. Immer schwüler wurde es. Tess, die eigentlich vorgehabt hatte, sich nach dem Mittagessen endlich mit dem Mähen des Tennisplatzes zu befassen, verschob diese Arbeit auf den Abend. Erst als es dunkel war, holte sie den Handrasenmäher hervor und begann ihn in gleichmäßigen Bahnen über den Platz zu schieben.

Ihr scheint an dieser Einladung wirklich etwas zu liegen, schoss es Claire durch den Kopf, die ihr vom Fenster ihres Zimmer aus einen Augenblick lang zusah. Merkwürdig. Sie selbst hatte noch nie das Bedürfnis gehabt, mit irgendjemandem ihre Freizeit zu verbringen. Freizeit, was war das überhaupt? Eigentlich gab es auf einer Farm doch nur zwei Daseinszustände: Arbeiten oder Schlafen.

Außer Tess, so beobachtete Claire, waren an diesem Abend noch andere Menschen draußen unterwegs. Jodi machte sich gerade mal wieder auf den Weg hinüber zu Beckys

Hütte. Sie wollte ihrer Freundin wohl noch einen kleinen Besuch abstatten. Meg war darüber sicher – wie immer – nicht erfreut. Zugegeben, Becky hatte eine ziemlich bewegte Vergangenheit. Aus diesem Grund hatte sich Meg eigentlich einen anderen Umgang für ihre Tochter gewünscht. Es passte ihr nicht, dass Jodi nicht nur während der Arbeitszeit, sondern auch noch abends mit Becky zusammen war. Andererseits war dies natürlich nur verständlich, denn die Mädchen waren schließlich etwa gleich alt. Wahrscheinlich würde Meg die Freundschaft der beiden weniger belasten, wenn Jodi die Ältere wäre. Leider war aber Becky älter und konnte ihre nicht allzu rühmlichen Erfahrungen mit Männern ungehemmt an ihre Tochter weitergeben.

Der einzige Vorteil für Meg war wahrscheinlich, so überlegte Claire weiter, dass sie sich, während Jodi bei Becky war, mit Terry treffen konnte. Seitdem Jodi nicht mehr auf das Internat ging und das ganze Jahr über auf Drover's Run lebte, konnte Terry die Farm nicht mehr so regelmäßig besuchen wie früher.

Als hätten ihre Gedanken ihn herbeigerufen, sah Claire in diesem Moment die Scheinwerfer eines Autos aufleuchten: Es war Terry in einem Wagen der Killarney-Farm. Er hielt direkt hinter Megs kleinem Häuschen und stieg aus. Er klingelte. Meg öffnete, und Terry verschwand im Haus.

Mit einem plötzlichen Anfall von Resignation ließ Claire sich auf ihr Bett sinken. Sie betrachtete die beiden Kissen, die am Kopfende einträchtig nebeneinander lagen.

Manchmal fehlte ihr einfach jemand, der die lauen Nächte mit ihr teilte.

Im Morgengrauen wachte Claire wieder auf. Sie erinnerte sich, in der Nacht draußen Stimmen gehört zu haben, und zwar die aufgebrachten Stimmen von Meg und Jodi. Sie war kurz ans Fenster getreten, hatte aber nicht feststellen können, worüber sich die beiden stritten. Außerdem war sie so unendlich müde gewesen, nachdem sie zunächst nicht hatte einschlafen können, dass sie sich so schnell wie möglich wieder ins Bett gelegt hatte.

Vielleicht hat Meg ihrer Tochter gesagt, dass sie ihr schon den richtigen Mann aussuchen wird, dachte Claire mit einem müden Lächeln. Andererseits schien Jodi wirklich sauer gewesen zu sein. Es wäre wohl indiskret gewesen, nach den wahren Ursachen des Streits zu forschen.

Als sie jetzt aufstand, hörte Claire draußen ein Pferd wiehern. Das war auf einer Farm wie Drover's Run zwar nichts Ungewöhnliches, aber dennoch horchte Claire auf. Das Wiehern kam ihr fremd vor, ein anderes Wiehern, als sie es sonst von ihren Pferden kannte.

Gleich darauf schüttelte sie unwillig den Kopf. »Du spinnst«, sagte sie zu sich selbst, während sie in ihre Jeans schlüpfte.

In diesem Moment aber ertönte Lärm von draußen. Das Getrappel unzähliger Hufe. Lautes Wiehern. Ein Geräusch, verursacht von einem großen, schweren Körper, der sich kraftvoll gegen eine Wand warf. Dazu der Klang splitternden Holzes.

Einen Augenblick später wusste Claire, was gerade passierte. Sie stürzte aus dem Zimmer, die Treppe hinunter und auf den Hof.

Becky kam ihr in Unterwäsche entgegengerannt. »Ich habe sie gesehen!«, rief sie ganz aufgeregt schon von weitem. »Ich habe sie gesehen!«

Auch Meg kam atemlos angelaufen. »Was ist passiert? Um Himmels willen, was ist denn passiert?«

Die Stalltür von Blaze' Box stand offen. Eingerissen, niedergetrampelt. Eingeschlagen durch eine unbändige Kraft, die ihr Instinkt in ihr freigesetzt hatte.

»Wildpferde!«, stieß Becky aus. »Eine ganze Herde.«

»Sie ... sie haben Blaze geholt«, sagte Claire.

Selbst wenn seit dem Tod von Jack McLeod das Einvernehmen zwischen Drover's Run und Killarney etwas gestört schien, war es selbstverständlich, dass Claire die Ryans von der Existenz der Wildpferde unterrichtete und Harry seine Leute schickte, damit sie den McLeods halfen. Solange sich die Herden im angrenzenden Nationalpark aufhielten, stellten sie für die umliegenden Farmer kein Problem dar. In dem Moment aber, in dem die Pferde in das Land der Farmer eindrangen und deren Bestände bedrohten, musste gemeinsam etwas dagegen unternommen werden.

Nachdem Tess auf Killarney angerufen und von der Situation berichtet hatte, dröhnte kurze Zeit später der Hubschrauber der Ryans über Drover's Run. Becky, Tess und Claire saßen schon in den Sätteln. Meg und Jodi holten den Pick-up.

Alex landete. Er hatte Terry Dodge mitgebracht, der jetzt ausstieg und den Frauen entgegenging.

»Nick ist schon mit dem Motorrad in Richtung Fluss unterwegs«, rief Alex Claire zu und winkte sie in den Hubschrauber. »Lass das Pferd hier. Aus der Luft sehen wir mehr.«

Claire drückte Becky den Zügel ihres Pferdes in die Hand, dann lief sie zum Hubschrauber.

»Wir müssen uns nach Westen wenden. Richtung Nationalpark«, sagte sie so, dass alle es hören konnten, und stieg ein.

»Hey, Tess, willst du nicht auch mitfliegen?«, bot Alex Claires Schwester an.

Über dieses Angebot musste Tess nicht lange nachdenken. »Oh nein, vielen Dank«, sagte sie schnell. »Ich fliege nicht gern. Außerdem müssen Becky und ich ja das Pferd zurückbringen«, setzte sie entschuldigend hinzu.

Jetzt kamen Meg und Jodi mit dem Pick-up. Jodis Miene nach zu urteilen, war sie nach dem Streit in dieser Nacht noch immer beleidigt. Aber für die Empfindlichkeiten junger Mädchen war im Moment keine Zeit.

»Tut mir leid«, entschuldigte sich Meg für ihre Verspätung, während sie ausstieg. »Ich habe gleich noch Material für die Zaunreparatur aufgeladen. Da muss doch mit Sicherheit ein Loch geflickt werden ...«

»Auf geht's, auf geht's«, rief Alex und klatschte laut in die Hände, um Tempo zu machen. »Wir haben keine Zeit zu verlieren. Terry, sieh zu, dass du bei Meg mitfährst.«

»Ich kann auch ein Pferd nehmen«, antwortete Terry mit einem undefinierbaren Blick zu Jodi, während Alex den Rotor anließ.

»Steig ein!«, konnte man Megs Stimme eben noch hören.

Dann hob sich der Hubschrauber bereits in die Höhe. Terry und Meg stiegen in den Pick-up, und Jodi blieb mit verschränkten Armen verstockt daneben stehen.

Claire hätte diesen Flug im Hubschrauber gern mehr genossen. Es war wunderbar, die Landschaft, die ihr so vertraut war und die sie so oft vom Sattel aus gesehen hatte, nun unter sich ausgebreitet zu sehen. Wie ein aufgeschlagenes Buch lag sie da, und Claire hätte gern die Seiten umgeblättert, um ihre eigene Geschichte darin zu verfolgen.

Stattdessen musste sie ihre Aufmerksamkeit auf die Suche nach Blaze richten.

»Ist wohl 'ne gute Stute!«, klang Alex' Stimme in ihre Gedanken. Er musste laut sprechen, fast schreien, denn die Geräusche des Hubschraubers machten eine Unterhaltung fast unmöglich.

»Wenn sie keine gute Stute wäre, hätte ich dich dann um diesen Aufwand gebeten?«, gab Claire zurück. »Außerdem ist sie rossig«, fügte sie dann hinzu. »Ich muss sie unbedingt finden, bevor sie meine Zuchtpläne durchkreuzt.«

Alex nickte lächelnd. »Immer nur Ärger mit den Hengsten...«

In diesem Moment meldete sich das Funkgerät. Claire zog die Augenbrauen in die Höhe. Sie waren erst seit kurzem unterwegs. So schnell hatte sie mit keiner Rückmeldung gerechnet.

»Becky? Meg?«, fragte Claire in ihr Funkgerät.

»Ich bin's, Meg. Ich fürchte, wir können nicht zu euch kommen. Wir haben hier ein kleines Problem.«

»Was für ein Problem?« Claire war nicht besonders erfreut.

»Der Pick-up ist liegen geblieben. Die Zylinderkopfdichtung ist kaputt, sagt Terry. Wenn nicht sogar der ganze Zylinder.«

Claire verdrehte die Augen. Ein Motorschaden am Pick-up war das Letzte, was sie im Moment gebrauchen konnte – finanziell und organisatorisch. Dabei war ihr sehr wohl bewusst, dass sie in letzter Zeit die Wartung des Wagens etwas hatte schleifen lassen. Sie hatte einfach andere Probleme gehabt. »Braucht ihr Hilfe?«, fragte Claire.

Meg schwieg einen Moment. Claire konnte sich vorstellen, wie sie zu Terry sah, der an der geöffneten, qualmenden Motorhaube stand und den Daumen abwärts wandte. »Uns ist nicht zu helfen«, antwortete Meg tatsächlich. »Wir fallen wohl aus. Tut mir leid. Viel Glück noch.« Damit beendete sie den Funkkontakt.

Claire seufzte und sah zu Alex hinüber. Der legte bedauernd die Stirn in Falten, dann lenkte er den Hubschrauber in einem weiten Bogen in Richtung des Flusses.

Plötzlich erschienen unter ihnen die lang gestreckten, braunroten Rücken galoppierender Pferde. Im Mittelfeld der Herde war ein Tier zu erkennen, dessen Farbe deutlich von der der anderen abstach. Es war ein helles Braun, fast schon ein Blond; ein falbes Pferd, genau wie Blaze. Neben ihm lief ein stattliches, dunkelbraunes Tier mit einem hellen Fleck auf der Schulter, offenbar ein Hengst.

»Da unten!«, rief Claire aus. »Da unten ist sie! Blaze! Wir haben sie gefunden.«

Alex sah ebenfalls hinab. »Und der Dunkelbraune, ist das der Hengst?«

»Ja, ja, es scheint so«, antwortete Claire begeistert. »Er drängt sie ab, Richtung Grenzzaun zum Nationalpark.«

»Zum Zaun? Vielleicht machen sie dort ja Halt«, überlegte Alex. »Dann können wir vom Boden aus versuchen, sie einzufangen.«

Er drosselte die Geschwindigkeit des Motors und ließ den Hubschrauber langsam zu Boden sinken.

Noch in der Luft schaltete Claire ihr Funkgerät wieder ein. »Becky? Beck? Hörst du mich?«

Mit einem Knacken ertönte Beckys Stimme aus dem Funkgerät. »Ja, was gibt's?«

»Wir haben sie«, sagte Claire, während sie ihre Augen wieder über den Boden schweifen ließ, um sicherzugehen, dass sie Blaze tatsächlich noch im Blick hatte. »Östlich vom Fluss und vom Nationalpark. Da wo der Zaun zum Fluss hinunterführt.«

»Okay, ich weiß, wo«, gab Becky durch.

»Kommt, so schnell ihr könnt. Wir landen schon.« Dann schaltete Claire ihr Funkgerät aus. Es wurde bei der nun folgenden Aktion nicht mehr gebraucht.

Tatsächlich hatte der Hengst Blaze vom Rest der Herde weggedrängt – in einen Winkel, der links vom Zaun und rechts vom Fluss begrenzt wurde. Hinter ihnen landete Alex mit dem Hubschrauber. Er griff nach dem Gewehr, das er von Killarney mitgebracht hatte, während Claire sich ein langes Lasso schnappte.

Alex entsicherte seine Waffe bereits und lud sie durch. Mit einem kurzen Blick sah Claire, dass seine Hemdtasche voller Patronen steckte. »Wir haben keine andere Wahl«, meinte Alex, als er Claires kritischen Blick bemerkte. »Wir werden ihn erschießen müssen.«

»Nein, warte.« Claire hielt ihn zurück. »Sieh ihn dir doch nur einmal an. Wie schön er ist.«

Tatsächlich war dieser Hengst ein ganz beeindruckendes Tier. Fast schwarz, mit einem hellen Fleck auf seiner Schulter und einer minimalen Blesse auf der Stirn, hatte er eine geradezu majestätische Ausstrahlung. Hinzu kam seine enorme Größe und die breite Brust, unter deren glänzendem Fell die Muskeln spielten.

Sein Verhalten ließ erkennen, dass die Anwesenheit von Claire und Alex eine Bedrohung für ihn und seine Stute darstellte. Nervös warf er den Kopf hin und her und versuchte einerseits Blaze sanft, aber bestimmt zu leiten, andererseits seine menschlichen Gegner im Auge zu behalten und sich zu wappnen.

»Ist er nicht herrlich?«, fragte Claire leise.

»Ich kann auf ihn verzichten«, antwortete Alex ebenso leise und hob die Kimme seines Gewehrs an sein Auge.

Claire ließ sich dennoch nicht von ihrem gerade gefassten Entschluss abbringen. Mit gleichmäßigem und ruhigem Schritt ging sie auf die beiden Pferde zu.

Alex ließ die Flinte sinken. »Was machst du da?«, zischte er Claire an. »Bist du lebensmüde?«

Hätte Claire ihm nicht den Rücken zugewandt gehabt, hätte Alex das sichere Lächeln gesehen, das auf ihren Lippen lag. »Ich gehe meine Stute holen«, antwortete sie.

Zur gleichen Zeit erreichten Becky und Tess eine kleine Anhöhe, von der aus sie das Geschehen beobachten konnten.

»Da sind sie!«, rief Tess und deutete auf die Senke. »Der Hengst ist ja traumhaft.«

Voller Bewunderung konnte sie die Augen nicht von ihm abwenden. »Einfach wunderschön ...«

Becky hatte keinen Blick für die Schönheit des Tieres. Sie kniff skeptisch die Augen zusammen. »Der Hengst ist vor allem wild und gefährlich«, bemerkte sie mit rauer Stimme.

»Was macht Claire denn da?«, fragte Tess, als sie sah, dass ihre Schwester langsam auf den Hengst und die Stute zuging. Das Lasso war das einzige Hilfsmittel, das sie mit sich führte.

Becky kniff ihre Augen noch ein Stück enger zusammen. »Wenn du mich fragst: Sie begeht Selbstmord.«

Claire hatte sich den Pferden schon bis auf wenige Schritte genähert. Alex stand in einiger Entfernung und behielt das Gewehr im Anschlag.

»Schön ruhig«, säuselte Claire Blaze zu. »Schön ruhig, meine Süße. Du kennst mich doch ...«

Der Stute war deutlich anzumerken, dass sie auf Claires Worte reagierte. Sie spielte mit den Ohren, fühlte sich offenbar irritiert. Ihre Instinkte sagten ihr, dass sie zu diesem Hengst gehörte. Ihre Gewöhnung an Menschen aber machte es ihr schwer, sich Claires Worten zu widersetzen.

»Ruhig, Blaze, ruhig«, fuhr Claire mit schmeichelnder Stimme fort. »Wenn du auf meinen Rat hörst, dann lässt du dich mit diesem Kerl besser nicht ein. Er ist nicht besonders nett. Ich sehe es ihm an den Augen an. Komm zu mir. Komm zu mir.« Sie lockte Blaze mit Schnalzlauten. Die Stute wirkte zunehmend verunsichert.

Claire war so konzentriert, dass sie das Motorengeräusch, das sich von hinten näherte, kaum wahrnahm. Das Geschehen vor ihr war das Einzige, was in diesem Moment zählte. Ein Augenblick der Unaufmerksamkeit, und der Hengst würde sie angreifen. Und das könnte fatale Folgen haben – zumindest für sie.

Das Geräusch stammte von Nick, der soeben auf seinem Motorrad die Anhöhe herunterfuhr. Dort traf er auf Tess und Becky, die ebenfalls den Hügel hinabgeritten waren und in unmittelbarer Nähe von Alex standen.

»Komm, Schöne, komm!« Claire gelang es tatsächlich, Blaze mit ihren Worten zu locken. Anstatt sich von dem Hengst weiter in eine andere Richtung drängen zu lassen, bewegte sie sich jetzt verunsichert tänzelnd einen ersten Schritt auf Claire zu.

Der Hengst warf nervös seinen Kopf in den Nacken. Aber er wich Blaze nicht von der Seite. Jetzt versuchte er, die Stute wieder wegzudrängen, und schob sich so weit vor, dass seine Brust vor der von Blaze lag.

»Lass dich nicht auf ihn ein, Blaze«, flüsterte Claire. »Komm zu mir. Zu mir.«

Tatsächlich schien Blaze sich noch mehr angezogen zu fühlen. Sie drängte zu Claire. Aber der Hengst ließ sie nicht und versuchte immer noch, sie in eine andere Richtung zu bringen.

Wieder warf er drohend den Kopf in den Nacken. Er schnaubte wütend, und Claire war gezwungen, Schritt für Schritt rückwärts zu gehen.

»Gib mir meine Stute. Gib mir meine Stute!« Claires Stimme klang jetzt wieder stark und bestimmt. Genau das schien dem Hengst aber nicht zu gefallen. Nochmals warf er den Kopf zurück, schnaubte und zeigte seiner Gegnerin seine breite Brust.

Von ihrem Standpunkt aus beobachteten die anderen atemlos das Geschehen. Als der Hengst bedrohlich nahe an Claire herankam, hob Alex wieder das Gewehr. Er zielte, wollte schießen. Aber bevor er abdrücken konnte, riss Tess den Lauf nach unten. »Nicht! Claire ist viel zu nah dran. Was ist, wenn du danebenschießt?«

In diesem Moment machte der Hengst einen unerwarteten Schritt nach vorn. Er rammte Claire mit dem Kopf an der Schulter. Claire, die für Sekundenbruchteile nur den immer größer werdenden Kopf des Pferdes vor sich gesehen hatte, strauchelte durch die Wucht des Stoßes einige Schritte rückwärts, dann stolperte sie und fiel hin. Damit spitzte sich ihre Lage gefährlich zu.

Sofort bäumte sich der Hengst in seiner ganzen Größe vor ihr auf. Er schlug drohend mit seinen Vorderläufen. Ein einziger Tritt seiner Hufe hätte bereits ausgereicht, um Claires Schädel zu zertrümmern. Seine wirbelnden Huftritte hätte ihr nicht den Hauch einer Chance gelassen, diese Begegnung zu überleben.

Es ist vorbei, schoss es Claire durch den Kopf. Es ist aus und vorbei.

Da vernahm sie das Motorengeräusch, das sie vorhin kaum gehört hatte. Es wurde zu einem lauten Kreischen und mischte sich in das Wiehern des Pferdes.

Jetzt, jetzt geht er auf mich runter, dachte Claire und spürte gleichzeitig, wie ein Impuls durch den Körper des Hengstes ging. Gleich lässt er seine Hufe auf mich niederprasseln. Obwohl ihre Nerven wie gelähmt schienen, schaffte sie es dennoch, sich im letzten Moment herumzudrehen, um ihren Kopf zu schützen. Dann setzte der Hengst mit einem unerwarteten Sprung über sie hinweg.

Er galoppierte, ohne zu zögern, auf seinen neuen Gegner zu: Nick Ryan auf seinem Motorrad, der ebenfalls direkt auf den Hengst zusteuerte. In letzter Sekunde zog Nick das Motorrad seitlich weg, bremste und wendete es, um jetzt das Wildpferd mit kreischendem Motor von der Seite zu verfolgen.

Mit einem Mal war der Hengst in der Defensive. Er schlug noch einige Haken, versuchte durch Ausweichmanöver zu entkommen. Aber von seiner Stute hatte er sich durch Nicks Ablenkung viel zu weit entfernt. Planlos irrte er noch ein paarmal hin und her, dann wendete er plötzlich und galoppierte mit aufgestelltem Schweif davon, während Nick ihm auf dem Motorrad weiter hinterherjagte.

Alex stürzte zu Claire, die immer noch am Boden lag und von dort aus die Flucht des Tieres beobachtet hatte. Mühsam rappelte sie sich auf. Alex reichte ihr seine Hand und half ihr auf die Beine.

»Claire ... du ... du spinnst doch«, sagte er. Seine harschen Worte passten nicht zu dem weichen, fast hilflosen Ausdruck seines Gesichtes. »Du hättest sterben können.«

Claire strich sich das wirre Haar aus der Stirn.

»Es ist nichts passiert.« Claire bemühte sich, das kaum merkliche Zittern ihrer Stimme zu kaschieren. »Du und Nick – habt ihr Lust, heute Abend bei uns vorbeizukommen?«, sagte sie dann mit einem Blick zu Tess, die ebenfalls zu ihrer Schwester gestürmt war. »Wir dachten an Tennisspielen und ein bisschen Grillen.«

Alex sah sie fassungslos an. Wie konnte Claire, nachdem sie dem Tod so nahe gewesen war, Appetit auf Grillwürstchen haben? Er schluckte. »Ja, gern«, antwortete er heiser.

5. Kapitel

Zu Claires Erleichterung hatte Blaze – zumindest äußerlich und auf den ersten Blick – keinen Schaden davongetragen. Ob sie allerdings von dem wilden Hengst gedeckt worden war oder nicht, konnte nur ein Tierarzt feststellen.

Nachdem sich alle wieder einigermaßen beruhigt hatten, stieg Claire auf Oskar, das Pferd ihrer Schwester, um zurück nach Drover's Run zu reiten. Blaze konnte sie auf diese Weise am Zügel mitführen, denn die Stute war viel zu aufgeregt, um geritten zu werden.

Becky hatte sich bereits verabschiedet, weil sie sich auf der Farm um die Schafe kümmern musste. Nun sah Tess sich suchend um.

»Hey, Tess, auf dem Motorrad ist noch ein Platz frei«, rief Nick ihr zu. Mit einem Nicken deutete er lächelnd auf den Sitz hinter sich.

»Du kannst aber auch im Hubschrauber mitkommen, Tess«, bot Alex nun seinerseits an. »Claires Platz ist ja nicht mehr besetzt. Und ich fliege extra vorsichtig.«

»Oh, vielen Dank«, antwortete Tess hastig. Schleunigst setzte sie sich hinter Nick auf das Motorrad. »Es ist ... wegen der Höhe«, gab sie verlegen zu, während sie vorsichtig ihre Hände um Nicks Bauch legte, um sich festzuhalten. »Ich habe Höhenangst.«

Von hinten sah Tess nur, dass Nick seinem Bruder den Kopf zuwandte. Das triumphierende Lächeln aber, das Alex zu sehen bekam, hatte Nick allein für seinen Bruder bestimmt.

Es war bereits Nachmittag, als Claire und Tess zusammen an einem kleinen Auslauf hinter dem Pferdestall standen. Hier hatte Claire die Stute hingebracht. Blaze brauchte jetzt noch ein wenig Bewegungsfreiheit, um sich abreagieren zu können.

Sie war nach all den Erlebnissen noch sichtlich verstört. Erst allmählich beruhigte sie sich wieder. Gleichzeitig aber wollte Claire sie vorerst weiterhin von den übrigen Pferden getrennt halten, vor allem von den Hengsten.

Tess sah Blaze nachdenklich an. »Und wenn sie nun gedeckt worden ist?«, fragte sie. »Wäre das so schlimm?«

Claire zuckte die Schultern. »Zumindest würde das Fohlen nicht in das Zuchtprogramm passen. Die schweren Knochen des Vaters wären wahrscheinlich nicht zu übersehen. Und damit hätten wir ein Zuchtfohlen weniger, das Blaze im Laufe ihres Lebens zur Welt bringen könnte.«

Jetzt erklang vom Hof das vertraute Motorengeräusch eines Wagens. »Da kommt Meg.« Claire stieß sich vom Gatter des kleinen Auslaufs ab, um Meg entgegenzugehen.

Meg lenkte gerade den Pick-up an seinen Platz unter dem Schuppendach. Er stand dort normalerweise neben Tess' Käfer Cabriolet, dessen Innenraum sie zurzeit, weil sie den Wagen kaum benutzte, mit einer Plastikfolie abgedeckt hatte.

Tess wollte ihrer Schwester gerade folgen, doch dann blieb sie wie angewurzelt stehen. Schon von weitem sah sie,

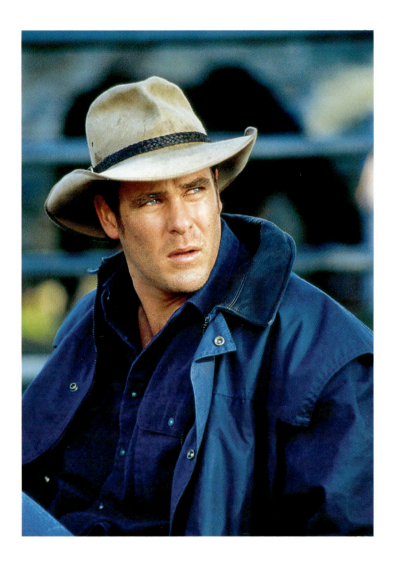

dass der Platz neben dem Pick-up leer war. Der Käfer stand – mit zurückgeschlagener Plastikplane – an der Seite des Schuppens. »Wer hat denn mein Auto dahin gestellt?« Schnell lief Tess zum Schuppen hinüber.

»Tut mir leid, Claire!«, rief Meg, die gerade aus dem Pick-up stieg. »Ich hatte schon gedacht, wir können den Wagen vergessen. Aber Terry hat ihn wieder hinbekommen. Ich habe ihn übrigens gleich nach Killarney gebracht.«

Claire machte ein verlegenes Gesicht. »Ich weiß schon, ich hätte den Wagen besser warten müssen.«

»Tja, das hat Terry auch gesagt«, gab Meg zu. Sie stand neben Claire und betrachtete den staubigen und an einigen Stellen leicht angerosteten Pick-up. Sie seufzte.

»Und Jodi wird denken, Terry und ich hätten das absichtlich getan. Um sonst was zu tun – mitten in der Landschaft.« Sie verschränkte verärgert die Arme. »Sie hätte eben einfach mitkommen sollen. Aber plötzlich hat sie sich geweigert, mit Terry in ein Auto zu steigen.«

»Oh!« Claire wurde schlagartig bewusst, worum sich der Streit zwischen Mutter und Tochter in der Nacht gedreht haben musste. »Ist Jodi etwa hinter euer kleines Geheimnis gekommen?«

Meg sah Claire schuldbewusst an. »So kann man es wohl nennen ...«, sagte sie, während sie und Claire zum Haus gingen. »Ich weiß, ich hätte es ihr längst sagen müssen, aber ...«

In diesem Moment kam Tess zu ihnen. Sie war bei dem Auto gewesen und hielt jetzt einen kleinen Zettel und einen Geldschein in der Hand. »Seht mal hier«, sagte sie. »Benzingeld und ein Gruß von Becky.«

»Ich dachte, sie wollte zurück zur Farm und sich um die Schafe kümmern«, wunderte sich Claire. »Stattdessen hat sie in der Zwischenzeit wohl noch einen kleinen Ausflug gemacht.«

»Das ist typisch Becky.« Megs Miene verfinsterte sich. »Nimmt einfach dein Auto, ohne dich zu fragen. Ich hatte schon öfter den Eindruck, dass sie den Unterschied zwischen ›Mein‹ und ›Dein‹ nicht richtig kennt. Aber ich kann ihn ihr gern noch mal erklären.«

Sie drehte sich bereits um und ging auf Beckys Hütte zu. »Ob ich mit einer jungen Dame ein Hühnchen rupfe oder mit zweien – das macht keinen großen Unterschied. Ich habe genügend Übung.«

Claire sah ihr amüsiert nach. Meg war eine liebenswerte Person. Aber wenn sie sauer war ...

»Und dann ist da noch das hier«, riss Tess sie aus ihren Gedanken und reichte ihrer Schwester einen zerknüllten Zettel. »Er lag im Auto. Auf dem Boden.«

Der Zettel trug den Aufdruck »Gungellan Hotel« und stammte eindeutig aus Beckys Hütte. Als sie noch im Pub gearbeitet hatte, hatte sie sich mit einem ganzen Stapel dieser Notizblöcke eingedeckt. Als Ausgleich für ihren kargen Lohn, wie sie sagte. Dabei hatte Claire den Verdacht, dass die Notizblöcke durchaus nicht das Einzige waren, was Becky aus dem Pub mitgenommen hatte.

Die handschriftliche Nachricht, die sich auf dem Zettel befand, stammte allerdings nicht von ihr. »Halte es hier nicht mehr aus. Fahre per Anhalter nach Sydney«, stand dort. »Gruß, Jodi.«

Claire betrachtete den Zettel und gab ihn dann an Tess zurück. »Ich schätze, anstatt ein Hühnchen mit Becky zu rupfen, wird Meg sich vielmehr bei ihr bedanken können. Dafür, dass sie Jodi noch vor Sydney wieder aufgegabelt hat.«

Auf dem Weg in die Küche musste Claire am Büro vorbei. Aus den Augenwinkeln sah sie das rote Lämpchen des Anrufbeantworters blinken. Es kam selten vor, dass jemand dort eine Nachricht hinterließ. Gespannt drückte Claire auf die Wiedergabetaste. Die vertraute Stimme von Bob, dem Postboten, erklang.

»Hallo, Claire«, begann er. »Ich habe Meg auch schon aufs Band gesprochen, aber ich möchte, dass sie meine Nachricht auch wirklich hört. Oder ihr alle. Schließlich ist die Kleine doch so etwas wie ein Kind in eurem Haus, nicht wahr?«

Claire musste grinsen. Wieder einmal erwies sich, dass selbst in einer so weiten Landschaft so gut wie nichts verborgen blieb.

»Ihr wisst, ich mache Transporte fast aller Art. Und als da heute eure Kleine am Wegesrand stand, da habe ich sie ein Stück mitgenommen. Sie hatte es ziemlich eilig und wollte nach Sydney. Aber durch mein kleines Päuschen hat sie ... nun ja ... Ich habe etwas länger Pause gemacht, und da war der Bus von Gungellan nach Sydney eben schon weg. So ein Zufall.« Er unterdrückte ein Lachen. »Meine Aufgabe ist es eben, Transporte an ihren Bestimmungsort zu befördern, und nicht davon weg. Also, ihr wisst Bescheid. Wenn ich sie morgen in Gungellan laufen sehe, bringe ich sie wieder mit.« Damit legte er auf.

Vom Fenster des Büros aus sah Claire Jodi über den Hof laufen. Sie sah aus wie immer. Vielleicht ein bisschen schlechter gelaunt als sonst.

Claire erinnerte sich sehr gut daran, dass Megs Tochter ihr lange Zeit auf die Nerven gegangen war. Oft genug hatte sie sich wie eine kleine Prinzessin aufgeführt. Aber dass Jodi jetzt sauer war, oder vielmehr enttäuscht, das konnte sie schon verstehen. Selbst wenn Jodi manchmal noch etwas naiv und kindlich wirkte – sie war kein Kind mehr, und es wurde Zeit, dass Meg sie auch nicht mehr wie ein Kind behandelte.

Längst schon hätte Meg ihrer Tochter sagen müssen, was sie mit Terry verband. Und auch wenn es im ersten Moment vielleicht schwer gewesen wäre – Jodi hätte es wohl akzeptiert.

Nun hatte sie es auf diese unangenehme Weise erfahren und völlig kopflos gehandelt. Viele verstörte Teenager hätten in ihrer Lage dasselbe getan und versucht durchzubrennen. Dass sie dabei ausgerechnet auf Bob, den Postboten, gestoßen war, war natürlich Pech gewesen.

Zurück an den Absender!, schoss es Claire unvermittelt durch den Kopf, und sie konnte sich ein Grinsen nun doch nicht verkneifen.

Arme Jodi, dachte sie dann. Aber vielleicht wird ja aus dem momentanen Unglück noch mal dein Glück.

Weder Meg noch Claire konnten sich daran erinnern, wann auf Drover's Run das letzte Mal Tennis gespielt worden war. Tess hatte den alten, vergammelten Platz in einen Ort verwandelt, der aus einem Film vergangener Zeiten zu stammen schien. In einem entlegenen Teil der Scheune hatte sie die alten Korbsessel und einen Gartentisch gefunden. Alles wirkte ein wenig verlebt und alt, aber das steigerte das Pittoreske der Szene umso mehr.

Dazu hatte sie Limonade zubereitet und kleine Snacks gezaubert, die sie auf einer großen Porzellanplatte anrichtete. Claire staunte darüber, was für Schätze sich auf Drover's Run befanden. Solange sie mit Jack hier allein gelebt hatte, war der Haushalt eher praktisch orientiert gewesen. Tess aber grub die schönen alten Dinge wieder aus, die davon kündeten, dass die Farm einstmals wirklich gute Zeiten gesehen hatte.

Tess selbst hatte eines ihrer hübschen Sommerkleider angezogen – zum ersten Mal seit langer Zeit wieder. Der beinahe weiße Stoff machte es zu einem perfekten, romantischen Tennisoutfit. Claire hingegen hatte die rein sportliche Variante gewählt: eine kurze weiße Hose und ein weißes Top.

Als sie sich ihrer Schwester gegenüber in den Korbstuhl setzte, nahm Tess einen wohlbekannten Duft wahr.

»Oh, Parfüm«, stellte sie fest. »Und zwar meins. Wir erwarten Herrenbesuch«, setzte sie mit einem leicht überlegenen Grinsen hinzu, während Claire mit größter Konzentration einen Punkt am Horizont fixierte.

Zusammen saßen die Schwestern nun in den Korbstühlen und warteten auf das Erscheinen der Ryan-Brüder. Endlich klangen vom Hof Motorengeräusche herüber. Alex und Nick Ryan stiegen aus dem Auto. Sie trugen die neueste Tenniskleidung der Saison und waren viel moderner angezogen als die McLeod-Schwestern. »Hallo, Claire«, begrüßte Nick sie schon von weitem. »Belassen wir es für den Anfang bei einem Dreisatzmatch? Heute war doch ein ziemlich harter Tag für dich.«

»Kommt nicht in Frage!«, rief Claire ihm freundlich entgegen. Sie hatte ihren Tennisschläger schon ausgepackt und klopfte aufgeregt mit der freien Handfläche auf die Bespannung. »Fünf Sätze. Dann seid ihr fertig!« Sie lief voraus auf den Court. Nick lief bereits auf die gegenüberliegende Seite.

»Möchtest du vielleicht noch eine kleine Stärkung?«, fragte Tess und bot Alex von ihren Snacks auf der Porzellanplatte an.

Aber der schüttelte den Kopf. »Vielen Dank, vielleicht später. Nick und ich müssen uns erst einmal warmspielen.« Er lief auf den Platz und nahm die verdutzte und aufgeregt zappelnde Claire, die eben einen Ball zu Nick gespielt hatte, auf die Schulter. Er setzte ihr seinen Cowboyhut, den er bisher aufbehalten hatte, auf den Kopf und stellte sie am Rand des Spielfelds ab. »Wir sagen euch Bescheid, wenn wir so weit sind.« Damit warf er einen Tennisball in die Luft und begann das Spiel mit seinem Bruder.

Abwechslungen waren rar auf Drover's Run, und auch wenn sicher jedes Tennisspiel, das im Fernsehen übertragen wurde, spannender war als das Spiel der Ryan-Brüder, fanden sich doch ein paar Zuschauer ein.

Becky stand auf der Veranda und sah, mit einer Flasche Bier in der Hand, dem Spiel zu. Irgendwann kam auch Meg. Sie stellte sich neben das Mädchen und verschränkte die Arme. Nach einer Weile sagte sie etwas zu Becky.

Von ihrem Platz am Tenniscourt aus konnte Claire die Unterhaltung nicht hören. Sicher ging es aber darum, dass Becky Jodi wieder nach Hause geholt hatte, nahm Claire an.

Es war tatsächlich höchste Zeit, dass Meg ihre Vorbehalte gegenüber Becky abbaute. Selbst wenn das Mädchen früher ein wildes Leben geführt hatte – jedem Menschen musste zugestanden werden, dass er sich änderte. Becky hatte die Chance zur Veränderung genutzt. Es war nicht richtig, ihr die Vergangenheit weiter vorzuhalten.

Für einen Moment war Claire abgelenkt, denn die Ryan-Brüder konnten sich nicht ganz auf die Regeln einigen und wurden dabei etwas lauter. Dann sah sie wieder zu Becky und Meg hinüber. Freundschaftlich und offenbar als Dank berührte Meg Beckys Schulter. Dann wandte sie sich um und ging zurück zu ihrem Haus.

»So ein Testosteronüberschuss ist doch etwas Furchtbares«, stellte Tess in diesem Moment fest. »Findest du nicht auch?«

Claire musste grinsen. Auch sie hatte schon den Eindruck gehabt, dass dort auf dem Tennisplatz ein ganz anderer Kampf ausgefochten wurde als der um Sieg oder Niederlage. Vielmehr ging es wohl um das Austragen von Rivalitäten. Um Werbung oder Konkurrenz …

Von Warmspielen jedenfalls konnte schon lange keine Rede mehr sein. Die Ryan-Brüder zählten eifrig ihre Punkte.

»Nimm es einfach als ein natürliches Phänomen«, riet Claire ihrer Schwester. »Es sind eben Männer.«

»Nick hat eine ziemliche Narbe am Bein«, stellte Tess jetzt fest. »Und er hinkt auch ein kleines bisschen. Kommt das von einem Unfall?«

Claire nickte. »Soviel ich weiß.«

Tess zögerte einen Moment. »Er ist süß«, stellte sie dann mit einem kaum unterdrückten Seufzen fest. »Findest du nicht auch?«

Jetzt grinste Claire. Sie nahm einen Schluck Limonade. »Eigentlich sollte ich ihn heiraten. Hatte ich das schon erzählt?«, wandte sie sich an ihre Schwester, die sie mit weit aufgerissenen Augen ansah.

6. Kapitel

An einem der nächsten Vormittage fuhr Claire mit Becky im Pick-up über die Schafweiden. Sie hatten eine Tränke reparieren müssen. Normalerweise ritten sie zu den Weiden, der Pick-up war nicht besonders geländegängig. Vor allem aber benötigte er dringend neue Reifen – die im Moment aber nicht bezahlt werden konnten. Da aber Material für die Reparatur transportiert werden musste, hatte Claire sich doch für die Fahrt mit dem Auto entschieden.

»Merkwürdig«, sagte Claire zu Becky. »Ich habe den Eindruck, der Wagen fährt viel besser.« Versuchsweise drehte sie ein paarmal kurz das Lenkrad hin und her. Tatsächlich gehorchte der Wagen besser als zuvor. Er schien mehr Griff auf dem Boden zu haben.

»Kann sein«, antwortete Becky. Sie war merkwürdig bleich an diesem Vormittag. Dennoch grinste sie über das ganze Gesicht.

Claire sah sie forschend an.

»Ich habe neue Reifen besorgt«, sagte Becky, weiterhin grinsend.

»Was? Neue Reifen? Aber Becky!«, rief Claire aus. »Neue Reifen kosten ein Vermögen. Die kannst du doch nicht einfach so für uns kaufen ...«

Beckys Grinsen wurde noch ein bisschen breiter. »Ich musste sie nicht bezahlen. Ich kenne jemanden in Gungellan, der mir noch etwas schuldet ...«

Bei diesen Worten zog Claire es vor, nicht weiter nachzufragen, was Becky genau meinte. Ihr früheres Leben hatte sich mitunter am Rande der Legalität bewegt. Wer nun wem bei solchen Angelegenheiten etwas schuldig geblieben war, das wollte sie lieber nicht wissen. Oder zumindest im Moment nicht. Früher oder später würde sich schon eine Gelegenheit zur Klärung ergeben – so hoffte sie jedenfalls.

Als sie anhielten und ausstiegen, warf Claire einen kurzen Blick auf die Reifen. Sie waren fast nagelneu und das teuerste Fabrikat, das es überhaupt gab. Claire schloss die Augen und atmete tief durch.

»Nanu? Was ist das denn?« Becky zeigte auf ein winziges grauweißes Pünktchen, dass sich jetzt auf die beiden Frauen zubewegte. Gleichzeitig erscholl helles Blöken.

»Das ist ein Lamm«, stellte Claire fest. »Wie kommt das hierher? So ganz allein?« Sie ging einige Schritte den Hügel hinab, dem Lamm entgegen. Becky folgte ihr. Schon nach wenigen Schritten erreichten sie eine Unebenheit im Boden, die nicht gut einsehbar war, und entdeckten den Kadaver eines Schafes. Er musste schon einige Zeit dort gelegen haben. Jedenfalls hatten sich bereits Fliegen und anderes Getier daran zu schaffen gemacht.

Claire war beinahe sprachlos. »Wie ... wie haben wir das denn übersehen können?«, fragte sie ratlos.

Seitdem sie auf Drover's Run lebte, war Becky schon mit vielen toten Tieren konfrontiert worden. Es schien ihr nie etwas ausgemacht zu haben. Heute aber überkam sie beim Anblick des toten Schafes fast ein Würgen.

»Becky! Ist alles in Ordnung?«, fragte Claire besorgt.

»Es ... es geht schon wieder«, stammelte Becky und atmete ein paarmal tief durch. »Das ... das muss das verwaiste Lamm sein«, sagte sie dann mit einer Kopfbewegung zu dem kleinen Schaf, das auf sie zulief.

Mit wenigen Schritten war Claire bei ihm und nahm es auf den Arm.

»Ein zähes Kerlchen. Es ist ja nicht einfach, ohne Mutter zu überleben«, stellte sie fest, während sie die Rippen des Lamms befühlte. »Aber es ist schon ganz schön abgemagert.« Sie ging zum Pick-up, um das Lamm in die Fahrerkabine zu setzen und es mit auf die Farm zu nehmen.

»Lohnt sich das denn?«, rief Becky, die ihr langsam folgte. »Eine Aufzucht mit der Flasche?«

»Wenn es durchkommt, natürlich«, antwortete Claire. »Dann bringt es Geld wie jedes andere Schaf auch. Und außerdem – ein Baby im Haus zu haben ist doch immer schön.« Sie kraulte dem Lamm die weiche Wolle.

»Ach ja?«, meinte Becky skeptisch. »Na, ich weiß nicht ...«

Claire hörte gar nicht auf Beckys Worte. »Hey, das sind meine Finger«, sagte sie lachend und zog ihre Hand weg, an der das Lamm gierig zu saugen versuchte.

Auf der Einfahrt zur Farm kam ihnen ein Truck entgegen, dem sie ausweichen mussten. Wahrscheinlich hatte er gerade Tess' Mobiliar aus Melbourne hierher gebracht. Sie hatte diesen Umzug schon vor einiger Zeit in die Wege geleitet.

Auf der Farm angekommen lief Becky mit dem Lamm sofort in die Küche, um ihm eine Flasche Milch zu geben, während Claire zum Wohnzimmer ging, die Tür öffnete – und ihren Augen kaum traute. Der Raum war bis obenhin mit Möbeln, Kartons und allerlei Kram vollgestopft.

»Himmel, was ist das denn?«, fragte Claire und schob sich, so gut es ging, in den Raum hinein.

Ihre Schwester strahlte sie an. »Das sind meine Sachen«, verkündete sie. »Und von Mom sind auch noch ein paar Dinge dabei.«

Claire sah sich um. Der bunt zusammengewürfelte Krempel, der hier herumstand, hätte jedem Trödler Freude gemacht.

»Ruth hatte immer schon einen Hang zum Sammeln«, bemerkte Meg und betrachtete mit einer gewissen Skepsis die vielen Gegenstände. Genau wie Jodi hatte sie versprochen, Tess beim Auspacken der Sachen behilflich zu sein. »Ich bin gespannt, ob ich etwas wiederer-... er- ...« Plötzlich verzog Meg das Gesicht. Sie hob die Nase, kniff die Augen zusammen, dann nieste sie laut und kräftig. »Oh, Entschuldigung«, sagte sie schniefend.

»Hey, Jodi, guck mal hier!« Tess hatte einen Gegenstand entdeckt, der sie an ihre Jugendzeit erinnerte. Es war ein indonesischer Buddha. »Den haben meine Mom und ich gekauft, als wir zusammen auf Bali waren. Sehr hübsch, nicht wahr?«

»Buddhas habe ich schon viele gesehen«, antwortete Jodi desinteressiert. Sie hatte gerade eine Dose entdeckt, deren Inhalt ihre Aufmerksamkeit weckte. »Aber was ist das denn hier?« Sie zog ein Kartenspiel hervor, in dem jede einzelne Karte ein komplettes Bild darstellte.

Tess stellte den Buddha beiseite. »Das sind Moms Tarotkarten«, antwortete sie. »Mom hat sich eine ganze Weile dafür interessiert – bis etwas anderes kam.«

Meg nieste schon wieder. »Hier ist wohl eine Menge Staub unterwegs«, stellte sie fest. »Irgendwie ist es merkwürdig, Ruths Sachen wieder zu sehen«, meinte sie dann, nachdem sie sich die Nase geputzt hatte. »Dass sie hierhin zurückgekehrt sind …«

»Iiiih!«, kreischte Jodi in diesem Moment auf. »Was ist das denn?« Sie hatte ein Tuch hochgehoben, und zu ihrem Schrecken kam eine ausgestopfte Katze darunter zum Vorschein.

Claire, die gerade eine balinesische Kappe aufgesetzt hatte und sich damit im Spiegel betrachtete, fuhr herum.

»Taffy!«, rief sie, als sie die Katze erkannte. »Taffy, du bist es? Mit dir habe ich nun wirklich nicht mehr gerechnet.«

»Ja, Taffy! Moms Katze«, erinnerte sich Tess gerührt. Sie lief zu Jodi hinüber und streichelte die Katze innig. »Nachdem sie gestorben war, wollte Mom sie unbedingt weiter bei sich haben. Darum hat sie sie ausstopfen lassen.«

»Und jetzt ist sie nach Drover's Run zurückgekehrt, an den Ort, wo sie eigentlich nichts anderes getan hat, als herumzuliegen und zu schlafen«, meinte Claire.

»… und mich verrückt zu machen«, ergänzte Meg und nieste wieder. »Ich bin doch allergisch gegen Katzen. Also, bei aller Liebe, Tess«, fuhr sie fort, nachdem sie noch ein paarmal geniest hatte. »Die Katze muss wieder weg!« Sie zog in aller Eile ihr Taschentuch aus der Hosentasche und verließ unter lautem Niesen das Wohnzimmer.

»Gut, dass sie nicht gegen Schafe und Kühe allergisch ist«, meinte Claire. Dann zog sie eine wunderschöne lackierte Holzschachtel aus einem Karton hervor. »Nanu, was ist denn das?« Verdutzt musterte sie die Schachtel.

Tess' Augen begannen zu leuchten. »Das ist etwas ganz Besonderes. Das ist Mom.«

Beinahe hätte Claire die Schachtel wieder fallen gelassen. »Wie bitte?«

»Äh … ihre Asche«, erklärte Tess entschuldigend. »Ich habe ihre Asche darin aufbewahren lassen. Ich dachte, auf diese Weise kann ich sie immer bei mir haben.«

Claire bemerkte selbst ihren etwas starren Gesichtsausdruck. »Zweifellos«, sagte sie.

»Einen Platz. Wo finden wir einen schönen Platz für sie?«, überlegte Tess und drehte sich um ihre eigene Achse, um den schönsten Platz im Wohnzimmer auszusuchen.

Ob es Ruth überhaupt recht ist, nach Drover's Run zurückzukehren?, überlegte Claire.

Aber noch bevor sie eine Antwort auf diese Frage gefunden hatte, stieß Tess einen unterdrückten Laut der Begeisterung aus. »Ich weiß es. Jacks Büro! Ich werde sie in Jacks Büro unterbringen. Da können die beiden sich nah sein.« Sie klemmte die Schachtel fest unter den Arm und ging aus dem Wohnzimmer.

Claire sah ihr nach. Ob Tess eines Tages einsehen würde, dass die Liebe zwischen Jack und Ruth irgendwann erloschen war?

Während Tess einen Platz für die Schachtel mit der Asche ihrer Mutter suchte, erinnerte Claire sich daran, dass sie draußen bei den Lämmern zu tun hatte. Meg und Becky begleiteten sie. Die Lämmer mussten geimpft und ihre Schwänze kupiert werden. Anschließend wurden die männlichen Tiere kastriert. Becky erklärte sich bereit, diese Aufgabe zu übernehmen. Weil sie »gerade Laune dazu hatte«, wie sie sich ausdrückte.

»Wie hat es denn eigentlich mit dem verwaisten Lamm geklappt?«, erkundigte sich Claire, während sie sich an die Arbeit machten. »Hast du die Milch in der Küche warm gemacht? Und hat es die Milch auch getrunken?«

Becky nickte. »Ja, ich habe die Milch für das Lamm in der Küche warm gemacht. Es hat sie auch ganz brav getrunken. Und nebenbei, nicht nur das ...« Sie schwieg bedeutungsvoll und grinste.

Claire sah sie fragend an. »Was meinst du damit?«

»Ich meine, es hat nicht nur getrunken.«

»Nicht nur getrunken«, wiederholte Claire grübelnd. »Sondern ...?« Sie sah Becky wieder fragend an.

»Claire«, sagte Becky ungeduldig. »Wer isst und trinkt, der muss auch eben mal ... Es hat ge-...«

»Wie bitte?«, fuhr Meg jetzt auf. »Es hat gekackt? In meine Küche?«

Becky zuckte die Achseln. »Beschwer dich bei Claire. Sie war diejenige, die gesagt hat, dass Babys sooo süß sind ...«

Während die anderen mit den Schafen beschäftigt waren, war nur Jodi im Haus zurückgeblieben, um Tess beim Ausräumen ihrer Sachen zur Hand zu gehen.

Sie gab sich wirklich Mühe, Tess eine Hilfe zu sein. Dennoch wandte sich das junge Mädchen immer wieder dem Tarotspiel zu, das sie in einer der Kisten gefunden hatte.

Sie wird wissen, dass man mit Hilfe dieses Spiels versucht, die Zukunft vorherzusagen, überlegte Tess, während sie Jodi aus den Augenwinkeln beobachtete. Sie war gerade wieder dabei, die Karten durchzublättern, und sah sich die einzelnen Bilder ernst und interessiert an.

Sicher versucht sie herauszufinden, wer einmal ihr Mann werden wird, dachte Tess mit einem Lächeln auf den Lippen. Ich glaube, das hätte ich in ihrem Alter auch getan.

Bis zum Abend schafften sie es immerhin, einige Kisten voller Dinge auszusortieren, die für den Trödler bestimmt waren. Diese wollte Tess bei nächster Gelegenheit nach Gungellan bringen und ein für alle Mal entsorgen.

Irgendwann wollte Meg den Tisch für das Abendessen freigeräumt haben. Es war sicher nicht einfach gewesen, mit einem jungen Schaf in der Küche zu kochen, das auf seine Milch wartete. Schon nach kurzer Zeit wich es Becky, die ihm die Flasche gab, kaum noch von der Seite. Ganz abgesehen von der erhöhten Rutschgefahr, die sich einstellen würde, wenn Becky das Tier nicht rechtzeitig hinausbringen konnte. Aber Meg schien ihre Aufgabe wieder einmal pünktlich bewältigt zu haben.

In aller Eile packte Tess noch ein paar Dinge in einen Karton, dann hatten sie zumindest ein wenig Platz auf dem Esstisch geschaffen.

Sofort griff Jodi wieder nach dem Tarotspiel und sah sich die Karten an. »Tess, was soll denn diese Karte hier bedeuten? Diese ... diese ... Herrscherin?« Sie zeigte Tess die Karte der ›Mäßigkeit‹.

Tess betrachtete das Bild kurz. »Das weiß ich nicht«, sagte sie mit einem Achselzucken. »Es sind nicht meine Karten, und daher durfte ich sie nicht anfassen. Sie dürfen nur von demjenigen berührt werden, dem sie gehören.«

»Oh. Entschuldigung.« Jodi blickte sie ganz betroffen an. »Das ... das wusste ich nicht.«

»Ist ja nicht so schlimm«, antwortet Tess. »Mom lebt nicht mehr. Und wahrscheinlich sollte es so sein, dass du die Karten jetzt hast.«

Ein glückliches Lächeln glitt über Jodis Gesicht. »Oh, danke, Tess. Vielen Dank.«

Einen Augenblick später kam Becky ins Zimmer und danach Claire. Als sie sah, dass sich die Anzahl der Kartons nicht wesentlich reduziert hatte, wandte sie sich an ihre Schwester: »Tess, ich fahre morgen in die Stadt, um neuen Impfstoff für die Lämmer zu kaufen. Wenn du willst, können wir gleich ein paar Kisten zum Trödler bringen.«

»Oh ja«, schaltete Meg sich ein. Sie brachte schon die Platte mit dem Fleisch für das Abendessen. »Und die Katze kommt bitte als Allererstes weg. Sonst kann ich bald nicht mehr arbeiten.« Und gleich wurde sie wieder von einem Niesanfall geschüttelt.

Tess sah Meg mitleidig an und wollte gerade etwas Tröstliches sagen, als Becky sich einschaltete. »Soll dieser Spiegel auch zum Trödler?« Sie fuhr bewundernd mit den Fingern über den geschnitzten Holzrahmen. »Der ist doch wunderschön.«

Tess lächelte. »Ich kann ihn leider nicht mehr gebrauchen. Aber möchtest du ihn vielleicht haben?«

Becky nickte. »Oh ja, gern. Ich bringe ihn gleich hinüber zu mir. Dann ist er aus dem Weg.« Sie packte den Spiegel unter den Arm und schleppte ihn aus dem Wohnzimmer.

Meg sah ihr mit hochgezogenen Augenbrauen nach. »Was ist denn los, Becky? Isst du nicht mit?«

»Nein, danke!«, rief Becky aus dem Flur zurück. »Ich habe keinen Hunger.«

Am nächsten Morgen halfen alle, die Möbel und die Kisten für den Trödler auf dem Pick-up zu verstauen. Claire warf Meg einen verstohlenen Blick zu. Gestern Abend war sie mit einer Lampe, die Tess aussortiert hatte, zu Becky hinübergegangen, denn ihrer Meinung nach war es in der Hütte ziemlich düster. Als sie zurückkam, hatte sie ihre Augenbrauen skeptisch nach oben gezogen.

Zunächst hatte Claire sich darauf keinen Reim machen können. Kurze Zeit später wollte sie sich ein Bier aus dem Kühlschrank holen und war äußerst überrascht. An der Anzahl der Dosen konnte sie sehen, dass der übliche Bierkonsum auf Drover's Run schlagartig zurückgegangen war. Gleichzeitig musste sie heftig überlegen, wann sie Becky das letzte Mal mit einer Dose gesehen hatte. Sie konnte sich nicht genau erinnern ...

Beckys Übelkeit angesichts des toten Schafs, ihre Zweifel daran, ob Babys niedlich waren oder nicht, kein Bier am Abend mehr und die hochgezogenen Augenbrauen einer erfahrenen Frau und Mutter ... Würden sie etwa in absehbarer Zeit anstatt Bierdosen Babynahrung im Kühlschrank aufbewahren?

Leider ergab sich im Moment, während sie Tess' Krempel auf den Pick-up luden, weder mit Meg noch mit Becky selbst ein klärendes Gespräch darüber. Wohl oder übel würde Claire damit eben warten müssen, bis der Augenblick dazu günstiger war.

Meg stellte eine der letzten Kisten auf die Ladefläche des Pick-ups. »Ich gehe mal davon aus, dass Taffy sich in einer dieser Kisten befindet«, sagte sie, ohne ein einziges Mal zu niesen. »Gesehen habe ich sie beim Einpacken nämlich nicht.«

»Keine Angst, sie ist gut verstaut«, sagte Tess schnell. »Ich bin nur gespannt, ob der Trödler sie haben will ...«

Meg schien ihren Einwand gar nicht gehört zu haben. Sie war schon wieder auf dem Weg ins Haus. Wahrscheinlich hatte sie irgendetwas auf dem Herd stehen, das sie nicht lange unbeaufsichtigt lassen konnte.

»Meg, warte mal!«, rief Claire ihr hinterher. Dann folgte sie ihr schon im Laufschritt ins Haus.

Jetzt standen Becky und Tess allein auf dem Hof.

»Tess, kannst du mir etwas aus der Stadt mitbringen?«, fragte Becky.

»Klar, was denn? Vollmilch-Nuss oder Erdbeer-Joghurt-Schokolade?«

Die junge Frau zog einen Zettel aus der Tasche und gab ihn Tess. Die faltete ihn auf und las ihn. Dann riss sie erstaunt die Augen auf.

»Einen Schwangerschaftstest?«

»Anscheinend komme ich von Brian so schnell nicht los«, sagte Becky mit einem bitteren Lächeln.

Tess war sichtlich schockiert. Sie war nicht die Einzige, die wusste, dass Becky vergewaltigt worden war. Aber nur sie und Becky kannten den Täter. Brian Cronin, der Inhaber des »Gungellan Hotel«. In diesem Pub hatte Becky gearbeitet, bevor sie nach Drover's Run gekommen war.

»Becky, hast du denn wirklich Grund zu der Annahme, dass du ...«, begann sie.

Becky fiel ihr ins Wort. »Es sind die üblichen Anzeichen. Ziehen in der Brust, plötzliche Übelkeit ... Ich ... ich weiß noch nicht, wie es weitergehen soll«, sagte sie dann und blickte zu Boden. »Aber ich meine, was kann das Kind dafür, wenn der Vater ein Schwein ist?« Sie kniff die Augen zusammen, als müsse sie ihren Blick schärfen – oder die Tränen unterdrücken.

Tess war erschüttert. Einen Moment lang wusste sie nicht, was sie sagen sollte. »Und was ist mit dir?«, fragte sie dann leise.

Becky zuckte die Schultern. »Ich habe zu tun«, antwortete sie und ging davon.

Noch bevor sie die Haustür erreichte, kam das Lamm hinter ihr her. Es blökte laut und fordernd. »Kannst du mich nicht einfach mal in Ruhe lassen?«, fragte Becky ungeduldig.

Claire war guter Laune, als sie mit Tess nach Gungellan fuhr. Sie erzählte dies und das, während Tess eher schweigsam und grüblerisch neben ihr saß.

Plötzlich aber bekam Claire ein schlechtes Gewissen. Sie hatte leicht reden. Abgesehen von dem Schreibtisch besaß sie noch alles, was einmal Jack gehört hatte. Und so würde es wohl auch bleiben. »Es ist bestimmt nicht leicht, sich von all diesen Erinnerungen zu trennen«, meinte sie deshalb mit einer Kopfbewegung zur vollgepackten Ladefläche.

Tess antwortete nicht. Ihr Blick ging irgendwo in die Weite der Landschaft.

»Wie stehst du zum Thema Abtreibung?«, wollte sie dann unvermittelt von ihrer Schwester wissen.

Claire hätte beinahe das Lenkrad verrissen. »Wie bitte?«, fragte sie entsetzt. Ihre Schwester war ja schon für viele Überraschungen gut gewesen. Aber das …?

Als hätte Tess die unausgesprochene Frage ihrer Schwester gehört, gab sie gleich die Antwort darauf. »Es ist eine ziemlich komplizierte Geschichte.«

Claire konnte ihre Schwester nur für den Bruchteil einer Sekunde zu lang angesehen haben. Plötzlich sah sie aus den Augenwinkeln einen Wagen, der neben der Straße im Graben lag, die Kühlerhaube an einen Baum gequetscht. Abrupt und mit äußerster Heftigkeit trat Claire auf die Bremse. Der Wagen kam ins Rutschen, begann zu schleudern. Tess und Claire wurden hin- und hergestoßen.

Aus! Vorbei!, schoss es Claire durch den Kopf. Gleich würden sie ebenfalls im Straßengraben landen.

Dann griffen die Räder plötzlich wieder. Der Wagen kam unerwartet zum Stehen.

»Bist … bist du okay?«, rief Claire Tess zu, die benommen ein paarmal die Augen schloss und wieder öffnete.

»Ja ... ja ... alles klar«, stammelte Tess.

Ohne lange nachzudenken, stieg Claire aus. Sie lief zu dem verunglückten Wagen hinüber. Einen Augenblick später hatte auch Tess die Situation erfasst und folgte ihr.

In dem Wagen befanden sich eine Frau und ein Mann. Die Frau war über dem Steuer zusammengesunken, der Kopf des Mannes lehnte seitlich am Holm der Tür. Über die rechte Hälfte seines Gesichts rann Blut. Möglicherweise eine Wunde, die von der zertrümmerten Frontscheibe herrührte. Oder auch von einem Aufprall auf das Armaturenbrett.

Claire riss die Tür der Fahrerin auf. Die stöhnte leise. »Hilfe«, wimmerte sie. »Hilfe.«

»Ruhig«, sagte Claire beschwörend, »ganz ruhig. Haben Sie keine Angst!« Ihre eigene Stimme aber klang hilflos.

Tess war unterdessen zu dem Mann gelaufen. Sie fühlte den Puls an seinem Hals und hielt ihre Hand unter seine Nase.

»Er atmet nur schwach«, stellte sie aufgeregt fest. »Und er hat eine böse Verletzung an der Schläfe.«

»Schnell, Tess! Hol das Erste-Hilfe-Paket aus dem Pickup«, wies Claire sie an, während sie versuchte, die um das Lenkrad geklammerten Arme der Frau zu lösen.

Erst als Tess zurückkam, fiel ihr die tiefe Schnittverletzung des Mannes am Bein auf. Wie dumm, dass der Erste-Hilfe-Kurs, den sie damals vor dem Führerschein machen musste, so lange zurücklag. Sie hatte keine Ahnung, was zu tun war. Außerdem war es in Melbourne immer möglich gewesen, innerhalb weniger Minuten einen Krankenwagen herbeizurufen. »Claire, was mache ich damit? Abbinden?«, rief Tess ihrer Schwester zu.

Claire lief auf die andere Seite hinüber. Sie warf einen Blick auf die Wunde und schüttelte den Kopf. »Druckverband«, sagte sie knapp. Sie nahm eine Kompresse aus der Erste-Hilfe-Tasche und drückte sie auf die Wunde des Mannes.

In diesem Moment fing die Fahrerin an zu stöhnen.

Claire zeigte Tess, wie sie die Kompresse anlegen musste, dann lief sie zurück auf die Fahrerseite. Sie versuchte den Sicherheitsgurt zu lösen. Vielleicht ging es der Frau besser, wenn sie ihren Oberkörper zurücklehnen konnte und mehr Luft bekam. Aber weder ließ sich der Gurt lösen, noch konnte der Sitz zurückgeschoben werden. Die Fahrerin war im Wrack eingeklemmt.

»Geoffrey«, sagte die Frau jetzt leise. »Wie geht es ihm? Wie geht es Geoffrey?«

Tess und Claire wechselten einen kurzen Blick. Der Mann schien zu sich zu kommen. Er bewegte ein wenig den Kopf, atmete tiefer.

»Geoffrey hat Glück gehabt«, antwortete Claire und hoffte inständig, dass sie mit dieser Einschätzung halbwegs richtig lag. »Meine Schwester kümmert sich um ihn. Wie geht es Ihnen?«

»Ich habe Schmerzen«, stöhnte die Frau. »Solche Schmerzen. In ... in der Brust.«

»Versuchen Sie ganz ruhig zu bleiben«, sagte Claire, so sanft sie in der Aufregung konnte. »Versuchen Sie gleichmäßig zu atmen.«

»Claire!«, rief Tess jetzt wieder von der anderen Seite des Wagens. »Wir sollten sie herausholen. Ich stehe hier in Benzin ...«

Einen Moment lang verständigten sich die Schwestern nur durch Blicke. Den Verletzten aus dem Auto zu bergen bedeutete möglicherweise, ihm weiteren Schaden zuzufügen. Auslaufendes Benzin aber hieß, dass der Wagen innerhalb von Sekundenbruchteilen in Flammen stehen konnte. Eine wirkliche Wahl blieb ihnen also nicht ...

»Hoffentlich tun wir ihm nicht weh! Hoffentlich tun wir ihm nicht weh!«, murmelte Tess immer wieder, während die Schwestern mit äußerster Umsicht begannen, den Verletzten zu bergen. Sie legten ihn ein Stück weit vom Unfallort entfernt ins Gras. Dann zog Claire ihre Schwester zu sich heran.

»Tess!«, sagte sie leise. »Tess, wir schaffen das nicht allein. Die Frau ist hinter dem Steuer eingeklemmt. Wir bekommen sie allein nicht heraus. Wir brauchen Hilfe.«

Tess biss sich auf die Lippen. »Dann dürfen wir keine Zeit mehr verlieren. Ich fahre zur Farm und rufe den Notarzt.« Sie lief schon los zum Wagen. »Ich bringe Meg mit, dann komme ich hierher zurück.«

Claire nickte. Dann ging sie zurück zu dem Mann. »Machen Sie sich keine Sorgen«, sprach sie beruhigend auf ihn ein. »Wir holen Hilfe.«

Tess drehte den Schlüssel im Zündschloss und legte den Gang ein. Ein schnarrendes Geräusch entstand, als sie vorsichtig Gas gab, aber der Pick-up bewegte sich keinen Zentimeter voran.

»Claire, der Wagen«, rief sie ihrer Schwester verzweifelt zu. »Der Wagen fährt nicht. Ich bekomme den Gang nicht rein. Da muss vorhin etwas kaputtgegangen sein.«

Augenblicklich sprang Claire auf und lief zu Tess hinüber. Panik lag in ihrem Blick. »Was ... was machen wir jetzt?«, fragte sie atemlos.

Tess sah sich kurz um. Sie waren weit von Drover's Run entfernt. Zu weit. Die einzige Möglichkeit war ... »Killarney. Ich laufe zu Fuß nach Killarney.«

»Aber bis dahin ist es ungeheuer weit«, entgegnete Claire.

»Es ist unsere einzige Chance.« Tess öffnete die Autotür und stieg aus. »Wenn ich über die Wiesen laufe, kann ich ein Stück abkürzen.« Damit lief sie los, ohne einen weiteren Gedanken daran zu verschwenden, dass die Schuhe, die sie an diesem Tag trug, für eine Wanderung wirklich nicht geeignet waren.

Tess lief, so schnell sie konnte. Aber der Weg war weit. Ohne Rücksicht auf ihre eigene Verfassung überquerte sie Wiesen und Weiden, lief Hügel hinauf und wieder hinunter, bis nach einer Ewigkeit, wie es ihr schien, endlich Killarney in Sicht kam.

Sie hatte keine Zeit, sich lange mit Klingeln oder Anklopfen aufzuhalten. Sie lief auf den Eingang zu, drückte die Klinke hinunter und stürzte in die Diele. »Hallo?«, rief sie. »Hallo? Ist niemand hier?«

Tess' Blick fiel auf das Telefon, das in der Diele stand. Ohne länger zu zögern, hob sie den Hörer ab und wählte die Nummer des Notarztes.

In diesem Moment kam Liz Ryan aus dem oberen Stockwerk herunter. Als sie Tess am Telefon sah, schrak sie zurück. »Was ... was machen Sie denn da?«

Jetzt hatte Tess die Verbindung mit dem Notarzt. »Hallo, einen Rettungswagen bitte«, rief sie ins Telefon. »Ja, ein Autounfall. Auf der ... der ...« Tess hatte Schwierigkeiten, wieder zu Atem zu kommen. »Auf der Gungellan Road. Zwanzig Kilometer südlich der Stadt etwa. Schicken Sie besser zwei Krankenwagen ... Es sind zwei Verletzte ... Die Frau ist hinter dem Steuer eingeklemmt ...«

Noch bevor Tess wieder auflegte, war Liz hinausgelaufen, um Harry zu informieren. Wenige Augenblicke später kehrte sie zurück. Sie hatte ein Glas Wasser in der Hand und reichte es Tess. »Harry weiß Bescheid. Und Sie trinken erst einmal einen Schluck.« Dann drückte sie Tess in den Stuhl, der neben dem kleinen Telefontisch stand.

»Zwei Stunden«, sagte Tess und biss sich auf die Lippen. Ihr eben noch gerötetes Gesicht war jetzt bleich. »Zwei Stunden brauchen die Rettungswagen mindestens, bis sie von Pinnaroo an der Unfallstelle sind. Und noch mal zwei, bis sie mit den Verletzten im Krankenhaus sind.«

»Alex macht den Hubschrauber klar«, versuchte Liz Tess zu beruhigen. »Wenn es irgendwie möglich ist, wird er die Verletzten damit nach Pinnaroo bringen.«

Auf dem Hof herrschte bereits Hektik. Die Ryan-Männer waren bereit, mit dem Hubschrauber und einem Wagen aufzubrechen. Sie packten Bolzenschneider und verschiedenes Werkzeug ein, nachdem sie von Tess gehört hatten, dass die Fahrerin des Wagens eingeklemmt war.

»Tess«, sagte Liz mitfühlend. »Wollen Sie nicht lieber hier bleiben und sich ausruhen? Sie sind ja völlig erschöpft.«

»Nein, danke, es geht schon«, antwortete Tess und machte einige Schritte auf Harrys roten Range Rover zu. Aber plötzlich knickten ihr die Beine weg, ihr wurde schwarz vor Augen.

Nick fing sie im letzten Moment auf, bevor sie zu Boden fiel. »Tess, bleib besser hier ...«

Aber Tess rappelte sich schon wieder auf. »Nein, nein«, sagte sie schnell, »es ... es geht schon.« Leicht schwankend stieg sie ins Auto.

Bevor auch Nick einsteigen konnte, drückte Liz ihm eine Flasche mit Wasser in die Hand. »Sieh zu, dass sie etwas trinkt«, riet sie mit einer Kopfbewegung zu Tess. »Sonst landet sie selbst auch noch im Krankenhaus.«

Für Claire schien unterdessen die Zeit in unterschiedlicher Geschwindigkeit voranzuschreiten. Auf der einen Seite verflossen die Minuten zäh und unendlich langsam. Wann würde endlich die ersehnte Hilfe eintreffen? Auf der anderen Seite hatte sie das Gefühl, dass für die Verletzten die Zeit immer knapper wurde. Unablässig lief sie zwischen Geoffrey und seiner Frau hin und her.

Geoffrey lag ruhig auf der Wiese. Es war nicht festzustellen, ob er Schmerzen hatte. Er schien sich in einer Art Dämmerzustand zu befinden, der ihn möglicherweise für seine Verletzungen unempfindlich machte.

Seine Frau hingegen war bei Bewusstsein. Immer wieder kam Angst - und auch Panik - über sie. Was wahrscheinlich mit der starken Atemnot zu tun hatte, denn das Lenkrad drückte fest gegen ihre Brust.

Claire ging zu ihr, nahm ihre Hand und streichelte sie vorsichtig. Die Finger waren eiskalt und steif. »Haben Sie keine Angst. Meine Schwester holt den Krankenwagen«, versuchte sie die Frau zu beruhigen.

»Ich ... habe auch ... eine Schwester. Ich bin ... auf dem Weg ... zu ihr«, brachte die Frau mühsam hervor, und auf ihren Lippen erschien der Anflug eines Lächelns. »Sie ... sie heiratet morgen. In Sydney.«

»Oh, wie schön.« Claire versuchte begeistert zu klingen. Sie war froh, die Frau ein wenig ablenken zu können. »Sicher freuen sich schon alle.«

»Ja. Alle ... freuen sich. Und ich ... freue mich auch«, stammelte die Frau. »Auch jetzt ... in diesem Moment.«

Claire hatte plötzlich mit Tränen der Rührung zu kämpfen. Es ging ihr nah, dass diese Frau trotz ihrer Situation Freude für ihre Schwester empfinden konnte.

»Sie ist ... meine kleine Schwester«, fuhr die Frau unter Mühen fort. »Und ich liebe sie sehr.«

»Das ist schön«, sagte Claire und streichelte weiter die kalte Hand. »Es ist schön, wenn Geschwister zueinander halten und sich lieben.«

»Bitte sagen Sie meiner Schwester ... dass ich ihr ... alles Gute wünsche«, fuhr die Frau jetzt fort. »Und sagen Sie ihr ... dass ich sie liebe.«

»Das würde ich gern für Sie tun«, sagte sie. »Aber Sie werden es ihr auch selbst sagen können«, versuchte sie der Frau Mut zu machen.

»Ich ... ich werde ... bei der Hochzeit nicht ... dabei sein können«, sagte die Frau.

»Wahrscheinlich nicht«, antwortete Claire. Es war wohl wirklich utopisch, dass ein Mensch, der in einen solchen Unfall verwickelt worden war, am Tag darauf in Sydney eine Hochzeit feiern konnte. »Aber Sie werden Ihre Schwester anrufen können.«

Mit einem Mal horchte Claire auf. Das schlagende Geräusch eines Rotors klang durch die Luft. Das musste Alex sein! Alex im Hubschrauber von Harrys Farm. Tess hatte es also geschafft. Sie hatte Killarney erreicht und Hilfe geholt! Claire hätte vor Erleichterung weinen können – und vor lauter Stolz auf ihre kleine Schwester.

»Der Hubschrauber!«, rief sie aus und fasste die Hand der Frau, die immer kälter zu werden schien, noch fester. »Meine Schwester hat es geschafft. Sie hat unsere Nachbarn informiert. Sie kommen mit dem Hubschrauber! Jetzt wird alles gut!«

Kaum merklich drehte die Frau ihre Augen ein Stück weiter zu Claire. Sie sah sie mit einem merkwürdigen, durchdringenden Blick an. »Ich werde meine Schwester nicht anrufen. Ich werde nicht anrufen können.«

»Aber natürlich werden Sie anrufen, im Krankenhaus gibt es Telefon ...«, entgegnete Claire tröstend.

Doch auf einmal lief ein Rinnsal Blut aus dem Mundwinkel des Unfallopfers. Er rann langsam das Kinn hinab, streifte Claires Hand und tropfte auf den Rock der Frau.

»Sagen Sie meiner Schwester, dass ich sie liebe. Ich werde nicht anrufen können.« Mit letzter Kraft brachte sie die

Worte heraus. Dann ließ die Erstarrung ihrer Hand plötzlich nach. Ihr Blick wurde undurchdringlich. Von einem Moment auf den anderen fixierten die Augen starr einen Punkt, der nicht mehr in dieser Welt zu liegen schien.

»Nein!«, stieß Claire aus. »Nein! Gehen Sie nicht! Bleiben Sie hier!«, sprach sie auf die Frau ein. Ihre Stimme war plötzlich furchtbar heiser.

Die Frau lag unbeweglich und so weiß, wie Claire noch nie einen Menschen gesehen hatte, über dem Lenkrad ihres Wagens.

Unterdessen landete der Hubschrauber auf der Wiese, wenige Schritte von der Unfallstelle entfernt. Sobald der Rotor stillstand, stieg Alex aus und lief mit einem Erste-Hilfe-Koffer zu Geoffrey.

Nur wenige Sekunden später traf auch Harrys Wagen ein. Während Harry mit dem Funkgerät am Ohr Kontakt mit dem Rettungsdienst hielt und zu Alex lief, war Tess als Erste bei ihrer Schwester. »Claire! Claire! Wir ...« Dann verstummte sie plötzlich. Sie sah die bleiche, über dem Lenkrad liegende Frau, sah das Rinnsal Blut an ihrem Kinn, auf ihrem Rock, auf Claires Hand.

»Claire«, stammelte Tess noch einmal.

Ihre Schwester sah jetzt auf. Über ihr Gesicht liefen Tränen.

»Ich bin gerannt, Claire, den ganzen Weg. Aber ... aber es ist doch zu spät.« Ihre Stimme zitterte.

»Nick! Komm hierher!«, rief Alex in diesem Moment seinen Bruder zu sich, der zunächst zu Tess und Claire gelaufen war.

»Der Rettungsdienst sagt, wir sollen seinen Kopf fixieren und ihn ins Krankenhaus fliegen«, erklärte Harry und klappte die Antenne seines Funkgeräts ein. Dann kniete er sich neben das Unfallopfer und machte aus einem Handtuch, das sich im Erste-Hilfe-Koffer befunden hatte, einen strammen Wickel, den er Geoffrey um den Hals legte. Danach hoben die Ryan-Brüder den Verunglückten vorsichtig auf und transportierten ihn zum Hubschrauber.

»Cassie?«, rief Geoffrey unter Aufbietung all seiner Kräfte, als er merkte, dass man ihn wegtrug. »Cassie, wo bist du? Was ist mit dir? Cassie!«

Und während Harry Geoffrey zu beruhigen versuchte, ohne ihm die schreckliche Wahrheit zu sagen, schossen Claire weitere Tränen in die Augen.

7. Kapitel

Es war ein eigenartiges Gefühl, nach dem, was passiert war, nach Drover's Run zurückzukehren. Hier hatte sich nichts verändert, war der Vormittag ohne besondere Vorfälle abgelaufen, während nicht allzu weit entfernt eine Katastrophe stattgefunden hatte. Becky fuhr gerade mit dem Traktor von den oberen Schafweiden herab. Schon von weitem konnte Claire sehen, dass das verwaiste Lamm kreuz und quer über den Hof lief und seine Ziehmutter suchte.

Meg hatte die nahenden Wagen anscheinend schon gesehen, denn sie kam, mit einen Staublappen in der Hand, nach draußen. Offenbar hatte sie sich erbarmt und die neu eingetroffenen Möbel vom Staub der letzten Jahre befreit.

Ob sie sie entdeckt hat?, schoss es Tess durch den Kopf. Ob sie gemerkt hat, dass ich Taffy in den Wohnzimmerschrank gestellt habe, anstatt sie zum Trödler zu bringen? Gleichzeitig schämte sie sich fast, dass sie nach dem Unfall und dem tragischen Tod der Fahrerin an so etwas Banales wie eine ausgestopfte Katze denken konnte.

Jodi folgte ihrer Mutter. Sie hatte das Tarotspiel in der Hand. Ihre Miene war ungewohnt ernst.

Die Frauen sahen den unerwarteten Ankömmlingen entgegen. Es war zwar der Pick-up der Farm, der zurückkehrte – mit allem, was sie noch am Morgen für den Trödler aufgeladen hatten –, aber er wurde jetzt von Nick Ryan abgeschleppt.

Den Gesichtern von Tess, Claire und Nick war offenbar anzusehen, dass etwas Schreckliches passiert war. Als sie ausstiegen, kam Meg auf sie zu. »Um Himmels willen – ist etwas passiert?«, fragte sie, bevor die anderen ein Wort sagen konnten.

Tess atmete tief durch. Sie fühlte sich jetzt zittriger als während der dramatischen Ereignisse. »Ein Unfall auf der Gungellan Road«, sagte sie. »Ziemlich schlimm. Es muss passiert sein, kurz bevor wir vorbeigekommen sind.« Sie sah sich nach ihrer Schwester um. Aber Claire war bereits damit beschäftigt, die Abschleppvorrichtung zwischen den Wagen zu lösen. Nick half ihr dabei.

»Becky!«, rief Claire dem Mädchen entgegen. »Die neuen Reifen von dir waren Gold wert. Ohne die sähen wir jetzt anders aus.«

Ein unsicheres Lächeln glitt über Beckys Gesicht. »Wenigstens etwas«, sagte sie.

Tess senkte ihre Stimme, während sie Meg und Jodi weiter berichtete. »Claire war fabelhaft. Sie hat Erste Hilfe leisten können und ist die ganze Zeit allein am Unfallort geblieben, während ich nach Killarney gelaufen bin. Der Mann hat überlebt«, fuhr sie jetzt noch ein wenig leiser fort. »Aber die Frau ist leider gestorben. Und Claire hat ihr die Hand gehalten.«

»Hm.« Jodi räusperte sich plötzlich umständlich. »Tess, weißt du, was? Ich habe es gesehen. Hier in den Karten.« Sie hob das Tarotspiel kurz in die Höhe, wie um es Tess in Erinnerung zu bringen. »Egal wie oft ich gemischt habe. Immer lag der Tod obenauf.«

Meg sah ihre Tochter an. Sie hatte offenbar alle Mühe, nicht zu explodieren. Den ganzen Tag war ihr Jodi schon mit diesem Spiel auf die Nerven gegangen. Meg hatte eine Abneigung dagegen. Und das wohl nicht nur deswegen, weil es von Ruth stammte. Sie und Ruth hatten sich im Grunde nie gemocht. Umso ärgerlicher war es jetzt für Meg, plötzlich viele ihrer Dinge wieder um sich zu haben. Taffy hatte ihr dann engültig die Laune verdorben. Denn Taffy, Ruths ausgestopfte Katze, die eigentlich zum Trödler sollte, stand im Schrank, entgegen ihrer Bitte. Um ihr in Ruths Namen weiter das Leben zur Hölle zu machen, wie Meg annahm. Sie war der Grund, warum Meg immer noch pausenlos niesen musste. Meg schenkte Jodi einen weiteren kritischen Blick. Dann schluckte sie ihren Ärger hinunter. »Ich koche uns einen Tee«, sagte sie und verschwand im Haus.

Kurz darauf kamen Tess und Jodi in die Küche. Obgleich Tess bei ihrer Ankunft relativ gefasst berichtet hatte, was vorgefallen war, wirkte sie jetzt deutlich verstörter. Anscheinend bahnte sich das Geschehen erst allmählich den Weg in ihr Bewusstsein.

Meg machte Jodi ein Zeichen, auf keinen Fall wieder von dem Tarotspiel anzufangen und dass sie den Tod darin gesehen habe. Dann stellte sie Meg eine Tasse Tee auf den Tisch.

Tess setzte sich. Ihr Blick war irgendwo in die Ferne gerichtet.

»Vielleicht sollte ich eine Kleinigkeit essen«, überlegte sie. »Oder ein Lavendelbad nehmen. Zur Entspannung. Und vor allem werde ich nachher mal im Internet nachschauen, ob es so etwas wie einen Online-Erste-Hilfe-Kurs gibt.«

Währenddessen war Claire noch draußen beschäftigt. Sie zog die Stricke über der Ladefläche des Pick-ups fest, die sich während der Fahrt gelöst hatten. Und um das Getriebe des Wagens zu reparieren, musste ja nicht der ganze Kram wieder abgeladen werden.

Auch Nick war noch auf der Farm und verstaute gerade das Abschleppseil im Range Rover. Jetzt war er fertig und trat an Claire heran. »Claire, kann ich noch irgendetwas für dich tun?«

Claire schüttelte den Kopf. »Nein, nicht nötig. Vielen Dank. Ich muss gleich noch die Mutterschafe zusammentreiben ...«

»Ich helfe dir dabei«, bot Nick an.

»Danke, aber eigentlich soll Tess das mit mir machen«, schlug sie das Angebot aus. »Meg kann mit Jacks altem Wagen nach Gungellan fahren und den Impfstoff kaufen. Becky kümmert sich um den Pick-up, dann ist alles wieder klar. Bis auf den Trödel meiner Schwester ...«

Nick sah Claire einen Moment irritiert an. »Hör mal zu, Claire«, begann er dann ruhig. »Es besteht kein Grund, auf Teufel komm raus wieder zum Tagesgeschäft überzugehen. Es war ein schrecklicher Unfall. Das geht nicht einfach so an einem Menschen vorbei. Du hast diesem Mann das Leben gerettet. Und was die Frau betrifft ...«

Mit einer etwas heftigen Bewegung schob Claire Nick aus dem Weg, um sich erneut an einem der Stricke des Pick-ups zu schaffen zu machen. »Wir konnten nichts für sie tun. Ich weiß«, sagte sie. »Lassen wir das Thema.« Und während sie sinnlos an einem Knoten herumfummelte, kniff sie ihre Augen unnatürlich fest zusammen.

Sobald Nick Drover's Run verlassen hatte, ging Claire ins Haus. Sie wusch sich die Hände, an denen das Blut der Unfallopfer eingetrocknet war. Und sie verscheuchte jeden Gedanken daran, dass einer der beiden Menschen, dessen Blut an ihren Fingern klebte, in ihren Händen gestorben war.

»Wie sieht es aus, Meg?«, sagte sie in ganz normalem Tonfall, so als wäre dieser Tag wie alle anderen verlaufen. »Kannst du am Nachmittag mit Jacks Wagen nach Gungellan fahren und Impfstoff für die Schafe holen?«

Meg, die am Herd stand, warf Claire einen verwunderten Blick zu. »Sicher«, sagte sie und gab sich Mühe, sich ihre Verwunderung nicht anmerken zu lassen. »Kein Problem.«

»Jodi, du hilfst Becky beim Reparieren des Pick-ups. Und Tess? Wie ist es mit dir?«, fuhr sie fort, während sie versuchte, die braunroten Ränder unter ihren Nägeln zu entfernen. »Wir müssen uns um die Mutterschafe kümmern.«

Tess saß wie versteinert am Tisch und hielt ihre Teetasse umklammert. »Ich wollte eigentlich ein Bad nehmen ...«

»Ach, geh lieber duschen. Das geht schneller«, antwortete Claire leichthin, während sie begann, ihre Kleider auszuziehen. Kurz entschlossen stopfte sie die Jeans und das blutverschmierte Hemd in den Mülleimer. »Wir sehen uns draußen.« Damit verließ sie, nur mit Top und Slip bekleidet, die Küche.

Jodi sah ihr nachdenklich nach. »Ob sie sich noch etwas anzieht, bevor sie wieder rausgeht?«

Tess brauchte noch eine Weile, bevor sie ihrer Schwester folgen konnte. Sie verzichtete zwar darauf, ein ausgiebiges Bad zu nehmen, aber sie nahm sich ein paar Minuten Zeit, um zur Ruhe zu kommen.

Sie holte die Schachtel mit der Asche ihrer Mutter aus Jacks Büro und nahm sie mit in ihr Zimmer. Sie setzte sich auf ihr Bett und umschloss die Schachtel mit ihren Armen.

»Mom«, flüsterte sie. »Mom, ich vermisse dich. Ich vermisse dich jeden Tag. Heute aber ... heute und in diesem Moment vermisse ich dich ganz besonders.«

Als Tess eine Weile später aus dem Haus trat, waren Becky und Jodi schon dabei, den Pick-up zu reparieren. Das verwaiste Schaf stand daneben und versuchte, seine vorwitzige Nase so tief wie möglich in diese Angelegenheit zu stecken. Becky hantierte mit allerlei Schraubenschlüsseln, die Jodi ihr auf Anweisung reichte.

Jodi selbst schenkte der Reparatur keine große Beachtung. Sie hielt ein Buch in der linken Hand, in dem sie aufmerksam las. Ein Buch über Tarot, konnte Tess erkennen.

Tagesgeschäft!, schoss es Tess durch den Kopf, während sie zum Pferdestall hinüberging. Wir gehen einfach wieder zum Tagesgeschäft über, während heute ein Mensch gestorben ist. Ist das nicht eigentlich ein Moment, in dem die Welt stillstehen sollte?

Auf Oskars Rücken ritt Tess zur Schafweide. Ihren Gedanken über Leben und Tod ließ sie dabei freien Lauf. Dann sah sie Claire schon von weitem auf ihrem Pferd sitzen. Sie sieht aus wie immer, überlegte Tess. Was wohl in ihrem Inneren vorgeht? Oder ist sie wirklich völlig ungerührt?

Tatsächlich gab Claire sich alle Mühe, den Vormittag mit all seinen katastrophalen Ereignissen, so gut es ging, zu verdrängen. Sie rief sich ins Bewusstsein, dass sie als Farmerin von Kindheit an immer auch mit dem Tod zu tun gehabt hatte. Und dass sie an seine Allgegenwart gewöhnt war.

Ihr Blick glitt über die Schafherde. Mit einem Mal erinnerte sie sich an den Schafskadaver, den sie am Tag zuvor mit Becky entdeckt hatte. Sie sah das bereits eingefallene Fell vor sich. Den Schädel, dessen Knochen zum Teil schon blank waren und in dessen Kiefern die Zähne steckten. Und wie ein Film, der vor ihren Augen ablief, wanderten ihre Gedanken zu diesem Morgen zurück. Sie sah den verunglückten Wagen, die eingedrückte Kühlerhaube ...

»Claire!«, hörte sie in diesem Moment die Stimme ihrer Schwester. Tess kam auf ihrem Pferd herbeigeritten. Sie lächelte Claire liebevoll an. »Na? Bist du okay?«

Claire ließ ihren Blick weiterwandern. Die Vision hatte sich aufgelöst. »Klar«, antwortete sie, während ihr noch ein leichter Schauer über den Rücken lief. »Wieso nicht? Komm, wir sind spät dran«, fuhr sie nach einem Moment fort und wendete ihr Pferd. »Und pass auf, dass die Schafe nicht durch den Fluss laufen!«

Gemeinsam trieben die Schwestern die Schafe Richtung Drover's Run. Die Tiere trotteten gemächlich vor ihnen her. Sie waren erst ein kleines Stück vorangekommen, als Claire sich unwillkürlich die Augen reiben musste. Was war das? Wurde sie geblendet? Eine merkwürdige Reflexion der Sonne über dem Hügelgrat? Die Schafskörper, die einträchtig nebeneinander herliefen ... Claire glaubte, ihr bloßes Fleisch sehen zu können ... einzelne Rippen, die Wirbelsäule ... Und wieder sah sie das Unfallauto vor sich. Es fuhr. Es fuhr mit der Schafherde ... in der Schafherde ... unweigerlich auf diesen Baum zu ...

»Was ist los?« Tess hatte eine Veränderung an ihrer Schwester beobachtet und ritt sofort zu ihr. Sie hielt Oskar neben Claires Pferd und sah ihre Schwester besorgt an. »Bist du wirklich okay, Claire?«

Sie brauchte einen Moment länger als vorhin, bis sie in die Wirklichkeit zurückfand. »Ja, ja«, sagte Claire dann verstört. »Alles klar. Schon okay ...« Sie gab ihrem Pferd ein Zeichen und ritt voran.

Claire hatte seit ihrer Kindheit beim Schafetreiben mitgeholfen. Sie konnte sich aber nicht erinnern, wann sie jemals so froh gewesen war, mit der Herde die Farm zu erreichen, wie an diesem Tag. Sobald sich die Schafe auf der Weide neben dem Schafstall befanden, verriegelte sie das Gatter und lief über den Hof ins Haus. Bevor sie eintrat, sah sie sich einen Moment um. Irgendwie herrschte hier eine eigenartige Atmosphäre. Es war, als läge etwas in der Luft. Allerdings hätte Claire nicht beschreiben können, was es war. Eine merkwürdige Spannung, als wenn sich etwas Entscheidendes zugetragen hätte, während sie mit den Mutterschafen beschäftigt gewesen war.

Claire sah sich um. Der Pick-up stand mitten im Hof. Becky und Jodi waren noch dabei, ihn zu reparieren. Im Moment aber waren beide verschwunden. Jodis Buch über Tarot lag aufgeschlagen auf dem Boden. Ein wenig abseits des

Pick-ups befand sich eine Pfütze. Das Wasser war gerade dabei, im trockenen Sand zu versickern.

Was soll sein!, rief Claire sich selbst zur Ordnung. Sie werden irgendetwas verschüttet haben. Fang nicht an, überall Gespenster zu sehen! Damit trat sie ins Haus und lief die Treppe hinauf zum Bad.

Ein paar Hände voll kaltes Wasser, das war alles, wonach sich Claire im Moment sehnte. Mit kaltem Wasser die schrecklichen Visionen abwaschen. Sie war sich sicher, dass es ihr danach besser gehen würde. Es musste einfach so sein.

Als sie nichts ahnend ins Bad stürmte, stand plötzlich Becky dort und durchwühlte den Medikamentenschrank. Als sie Claire hereinkommen sah, drehte sie sich schuldbewusst um.

»Sorry«, sagte sie entschuldigend und nahm ein Päckchen Tampons aus dem Schrank. »Ich habe keine mehr. Kommt ein bisschen plötzlich. Aber besser spät als nie.« Über ihr Gesicht huschte ein etwas missratenes Grinsen.

Claire lächelte sie an. »Kann schon mal vorkommen. Kenne ich auch«, sagte sie und ging zum Waschbecken. In diesem Moment fiel ihr Blick auf ein Gewehr, das an der Wand lehnte. Niemand anderes als Becky konnte es hierhergebracht haben. Claire blickte das Mädchen fragend an. »Was soll das Gewehr hier? Was hast du damit gemacht?«

Becky wurde noch eine Nuance blasser. »Ich ... ich habe eine Schlange erschossen. Eine Braunschlange ... im ... im Hühnerstall. Und dann ... na ja, ich habe doch gesagt, es ist ein bisschen plötzlich gekommen, dass ich Tampons brauchte ...«

Claire versuchte den aufkommenden Argwohn zu unterdrücken. Wie konnte Becky eine Schlange im Hühnerstall entdeckt haben – wenn sie mit Jodi auf dem Hof den Pickup reparierte? Hatte ihr Gefühl sie vorhin auf dem Hof doch nicht getäuscht?

Gleichzeitig aber wurde Claire bewusst, dass es besser war, nicht weiter nachzufragen. Jedenfalls jetzt nicht. Was Becky nach wie vor brauchte, war ihr uneingeschränktes und bedingungsloses Vertrauen. Claire wusste, dass Becky ihr Vertrauen nicht missbrauchen würde. Seitdem Becky auf Drover's Run lebte, hatte sie Claire keinen Augenblick Anlass gegeben, an ihr zu zweifeln.

»Okay, dann kannst du es ja jetzt wieder wegstellen. In den Waffenschrank im Büro«, sagte Claire nur, und Becky verließ mitsamt dem Gewehr erleichtert den Raum.

Claire ließ ihre Hände voll Wasser laufen und spritzte es sich ins Gesicht. Dann sah sie in den Spiegel – und schrie unwillkürlich auf.

Hinter ihrem Kopf spielte sich auf einer imaginären Leinwand die Szene des Unfalls erneut ab. Claire sah den an den Baum gedrückten Wagen, die zersplitterte Frontscheibe. Sie sah die offen stehende Fahrertür, die Frau, die über das Lenkrad gebeugt war und um Hilfe rief.

Abrupt fuhr Claire herum. Sofort waren die schauerlichen Bilder verschwunden. Claire fuhr sich nervös durch die Haare.

Weiterarbeiten!, dachte sie. Weiterarbeiten! Das ist das Einzige, was hilft.

In der Zwischenzeit lief Tess unschlüssig auf dem Hof herum und wartete auf die Rückkehr ihrer Schwester. Gerne hätte sie Claire ins Bad begleitet. Sie hatte sich vorhin wirklich komisch benommen. Aber Claire hatte das strikt abgelehnt.

Becky und Jodi waren auch verschwunden. Neben dem Pick-up lag das Tarotbuch, das Jodi schon den ganzen Tag mit sich herumschleppte. Tess bückte sich und hob es auf.

›Der Tod‹ lautete die Seite, auf der Jodi offenbar gerade gelesen hatte. »Diese Karte steht nicht für das tatsächliche Ende eines Lebens. Sie steht vielmehr dafür, dass ein Kapitel zu Ende geht, dass etwas abgeschlossen wird ...«

Tess erinnerte sich, wie Jodi ihr an diesem Vormittag gesagt hatte, sie hätte den Unfall vorausgesehen. Weil sie immer wieder die Karte des Todes gezogen hatte, wie sie angab.

»Dabei bedeutet ein solches Ende nicht immer nur einen Verlust«, las Tess weiter. »Es bedeutet auch immer einen Aufbruch. Einen Aufbruch zu neuen Ufern. Man sollte ihm mit Freude begegnen.«

Auf Tess' Lippen erschien ein melancholisches Lächeln. Der Tod als Aufbruch zu neuen Ufern. Wahrscheinlich war das der Grund, warum sich Ruth vom Tarot wieder abgewendet hatte. Es ist einfach zu kompliziert, sagte sie zu sich selbst.

In diesem Moment kam Becky aus dem Haus. Erst jetzt fiel Tess wieder ein, worum das Mädchen sie gebeten hatte, als sie heute Morgen in die Stadt gefahren waren. Der Schwangerschaftstest ... In welchen Nöten sich Becky wohl befand?

»Becky!« Tess lief auf das Mädchen zu. »Es tut mir leid. Du weißt, wir sind heute nicht bis Gungellan gekommen … Ich habe dir den Schwangerschaftstest nicht besorgen können.«

»Schon okay«, antwortete Becky. »Es hat sich erledigt.« Sie rieb über ihren offenbar schmerzenden Bauch. Dabei lächelte sie so befreit, wie es Tess noch nie bei ihr gesehen hatte. »Es ist alles in Ordnung«, sagte sie. »Es wäre auch zu schrecklich gewesen. Und jetzt sind wir quitt, Brian und ich. Restlos«, fügte sie geheimnisvoll grinsend an. Dann ging sie weiter in Richtung Scheune.

Während Tess noch überlegte, auf welche Weise Becky sich bei Brian revanchiert haben könnte, kam Meg aus ihrem Haus. Sie war also aus Gungellan zurückgekehrt. Den Impfstoff für die Lämmer hielt sie in der Hand. Dann würde es gleich damit weitergehen, und Tess musste sich schleunigst überlegen, wie sie sich von diesen Aufgaben fern halten konnte. Lämmer impfen, kupieren und kastrieren – damit wollte sie nichts zu tun haben!

»Hallo, Tess«, begrüßte Meg sie in ihrer freundlichen, mütterlichen Art. »Geht es dir denn mittlerweile wieder einigermaßen gut?«

Tess zuckte die Schultern. »Nun ja, es ist schon okay«, meinte sie. »Aber natürlich denke ich den ganzen Tag an diesen Unfall«, gab sie zu.

Meg nickte verständnisvoll. »Ja, und das ist völlig in Ordnung. Man muss erst akzeptieren, dass es Dinge gibt, auf die wir keinen Einfluss haben. Dann kann man auch damit abschließen.«

Tess sah sie von der Seite an. »So ähnliche Sachen hat Mom auch manchmal gesagt. Sie meinte, man muss einsehen, dass wir Menschen nicht alles steuern können. Man muss loslassen können.« Unwillkürlich dachte Tess an die Tarotkarte, die Karte des Todes. Ein Kapitel abschließen. Hieß das nicht auch loslassen? Einen Aufbruch zu neuen Ufern wagen?

Meg blickte auf einmal in die Ferne, auf die Wiesen hinter der Farm. Sie atmete tief durch, als müsse sie für das, was sie sagen wollte, erst einmal einen kräftigen Anlauf nehmen. »Tess, es geht um Taffy«, platzte sie dann heraus.

Tess riss überrascht die Augen auf. »Um Taffy?« Sie hatte nicht damit gerechnet, dass Meg so schnell auf das ausgestopfte Tier stoßen würde. Außerdem hatte sie erst noch einen richtigen Platz für sie finden wollen. Ihr provisorisches Versteck im Wohnzimmerschrank war ja tatsächlich nicht allzu raffiniert gewesen. Aber hatte Meg die Katze denn gleich heute entdecken müssen?

»Du hast doch gerade selbst gesagt, man muss loslassen, Tess«, sagte Meg. »Und ich finde, das gilt auch für Taffy.«

»Aber Taffy war Moms Katze«, protestierte Tess. »Sie hatte immer einen Ehrenplatz und ...«

»Also, Tess, hör zu«, fiel Meg ihr jetzt ins Wort. Sie klang plötzlich sehr streng und entschieden. »Ich kann mit all dem dämlichen Trödel von Ruth, der da drinnen rumsteht, leben.« Sie deutete auf das Haus. »Von mir aus. Womit ich aber nicht leben kann, das ist ihre blöde Katze! Ich habe sie noch nie gemocht, und ich bin gegen sie allergisch. Das Vieh muss weg. Und Punkt.«

Tess fehlte der Atem. Sie war einfach sprachlos. Noch nie hatte sie Meg so heftig und so leidenschaftlich erlebt. Aber sie kam gar nicht mehr dazu, ihr eine Antwort zu geben. Denn Meg drehte sich wortlos um und stapfte zu den Schafställen.

Immer wieder gab es Aufgaben, bei denen alle Bewohner von Drover's Run gleichzeitig mit anpacken mussten. Auch das Impfen, Kupieren und Kastrieren der Lämmer gehörte zu den Arbeiten, die im Team erledigt wurden. Obwohl Tess sich lieber davon ferngehalten hätte, musste an diesem Nachmittag auch sie mitkommen. Allerdings hatte sie den festen Vorsatz, sich an den blutigsten Arbeitsabschnitten nicht zu beteiligen.

»Claire, wir könnten das doch eigentlich auch morgen machen«, wagte Tess einen neuen Versuch, die Arbeit zumindest hinauszuschieben. »Wir sind seit dem frühen Morgen unterwegs. Für heute müsste es doch eigentlich reichen.« Normalerweise hätte sie jetzt einen Hilfe suchenden Blick zu Meg geworfen. Aber seit ihrem kleinen Wortwechsel auf dem Hof war das Verhältnis zwischen Meg und ihr ein wenig angespannt. Auch Meg schien das zu spüren.

Aber Claire ließ sich auf Verhandlungen nicht ein. »Ich will es heute schaffen«, erklärte sie. »Morgen gibt es wieder andere Arbeit. Bummelei können wir uns nicht leisten.« Sie sah angespannt aus und erledigte ihre Arbeit mit konzentriertem Ernst.

»Übrigens«, begann Meg jetzt. »Die ganze Stadt redet von dem Unfall heute Morgen. Angeblich ist es dieselbe Stelle, an der letztes Jahr die Ferguesons verunglückt sind. Allerdings hatten sie mehr Glück.«

Tess warf ihrer Schwester einen unsicheren Blick zu. Sie hatte den Eindruck, dass Claire im Moment alles andere besser gebrauchen konnte, als sich ausgerechnet über den Unfall zu unterhalten.

»Dass die Ryans mit dem Hubschrauber gekommen sind, war wohl genau richtig«, fuhr Meg fort. »Der Rettungswagen war erst viel später am Unfallort. Zu der Zeit muss der Mann aus dem Auto schon längst im Krankenhaus gewesen sein.«

Claire sah kurz auf, während sie ein Lamm in die Schale legte, um es zu kupieren. »Geoffrey«, sagte sie leise. »Er heißt Geoffrey.«

Noch während sie sprach, stiegen wieder die Bilder vor ihren Augen auf. Der blutüberströmte Mann, die sterbende Frau im Wagen ...

»Ja, richtig, Geoffrey«, bestätigte Meg. »Und seine Frau hieß Cassie. Cassie Trinder.«

Cassie Trinder!, hallte es in Claires Kopf nach. Cassie!

Wie durch einen Schleier sah sie jetzt ihre Hände, die das Messer an den Schwanz des Lammes setzten.

Blut tropfte aus Cassies Mund, rann über ihr Kinn, floss über Claires Hände ... Cassie Trinder!, hallte eine Stimme in Claires Kopf. Cassie Trinder!

Ohne ihre Bewegungen zu sehen und nachvollziehen zu können, zog Claire das Messer durch – und ließ es gleich darauf fallen. Sie krümmte den Oberkörper und hielt ihre linke Hand fest.

»Claire! Claire! Was ist denn los?« Tess stürzte zu ihrer Schwester und fasste sie mit dem rechten Arm um die Hüfte. Dann griff sie nach Claires linker Hand und bog die Finger zurück.

Quer über Claires Handfläche verlief ein Schnitt. Das Kupiermesser hatte sein Ziel verfehlt und stattdessen Claire selbst verletzt.

»Oh, verdammt!«, stieß Claire aus, während sie sich von Tess freimachte und die verletzte Hand in der unverletzten vergrub. »Cassie!«, sagte sie. »Cassie!«, und ihre Stimme ging in Weinen über.

Erschüttert und fassungslos sah Tess ihre Schwester an. Bis vor wenigen Augenblicken war Claire so stark gewesen. Sie schien den Unfall verdrängt zu haben und fast nicht mehr an ihn zu denken.

»Was ist mit Cassie?«, fragte Tess.

Aus Claires Augen flossen Tränen sintflutartig die Wangen hinunter. »Während du nach Killarney gelaufen bist, habe ich mit ihr gesprochen«, erklärte Claire. »Ich habe ihr versprochen, dass ich ihrer Schwester sagen werde, dass sie sie liebt.« Claire hatte Mühe zu sprechen. Immer wieder wurde sie von Schluchzern unterbrochen.

»Ja, aber … aber das ist doch in Ordnung«, tröstete sie Tess und legte eine Hand auf ihre Schulter.

Jetzt sah Claire ihre Schwester an. »Sie muss geahnt haben, dass ich es nicht tun würde. Sie muss das Gefühl gehabt haben, ich nehme ihre Not nicht ernst.«

Tess sah ihre Schwester fassungslos an. »Aber warum denn? Warum denn, Claire?«

Claires Blick war jetzt starr auf einen Punkt vor ihren Füßen gerichtet. »Weil ich sie nicht nach dem Namen der Schwester gefragt habe.« Dann schlug sie sich die Hände vor das Gesicht und weinte hemmungslos.

Noch an diesem Abend fand auf Drover's Run eine denkwürdige Zeremonie statt. Es war kurz vor dem Abendessen. Die Sonne war untergegangen, und es konnte nicht mehr lange dauern, bis es dunkel wurde. Tess und Claire gingen zusammen durch den Garten. Claires Hand steckte in einem Verband.

»Hoffentlich kann ich morgen damit arbeiten.«

Tess warf ihr einen spöttischen Blick zu. »Du bekommst wohl nie genug.«

»Ich weiß auch nicht, was vorhin mit mir los war«, begann Claire auf einmal. Tess sah sie aufmerksam an. »Ich schäme mich richtig. Dass man sich so gehen lässt ...«

»Ich finde es völlig okay«, antwortete Tess. Sie hob einen kleinen Blumenstrauß, den sie in den Händen hielt, an ihre Nase und roch daran. »Ich finde es ganz richtig, Gefühle zu zeigen.«

»Gefühle zeigen!«, wiederholte Claire. »Die anderen müssen doch denken, dass ich verrückt geworden bin.«

»Das denken sie nicht«, antwortete Tess mit ironischem Tonfall. »Wir wissen, dass du es schon längst bist – verrückt nach Arbeit!«

»Ich finde einfach, man muss mit so etwas normal umgehen«, fuhr Claire fort. Sie trat einen kleinen Stein beiseite, der auf dem Weg lag.

»Dann tu es doch!«, entgegnete Tess. »Schluck nicht einfach alles hinunter. Lass mal etwas an dich heran. Dann wirst du auch damit fertig. Das ist normal. Bei mir klappt es. Meistens jedenfalls ...«, setzte sie mit einem kleinen Lachen hinzu.

Sie kamen jetzt zu einem Baum, von dem einer der unteren Äste sich beinahe waagerecht vom Stamm wegstreckte. Unter diesem Ast hatten Becky und Jodi eine Grube ausgehoben, auf dem Boden daneben stand ein in Tuch gehüllter Gegenstand. Auch Meg war gekommen, um sich die Zeremonie aus einiger Entfernung anzusehen.

Als die Schwestern am Rande der Grube standen, bückte Tess sich und nahm den verhüllten Gegenstand auf den Arm. Sie zog das Tuch herunter. Taffy, die ausgestopfte Katze, kam zum Vorschein.

»Liebe Taffy«, begann Tess nun mit feierlicher Stimme, und die Augen aller Anwesenden richteten sich auf sie. »Du warst eine der glücklichsten Katzen der Welt. Mom hat dich über alles geliebt und dich nach Strich und Faden verwöhnt. Ohne dich wollte sie nicht leben, darum hat sie dich nach deinem Tod ...«

»Ha ... ha ... hatschi!«, tönte es in Tess' feierliche Worte hinein. Es war Meg, die sich ein Tuch vor die Nase hielt und eilig noch ein wenig zurückwich.

»... nach deinem Tod ausstopfen lassen«, fuhr Tess fort. »Dadurch bist du zwar nicht zu Staub geworden, aber zu einem Staubfänger.« Sie konnte sich ein kleines Grinsen nicht verkneifen. »Jetzt aber«, fuhr sie dann fort, »jetzt ist deine Zeit gekommen. Ruth ist ja auch nicht mehr da«, fügte sie mit ernsterer Stimme hinzu. »Und darum ... darum kommst du jetzt in diese wunderschöne Kiste und wirst beerdigt ... hier, auf Drover's Run.« Sie setzte Taffy vorsichtig in eine Kiste, die Becky und Jodi für sie vorbereitet hatten, legte den Deckel darauf und versenkte das Ganze in der Grube. »Leb wohl, Taffy. Das war dein Leben.«

»Ha-tschi!«, machte Meg wie zur Bestätigung.

Tess sah zu ihr hinüber. »Neun Leben hat die Katze«, zitierte sie einen Spruch. »Es sind also noch acht übrig. Denk daran, Meg.«

»Oh, lieber nicht«, antwortete Meg mit verschnupfter Stimme. Sie drückte wieder ihr Taschentuch an ihre Nase, dann verschwand sie eilig.

8. Kapitel

Die ausgestopfte Taffy war nicht das Einzige, was an diesem Abend im Erdloch unter dem Baum beerdigt wurde. Kurz bevor das Loch wieder zugescharrt wurde, verschwand Jodi für einen Moment. Als sie wiederkam, hatte sie das Tarotspiel in der Hand.

»Ich glaube, hier ist es besser aufgehoben«, meinte sie und legte die Karten auf Taffys Kiste. »Man wird zu sehr in die Irre geführt.« Sie schob selbst den ersten Haufen Erde mit dem Fuß darüber. Auf diese Weise beendete Jodi nun ihrerseits ein Kapitel – zwar nicht unbedingt in dem Sinne, wie das Tarot es vorausgesehen hatte, aber immerhin endgültig und unwiederbringlich.

Während der nächsten Tage versuchte Claire herauszufinden, warum Becky an jenem Nachmittag nun wirklich zum Gewehr gegriffen hatte. Aber weder aus Becky noch aus Jodi war ein brauchbares Wort herauszubekommen. Sie hüllten sich wie verabredet in eisiges Schweigen. Claire hatte keine Chance.

Claire erfuhr jedoch, dass man Brian, dem Wirt des Gungellan-Hotels, den Becky der Vergewaltigung beschuldigte, angeblich die Reifen seines neuen Range Rovers gestohlen hatte. Außerdem humpelte er eine Zeit lang – bedingt durch eine Verletzung am Bein, wie er erklärte. Und insgeheim vermutete Claire, dass es zwischen der Vergewaltigung, den Reifen, dem Gewehr und Brians Beinverletzung einen direkten Zusammenhang gab. Vielleicht war es tatsächlich Brian gewesen, der Becky etwas schuldete.

Der schreckliche Unfall und der Tod von Cassie Trinder lagen nun eine Weile zurück. Die furchtbaren Erinnerungen verblassten, und ein besonderer Tag rückte näher: Jodis achtzehnter Geburtstag. Der Tag, an dem die jüngste Bewohnerin von Drover's Run offiziell erwachsen werden würde. Jodi hatte diesem Ereignis seit Wochen regelrecht entgegengefiebert, vor allem dem Vorabend des Geburtstages. Dass dieser Tag würdig begangen werden sollte, war für Jodi klar.

Bis dahin aber ging die Arbeit auf der Farm ihren gewohnten Gang. An einem der folgenden Vormittage sollten die Kälber von ihren Müttern abgesetzt, also getrennt werden. So konnten die Mutterkühe ihre Kälber nicht mehr säugen und erneut trächtig werden. Sie wurden in zwei unterschiedliche Gehege getrieben, die vorerst allerdings noch nebeneinanderlagen.

Tess hatte noch nicht so viel Erfahrung und immer wieder Schwierigkeiten, die Kühe und Kälber in die richtige Richtung zu dirigieren.

»Hopp, da hinein!«, rief sie und trieb ein Kalb vor sich her, das immer wieder auszubrechen versuchte. »Es wird dir schwerfallen, nicht mehr an Mamis Euter hängen zu dürfen. Aber tröste dich – so geht es früher oder später allen Säugetieren. Bei Menschen nennt man das Abstillen«, bemerkte sie amüsiert.

»Der Unterschied ist nur, dass die armen Kälber jetzt weder Karottenbrei noch Spinat bekommen«, ergänzte Claire mit ironischem Grinsen. »Und mit kleinen Löffelchen aus kleinen Tellerchen werden sie auch nicht gefüttert.«

»Oh, das fehlte noch!«, pflichtete Meg bei. »Karottenbrei und Spinat! Es hat mir schon bei Jodi gereicht. Wir mussten das ganze Zimmer neu streichen ...«

Genau in diesem Moment kam Jodi, die mit Becky Stroh für die Kälber gestreut hatte, zu ihrer Mutter. Meg plante am Abend vor Jodis Geburtstag einen netten Grillabend mit den Bewohnerinnen der Farm. Allerdings war Jodi von dieser Idee nicht sonderlich begeistert.

»Mom«, begann sie jetzt, »kann ich Jessica und Emma zum Grillabend einladen? Damit wenigstens ein paar Leute mehr zusammenkommen?«

»Emma und Jessica?«, wiederholte Meg. Ihrer Stimme war deutlich anzuhören, dass sie von dieser Idee nicht sonderlich begeistert war. »Weißt du, Jodi, falls wir doch noch nach Gungellan fahren sollten und da zum Chinesen gehen ...«, begann sie zögerlich. »Das wird mir dann eigentlich zu teuer.«

Jodis Miene verdüsterte sich noch mehr. »Mom, es ist mein achtzehnter Geburtstag«, erinnerte sie ihre Mutter. »Da will ich nicht nur mit dir allein beim Chinesen sitzen. Außerdem kann doch jeder für sich bezahlen.«

»Das kommt nicht in Frage«, lehnte Meg diesen Vorschlag kategorisch ab. »Wie sieht das denn aus? Wie bei armen Schluckern.«

»Wir sind ja wohl auch arme Schlucker«, grollte Jodi. »Und wenn ich selbst für die beiden bezahle?«, machte sie einen neuen Anlauf.

Meg sah ihre Tochter ernst an. »Wovon denn, Jodi? Du schuldest mir noch eine Menge Geld.«

Jetzt war Jodis Stimmung auf dem Tiefpunkt angelangt. »Ein Grillabend auf der Farm oder mit dir allein beim Chinesen. Na, das wird ja ein super Geburtstag!«

Gerade kam Claire von der Seite hinzu. Sie hatte das Gespräch mit angehört. »Du, Jodi«, begann sie. »Ich muss dir auch etwas sagen. Ich habe leider vergessen, ein Geschenk für dich zu besorgen. Aber machen wir es einfach so: Du bekommst einen Tag frei. Okay?«

»Ach ja«, schaltete sich jetzt auch Tess noch ein. »Und von mir bekommst du diesen Rock – du weißt schon, den, den du so magst – geliehen!«

Auf Jodis Stirn ballten sich Gewitterwolken zusammen. Ihre braunen Augen wurden beinahe schwarz. »Vielen Dank«, sagte sie. »Ihr seid echt nett! Das wird ein ganz toller Abend.« Damit drehte sie sich um und stapfte wütend davon.

Dass Jodi mit ihrem Leben auf der Farm unzufrieden war, war für niemanden ein Geheimnis. Anstatt in einer der großen Städte eine Ausbildung zu absolvieren – Modedesign, persönliches Styling oder auch Einrichtungsberatung –, saß sie hier auf Drover's Run und schaufelte Kuhfladen, wie sie sich ausdrückte. Es verging kaum ein Tag, an dem sie sich nicht bei Becky über ihr Schicksal beklagte.

Becky hingegen konnte Jodis Unzufriedenheit nicht verstehen. Für sie war Drover's Run so etwas wie eine Zuflucht, die ihr ein besseres Leben bot, als sie jemals zu hoffen gewagt hatte.

Megs Mitleid mit ihrer Tochter hielt sich ohnehin in Grenzen. Nachdem Jodi ihren Highschool-Abschluss derartig versiebt hatte, fand sie es nur richtig, dass ihre Tochter auf der Farm erst einmal lernte, was Arbeiten bedeutet. Außerdem war dies ein Weg, sich für das Schulgeld, das Jack McLeod für sie bezahlt hatte, zu revanchieren.

Was für Jodi wohl eines der größten Probleme des Landlebens darstellte, war die Tatsache, dass es schwer war, hier draußen Leute kennenzulernen – vor allem Jungs. Sicher war sie nicht die einzige Frau, die mit dieser Problematik zu tun hatte. Was Jodi aber besonders beunruhigte und worüber sie sich mit Becky austauschte, sobald sie sich von den anderen Frauen unbeobachtet glaubte, war die Frage, wie sie zu ihrem »ersten Mal« kommen sollte. Sie fand es einfach unmöglich, mit achtzehn Jahren noch Jungfrau zu sein.

An diesem Abend war Jodi wieder bei Becky, drüben in der Hütte. Meg, Claire und Tess befanden sich im Wohnzimmer der Farm. Der Esstisch war belegt mit allerlei Dingen: bunten Papierschleifen, Girlanden, die darauf warteten, aufgehängt zu werden, großen Mengen von Geschenkpapier und einer großen Collage, an der Meg gerade bastelte. Sie zeigte Jodi in verschiedenen Lebensphasen, vom rosigen Baby über das süße Schulkind bis hin zum Tag ihres Highschool-Abschlusses – auch wenn das ein eher unrühmlicher Moment gewesen war. Aber das sah man dem Foto ja nicht an. Dazu schwebten an den Stühlen rings um den Tisch herum bereits mit Gas gefüllte Luftballons.

Tess sah über den Tisch. »So etwas liebe ich«, sagte sie. »Heimlich eine Party vorbereiten. Und Jodi ahnt nichts.«

Meg schüttelte amüsiert den Kopf. »Keine Spur. Sie ist stinksauer auf ihre blöde Mutter. Hier, seht mal! Mein Geschenk für Jodi. Neben der Party natürlich.« Sie klappte eine elegante längliche Schachtel auf und zeigte sie den McLeod-Schwestern. »Und?«, fragte sie voller Stolz. »Wie gefällt sie euch?«

In der Schachtel lag eine goldene Kette. Der passende Anhänger dazu bestand aus einem goldenen Herzen mit einem kleinen Diamanten in der Mitte. Es war ein wertvolles und liebevoll ausgesuchtes Geschenk, genau das Richtige für einen solchen Geburtstag.

»Wunderschön«, hauchte Tess hingerissen. »Die Kette ist wunderschön.«

»Ja, das ist sie wirklich«, stimmte Claire zu. »Jodi wird sich freuen.«

Meg betrachtete die Kette auch noch einmal in aller Ruhe. »Ja«, sagte sie zufrieden. »Schmuck ist eben immer schön. Ich habe zum achtzehnten Geburtstag auch Schmuck bekommen.«

»Oh, ich auch«, stimmte Tess begeistert zu. »Einen antiken Ring mit Topas und Perlen. Mom muss ein Vermögen dafür ausgegeben haben«, fügte sie schwärmerisch hinzu. »Leider habe ich ihn verloren. Und danach tagelang geheult.«

Claire war für einen Moment hinausgegangen. Als sie zurückkam, stellte sie eine Flasche auf den Tisch. »Und ich habe von Jack das zum achtzehnten Geburtstag bekommen.«

Tess sah kurz zwischen der Flasche und ihrer Schwester hin und her. »Port?«, fragte sie ungläubig. »Du hast zum achtzehnten Geburtstag eine Flasche Portwein bekommen?«

Claire nickte bestätigend und nahm die Flasche noch mal in die Hand, um das Etikett zu lesen. »Das ist etwas Gutes«, stellte sie zufrieden fest. Dann holte sie Gläser aus dem Schrank.

Tess lauschte auf die Geräusche, die von draußen an ihr Ohr drangen. Den ganzen Abend schon kamen die Kühe nicht zur Ruhe. »Was haben die denn?«, fragte sie. »So richtig glücklich klingen sie ja nicht gerade.«

»Die vermissen ihre Kinder«, antwortete Claire ungerührt und goss für jede der drei Frauen ein Glas Port ein. »In den ersten Tagen nach der Trennung ist das immer so. Sie rufen sie unablässig. Aber sie werden darüber hinwegkommen«, meinte sie dann nüchtern und reichte Meg und Tess ihre gefüllten Gläser.

Meg hob ihr Glas gegen das Licht und betrachtete die rotbraune Flüssigkeit. »An meinem achtzehnten Geburtstag habe ich zuerst eine Flasche Baileys gekippt. Dann war ich auf einem Rockkonzert. Und dabei bin ich Kevin begegnet«, erinnerte sie sich mit verträumtem Blick.

Claire hatte inzwischen probiert. »Hm«, machte sie genießerisch. »So was Sanftes.«

Meg betrachtete noch immer gedankenverloren ihr Glas. »Oh ja«, stimmte sie zu. »Das kann man wohl sagen.« Meinte sie jetzt den Port – oder Kevin?

Der Portwein war hervorragend. Er floss samtig die Kehle hinab, beschwor Bilder und Gefühle herauf. Meg, Claire und Tess tranken jede bereits das dritte Glas und schwelgten mit einem Mal in alten Erinnerungen. Erinnerungen an den eigenen achtzehnten Geburtstag und an das, was für alle, die achtzehn werden, untrennbar damit verbunden zu sein schien – erwachsen zu werden.

»Ich erinnere mich gut an mein erstes Mal.« Es war Tess, die nun die privatesten aller Erinnerungen preisgab. »Es war am Strand. Unter einem Sternenhimmel, wie ich ihn nie wieder gesehen habe«, erzählte sie. »Ich habe mich gefühlt, als wäre ich Teil dieses Himmels. Oder als würden wir Teil dieses Himmels. Wir gemeinsam – ein leuchtender Stern, der in all der Dunkelheit und Finsternis nur umso heller strahlte.« Sie seufzte tief. Für einen Moment war sie in die Vergangenheit eingetaucht. »Es war einfach perfekt. Ich hätte es mir nicht schöner wünschen können«, schloss sie. »Und dein erstes Mal?«, wandte sie sich an Claire. »Wie war das? Erinnerst du dich daran?«

Claire prustete unterdrückt. »Natürlich erinnere ich mich daran«, antwortete sie. Sie lehnte sich auf ihrem Stuhl zurück, sodass er auf zwei Beinen kippelte.

»Und?«, bohrte Tess nach. »Wie war es?«

Claire nahm einen kleinen Schluck Port. Sie grinste. Dann ließ sie ihren Stuhl nach vorne kippen. »Das sage ich dir doch nicht«, meinte sie.

Meg lachte. »Um ehrlich zu sein, ich erinnere mich bei meinem ersten Mal vor allem daran, dass Clint Eastwoods Augen auf mich herabstarrten. Es war nämlich im Autokino.«

»Im Autokino? Und war es vielleicht euer erstes Date?«, fragte Tess amüsiert.

»Nein, nein, das nicht«, wiegelte Meg ab. »Ich hatte mir Kevin vorher schon gut angesehen. Wisst ihr ...« Sie setzte sich auf und beugte sich ein wenig vor. Leise begann sie zu sprechen. »Ich denke, so wie ein Mann tanzt, das sagt einfach alles. Daran sieht man, ob er Rhythmus hat. Kevin war ein guter Tänzer. Aber leider ...« Sie sprach jetzt wieder mit normaler Lautstärke und lehnte sich in ihrem Stuhl zurück. »Leider kann man ja nicht die ganze Zeit nur tanzen. Erst ist man verheiratet, dann kommt das Baby ... und dann ist man plötzlich allein.« Mit einem Mal klang Meg bitter. Sie zog die Collage heran, die sie für Jodi gemacht hatte, und betrachtete sie liebevoll. Jodi als Baby, Jodi als Schulkind und Jodi bei ihrem Highschool-Abschluss. »Und das Baby ist plötzlich gar kein Baby mehr«, knüpfte sie an ihre letzten Worte an.

Claire und Tess warfen sich einen Blick zu. Die Kühe draußen riefen noch immer nach ihren Kälbern.

Meg seufzte tief. »Das kann doch nicht sein«, sagte sie. Sie klang traurig. »Dass das jetzt alles schon auf Jodi zukommt. Auf mein Kind. Sie ist doch noch gar nicht so weit.«

Claire sah wieder zu Tess, dann nahm sie die Portflasche und wollte Meg noch einmal eingießen.

Aber Meg zog ihr Glas weg. »Nein, nein, ich gehe jetzt besser schlafen«, sagte sie. »Sonst werde ich noch melancholisch.« Sie trank den letzten Tropfen aus ihrem Glas, nahm ihre Collage und ging hinüber in ihr Haus.

Claire kannte Meg seit Jahren. Sie wusste, dass sie ein ausgeglichener Mensch und meistens guter Laune war. Gerade deshalb spürte sie umso deutlicher, wenn etwas nicht stimmte.

Dass Meg Jodis achtzehnter Geburtstag naheging, konnte sie verstehen. Morgen schon war es so weit. Sicher war es schwer, das eigene Kind in die Welt der Erwachsenen zu entlassen, mit den vielen weniger schönen Erfahrungen, die jeder einmal machen musste. Das war im Tierreich nicht anders als bei den Menschen. Obwohl es schon der zweite Tag war, an dem die Kühe von ihren Kälbern getrennt waren, riefen sie immer wieder nach ihnen. Tess hielt sich die Ohren zu, so sehr taten ihr die Tiere leid.

An diesem Vormittag aber schien es noch etwas anderes zu geben, das Meg bedrückte oder sie einfach verärgerte.

»Alles klar, Meg?«, fragte Claire daher in einem Moment, als sie allein waren. Meg hatte gerade einige Ballen Stroh in das Kuhgehege befördert, das Tess und Becky nun dort auf dem Boden verteilten. Jodi war unterwegs und kontrollierte die Grenzzäune.

Meg sah sich kurz um, ob sie auch niemand hören konnte. »Nicht ganz. Ich hatte heute Morgen eine kurze Auseinandersetzung mit Jodi«, gab sie zu. »Sie hat sich an meinen Sachen bedient. An Dingen aus meiner Nachttischschublade.«

Claire musste ein Schmunzeln unterdrücken. »Fehlt dir etwas? Ich kann dir vielleicht aushelfen. Was brauchst du? Taschentücher? Oder Beruhigungspillen?« Im selben Moment schämte sie sich, dass sie Meg so auf den Arm nahm.

»Kondome!«, zischte Meg. »Sie hat meine Kondome genommen.«

»Oh. Ich kann dir neue mitbringen, wenn ich das nächste Mal nach Gungellan fahre«, bot Claire schnell an. Es war das Normalste von der Welt, dass sich die Frauen gegenseitig etwas aus der Stadt mitbrachten. Schokolade zum Beispiel. Oder Zeitschriften. Warum nicht auch Kondome?

»Aber darum geht es doch überhaupt nicht ...«, schimpfte Meg.

»Claire!«, drang in diesem Moment Jodis Stimme zu ihnen herüber. »Claire, kann ich den Wagen haben? Ich muss in die Stadt.« Es war nicht zu übersehen, dass die junge Frau etwas Besonderes vorhatte. Sie trug ein bauchfreies Top und die engsten Jeans, die sie besaß. Außerdem hatte sie sich geschminkt und die Haare elegant und gleichzeitig lässig hochgesteckt.

Meg war sprachlos. Tess und Becky ließen ihre Heugabeln sinken und kamen zu den anderen herüber.

Dass jemand von ihnen den Wagen brauchte, war nichts Besonderes. Claire schaltete daher in diesem Moment einfach nicht richtig. »Von mir aus ... Klar kannst du den Wagen haben.«

»Claire! Nein!«, zischte Becky ihr zu.

Erst jetzt erfasste Claire die Situation richtig. »Ach, nein, das geht doch nicht«, rief sie schnell. »Wir brauchen den Wagen hier. Außerdem, hast du die Grenzzäune überhaupt schon kontrolliert?«

»Morgen mache ich weiter«, antwortete Jodi. »Du hast doch gesagt, ich bekomme einen Tag frei. Und der ist dann eben heute.«

»Was hast du überhaupt vor?« Meg besann sich gerade wieder auf ihre mütterliche Autorität, die zumindest heute noch bestand. Noch war Jodi keine achtzehn!

»Mom, ich will in meinen Geburtstag reinfeiern«, antwortete Jodi. »Ich möchte einen Abend, an den ich mich erinnern kann. Er soll etwas Besonderes sein.«

»Und ... und was ist mit dem Grillabend?«, fragte Meg hilflos. »Oder vielleicht dem Chinesen?«

»Heute Abend ist Karaoke im Pub. Das wird sicher lustig. Die Würstchen können wir auch morgen noch essen«, gab Jodi gleichmütig zurück.

Jetzt preschte Tess vor. »Jodi, ich habe eine fabelhafte Idee«, sagte sie mit etwas aufgesetzt wirkender Begeisterung. »Wir können den Grenzzaun heute zusammen abreiten. Und ab morgen mache ich es dann für den Rest der Woche, weil du Geburtstag hast.«

Jodi lächelte. »Vielen Dank, Tess. Das ist sehr nett. Aber ehrlich gesagt ...« Sie deutete auf ihre Kleidung. »Ehrlich gesagt bin ich dafür nicht angezogen.«

»Also, Jodi, verflixt noch mal!«, brach es jetzt aus Meg heraus. »Ich will nicht, dass du in die Stadt fährst!«

Jodi sah ihre Mutter empört an. »Mom, morgen bin ich achtzehn, und heute willst du mir noch verbieten ...«

»Du verpasst sonst deine Überraschungsparty!« Jetzt konnte Meg nicht länger an sich halten.

Jodis Gesichtszüge veränderten sich schlagartig.

»Die ... was? Die Überraschungsparty? Wirklich?«

»Ja. Es gibt keinen Grillabend. Und auch kein Essen beim Chinesen«, sagte Meg matt.

»Ist das ehrlich wahr?« Jodi kam jetzt langsam auf die anderen zu. Sie öffnete ihre Arme und fiel ihrer Mutter um den Hals. »Es gibt eine Überraschungsparty? Für mich?«

»Jaaa«, sagten Becky, Tess und Claire lang gezogen und wie aus einem Mund. »Überraschung!« Und es klang ein kleines bisschen lahm.

Eigentlich war es ein kleines Wunder, dass Jodi von all den Vorbereitungen nichts mitbekommen hatte. Seit Wochen hatte Meg alles organisiert. Sie hatte Leute eingeladen, einen DJ bestellt, die Scheune geschmückt und vor allem in den letzten Tagen ein reichhaltiges Büfett vorbereitet. Sie war wirklich pausenlos hin- und hergelaufen.

Claire ging ihr jetzt bei den allerletzten Vorbereitungen in der Scheune zur Hand. Gerade war sie auf dem Weg in die Waschküche, um einen Hammer zu holen, mit dem die Nägel für die Girlanden eingeschlagen werden sollten.

Auf der Türschwelle blieb ihr Blick plötzlich an etwas haften. Sie sah genauer hin, dann ging sie in die Knie, um den Gegenstand aufzuheben. Es war ein kleines blaues Tütchen. Oder besser gesagt: zwei Tütchen, die durch eine Stanznaht miteinander verbunden waren: Kondome.

Claire drehte die Tütchen einen Augenblick in ihren Fingern. Ein Lächeln huschte über ihr Gesicht, dann steckte sie die Kondome eilig in ihre Jeanstasche. Heute Abend noch sollten die Kondome zu ihrer Besitzerin zurückfinden.

Tess hatte sich schon lange danach gesehnt, einmal wieder unter Leute zu kommen. Sie freute sich darüber, ihre Jeans gegen ein olivgrünes Samtkleid tauschen zu können. Dazu legte sie Schmuck an, den sie noch mit ihrer Mutter zusammen auf Bali gekauft hatte.

Kurz bevor es losgehen sollte, ging sie in Claires Zimmer. Die Schwester hatte für die Party eine weiße Jeans und ein hellblaues Jeanshemd ausgewählt.

Tess blieb wie angewurzelt im Türrahmen stehen. »Du trägst heute Abend deine Party-Jeans?«, stellte sie fest.

»Ja. Stimmt etwas nicht damit?«, fragte Claire und betrachtete sich zufrieden im Spiegel.

Tess kam näher. Sie setzte sich auf das Bett, während Claire sich weiter vor dem Spiegel drehte und wendete. »Also. Ich kenne dich in Arbeitsjeans und Jeans für zu Hause«, zählte sie an ihren Fingern auf. »Dann gibt es noch Jeans für das Rodeo und Jeans für die Party. Machst du dich nie hübsch?«, wollte sie wissen.

Ganz offenbar verstand Claire das Problem ihrer Schwester nicht. »Die Party findet in der Scheune statt. Und ein achtzehnter Geburtstag ist doch kein förmlicher Anlass«, wandte sie ein.

»Das nicht«, gab Tess zu. »Aber man kann doch trotzdem etwas aus sich machen. Man weiß nie, wen man trifft.«

Claire wiegte den Kopf. »In diesem Fall glaube ich das schon zu wissen«, entgegnete sie. »Einen Haufen achtzehn- bis zwanzigjähriger Lümmel nämlich. Und die unvermeidlichen Ryan-Brüder.«

Wenig später fanden sich auf dem Hof zahlreiche Autos ein. Spätestens jetzt musste Jodi klar werden, dass Meg nicht nur ein »paar Leute« eingeladen hatte, sondern ungefähr alle jungen Leute aus der Gegend um Gungellan. Sie und Terry, Tess und Claire und die Ryan-Brüder bildeten dabei die ältere Generation.

Meg, die bisher alles im Griff zu haben schien, wurde nun doch nervös. Auch sie hatte sich umgezogen. Zum Ehrentag ihrer Tochter trug sie ein elegantes dunkles Etuikleid. Sie trug ihre Perlenkette und die passenden Ohrstecker und hatte sogar etwas Make-up aufgelegt. Und jetzt war es endlich so weit: Sie lief zu dem gemeinsamen Haus und holte Jodi ab.

In der Scheune wurde das Licht gelöscht. Alle waren mucksmäuschenstill. »Ob Jodi das alles hier erwartet?«, fragte Tess leise. Sie stand neben ihrer Schwester. Claire hatte sich überreden lassen, an diesem Abend wenigstens die Frisur zu verändern. Ihre Haare waren lässig hochgesteckt und umrahmten ihr hübsches Gesicht auf besondere Weise.

Hinter den Schwestern standen Alex und Nick Ryan.

»Normalerweise erwarten junge Mädchen von ihrem achtzehnten Geburtstag noch viel, viel mehr«, raunte ihr Alex von hinten ins Ohr.

Tess konnte ein Lachen kaum unterdrücken. Und sie fragte sich, wen diese Erwartung mit mehr Aufregung erfüllte: Jodi oder ihre Mutter, die das, was Alex vermutete, ebenfalls zu ahnen schien.

In diesem Moment hörte man, wie das Metalltor des Schuppens ein wenig zur Seite geschoben wurde. Gleichzeitig ging das Licht an.

Jodi und Meg standen Arm im Arm im Eingang der Scheune. Jodi hatte sich für diesen Abend besonders hübsch gemacht. Sie trug ein eng anliegendes, kurzes Kleid aus rosa Satin und darüber eine zarte hellrosa Strickjacke. Ihre Haare fielen in einer Kaskade kleiner Ringellöckchen über ihre

Schultern. Ihre Augen blitzten, was einerseits auf ihr Makeup zurückzuführen sein konnte, andererseits aber einfach von der Freude und Überraschung herrühren mochte. Um ihren Hals blinkte das goldene Herz mit dem Diamanten, das ihre Mutter ihr zum achtzehnten Geburtstag geschenkt hatte.

Als Jodi die vielen Leute sah, die zu ihrem Geburtstag gekommen waren, stieß sie einen kleinen glücklichen Schrei aus. »So viele Leute ...«, begann sie. »Und ihr seid alle wegen mir ... wegen mir hierher ...«

»Eins, zwei, drei ...«, wurde sie aber von einer anderen Stimme unterbrochen. »Happy birthday to you!«, sang die Menge und übertönte Jodis anhaltende Jubellaute.

Es war nicht zu übersehen, dass Jodi sich großartig amüsierte. Immer wieder kamen noch neue Gäste hinzu, wobei Claire und Tess nicht entging, dass ein gewisser Craig Woodland sie besonders zum Strahlen brachte.

Meg beobachtete den jungen Mann mit besonderer Aufmerksamkeit. Vor allem, als er mit Jodi zur Tanzfläche ging.

»Willst du wissen, ob er Rhythmus hat?«, fragte Claire, als sie bei einem kleinen Rundgang durch den Partyraum bei Meg vorbeikam. »Du sagtest doch, man sieht es beim Tanzen«, setzte sie schmunzelnd hinterher.

Meg warf ihr einen eigenartigen Blick zu. Einen Blick zwischen Glück und Melancholie.

»Übrigens, ich habe etwas für dich«, fuhr Claire fort, bevor Meg antworten konnte. Sie zog etwas aus ihrer Jeanstasche und reichte es Meg in der geschlossenen Faust. »Hier.

Von Tess und mir können die nicht sein. Wir haben im Augenblick keinen Bedarf.«

Meg öffnete kurz ihre Hand. Als sie sah, dass Claire zwei kleine blaue Tütchen hineingelegt hatte, fuhr sie zusammen. »Wo ... Woher hast du die ...?«, stammelte sie.

»Sie lagen direkt vor der Waschküche«, erklärte Claire. »Du musst sie beim Transportieren all dieser Sachen verloren haben.«

Trotz der Partybeleuchtung war zu erkennen, dass Meg blass geworden war. Sie schüttelte den Kopf. »Nein. Wie sollte ich beim Transport von kalten Platten ... Die Kette!«, stieß sie dann aus. »Ich muss die ... die Dinger verloren haben, als ich euch die Kette für Jodi gezeigt habe. Die lag auch in der Nachttischschublade. Ich ... ich muss beides zusammen gegriffen haben ...« Meg war sichtlich verstört.

»Beruhige dich. Jetzt hast du sie ja wieder«, sagte Claire tröstend. »Und es hat auch niemand mitbekommen.«

»Ja, ja, schon. Ich habe sie wieder«, sagte Meg. Sie wurde fast noch blasser. »Das heißt ... das heißt aber auch ... oh, mein Gott!«

»Das heißt auch, dass Jodi wahrscheinlich keine hat«, schloss Claire. Aber noch bevor sie den Satz zu Ende gesprochen hatte, war Meg davongerannt.

Während Claire ihren kleinen Rundgang fortsetzte, waren die Ryan-Brüder mit der Bowle beschäftigt, die Meg speziell für diesen Abend zubereitet hatte. Offenbar war sie gut gelungen, denn Alex war gerade dabei, sein Glas aufzufüllen.

»Na, Claire?«, fragte er, als diese wieder zu ihnen stieß. »Bist du auch froh, wenn du es hinter dir hast? Ich meine, den Stress mit dem Tanzen und dass man immer jemanden auffordern muss?«

Nick sah seinen Bruder grinsend an. »Du musst dir ja keinen Stress daraus machen«, entgegnete er. »Du fragst die Damen einfach der Reihe nach. Irgendeine wird sich schon erbarmen.«

Genau in diesem Moment stieß Tess zu ihnen. »Hey!«, rief sie aufgedreht. »Ich habe eine Ewigkeit nicht mehr getanzt. Komm, Alex! Zeig, dass du nicht nur reiten und Hubschrauber fliegen kannst!« Damit zog sie Alex, ohne dass dieser sich wehren konnte, auf die Tanzfläche.

9. Kapitel

Kurze Zeit später stand Tess etwas ratlos neben der Tanzfläche. Alex hatte die üblichen drei Songs mit ihr getanzt und sich dann mit dem Hinweis, noch einen Schluck Bowle trinken zu wollen, verabschiedet.

Sie hatte sich nichts anmerken lassen – insgeheim musste Tess sich aber eingestehen, dass es ihr einen Stich versetzt hatte. Sie beschloss, kurz hinüber ins Haus zu gehen, ins Bad. Das war immer ein gutes Mittel, um die Gedanken zu ordnen.

Auf dem Weg über den Hof bemerkte sie plötzlich eine Gestalt, die auf dem Gatter bei den Kälbern und Kühen saß. In der Dunkelheit konnte sie zwar nicht erkennen, wer es war, aber es schien sich um ein Mädchen mit blonden Haaren zu handeln.

Einen Moment zögerte Tess. Sollte sie zu ihr gehen und fragen, ob alles in Ordnung sei? Dann aber fiel ihr ein, dass sie selbst bei Partys früher ab und zu allein sein wollte – und dass ein bisschen Liebeskummer zu beinahe jeder Teenie-Party gehörte.

Als Tess zurück in die Scheune kam, wirbelten Claire und Alex gemeinsam über die Tanzfläche.

Sie geben ein gutes Paar ab, schoss es Tess durch den Kopf. Sie passen zusammen, äußerlich wenigstens: Claire mit ihren unvermeidlichen Jeans und Alex mit seinem weißen Rodeo-Hut, den er auch bei dieser Party nicht ablegte.

Tess' Blick wanderte unsicher zu Nick, der gerade zu ihr herüberkam. »Hast du Lust zu tanzen?«, fragte er.

Sie sah noch einmal zu Alex und Claire. Sie hatten sich an den Händen gefasst und tanzten eine Art Rock 'n' Roll.

Tess nickte. »Ja, gern.« Aber es lag eine Unsicherheit zwischen ihnen. Sobald sie auf der Tanzfläche waren, sahen sie sich einen Moment verlegen an. Dann tanzten die beiden, jeder für sich und ohne einander zu berühren.

Aber schon wenige Takte später war der Song zu Ende. Es folgte ein langsamer Blues. Überall fanden sich die Partner, die eben noch frei getanzt hatten, zu Paaren zusammen. Nick schenkte Tess einen auffordernden Blick und hob als Einladung seine Hände. Tess lächelte. Dann fasste sie Nicks erhobene linke Hand mit ihrer rechten und legte ihre linke auf seine Schulter.

Die Musik war sanft und romantisch. Nick bewegte sich langsam im Rhythmus der weichen Klänge. Er sah Tess mit einem undefinierbaren Blick an und zog sie an sich heran, sodass sich ihre Körper berührten.

Tess hatte Mühe, sich den fließenden Bewegungen zu überlassen. Immer wieder beobachtete sie Claire und Alex, die sich sehr nahe gekommen waren. Irgendwann aber schmiegte sie sich näher an Nick an, lehnte ihren Kopf an seine Brust, und sie tanzten eng umschlungen.

Nach einer ganzen Weile wurde die Musik unterbrochen. Der DJ kam hinter seiner Anlage hervor und sang ein Solo. Ein Solo für das Geburtstagskind. Dann überreichte er Jodi eine rote Rose und gewann damit sofort ihre Zuneigung. Craig Woodland, der Jodi eben noch zum Strahlen gebracht hatte, war für die nächste Zeit wahrscheinlich abgemeldet, wenn nicht gar für sein ganzes Leben.

Meg beobachtete die Szene mit Tränen in den Augen. Wenn Jodi ihrer Mutter nacheiferte, war dieser junge Mann möglicherweise ihr zukünftiger Schwiegersohn.

Tess kam die Unterbrechung des Tanzes nicht ganz ungelegen. Sie hatte sich an Nicks Brust zwar sehr wohl gefühlt, aber sie befürchtete, dass alles ziemlich verwirrend werden könnte ...

»Ich gehe mal kurz hinaus«, informierte sie Nick leise. Dann huschte sie, noch bevor die Darbietung des DJs beendet war, zwischen den lauschenden Gästen nach draußen.

Der Mond stand voll und rund am Himmel. Tess sah hinauf. Wie viele Jahre waren seit ihrer eigenen Teenie-Zeit wohl vergangen? Es schien noch nicht lange her zu sein. Hatte sie nicht eben noch daran gedacht, dass damals ein kleines bisschen Liebeskummer oder zumindest Verwirrung zu jeder Party dazugehört hatte? Jetzt fühlte sie sich fast wieder wie früher, in der guten alten Zeit.

Die Schritte, die sich unterdessen lautlos näherten, hörte sie nicht.

»Ganz schön warm da drinnen, nicht wahr?«, sagte Alex plötzlich hinter ihr.

Tess fuhr herum. Ein Lächeln breitete sich auf ihrem Gesicht aus. Der Unterschied zu den Partys ihrer eigenen Jugend bestand darin, dass man heute doch nicht mehr einsam und allein im Mondschein stehen blieb. So sah es im Moment jedenfalls aus.

»Ja, es ist warm. Haufenweise schwitzende Teenager«, stimmte sie Alex' Worten zu.

»Wir könnten uns ja im Fluss abkühlen«, schlug Alex vor.

»Spinnst du?«, lachte Tess auf. »Der ist doch eiskalt.«

Alex kam näher und grinste Tess an. »Das ist doch gar nicht das, was dich stört«, sagte er. »Du hast bloß Angst vorm Nacktbaden.«

»Oh nein, das stimmt nicht«, protestierte Tess. »Ich gehe öfter nackt baden.«

»Natürlich. Im Stadtpark von Melbourne«, bestätigte Alex mit ernster Stimme. Er trat noch näher an sie heran.

Tess überhörte seinen dreisten Einwurf einfach. »Dir geht es doch um etwas ganz anderes«, sagte sie. »Du denkst, wenn wir nackt baden, führt das zu etwas.«

Alex wagte sich weiter vor. Tess spürte seinen Atem an ihrem Ohr. »Wäre das so schlimm?«, fragte er.

Unmerklich wich Tess ein wenig zur Seite. »Ich finde, man kann sich zuerst einmal unterhalten. Sich besser kennenlernen. Hast du noch nie davon gehört, dass ein Mann und eine Frau eine Nacht miteinander verbringen können, ohne Sex zu haben?«

Alex kratzte sich demonstrativ am Kopf. »Auf welchem Planeten war das noch gleich?«

»Hier, auf diesem Planeten«, erwiderte Tess lachend. »Auf dem Planeten Erde. Und das heißt nicht, dass sie schwul sind oder sonst was.«

Jetzt sah Alex sie mit einem überlegenen Grinsen an. »Tess, du fällst auch auf alles rein. Natürlich sind diese Typen schwul. Sie haben es dir nur nicht gesagt.«

»Das ist nicht wahr!«, protestierte Tess energisch. »Ich habe mich zum Beispiel mit Carl einmal eine ganze Nacht über Nelson Mandela unterhalten. Im Bett. Und Carl ist nicht ...«

»Vorsicht, eine Schlange!«, rief Alex plötzlich. Er fasste Tess um die Taille und zog sie an sich heran.

Tess kreischte auf. »Wo? Wo ist sie?« Sie machte unwillkürlich einen Satz.

Ihr Gesicht und das von Alex waren sich plötzlich sehr nah. Sie sahen sich in die Augen. Hinter Alex schimmerte voll und rund der Mond.

Wie in meinen Teenagerträumen, schoss es Tess mit leichter Selbstironie durch den Kopf.

»Ich sag doch, ihr Mädchen aus der Stadt, ihr glaubt einfach alles«, sagte Alex. Dann umschlang er Tess mit seinen Armen und küsste sie lang und innig.

Währenddessen standen Meg und Claire zusammen am Rand der Tanzfläche und sahen den jungen Leuten zu. Immer wieder blickte Jodi zu der improvisierten Bühne hinauf, wo Troy, der DJ, seine Platten auflegte. Seit dem Solo, das er für sie gesungen hatte, war sie vollkommen hingerissen und hatte nur noch Augen für ihn. Meg stand wenige Meter entfernt und drehte die rote Rose, die Troy Jodi verehrt hatte, in den Händen.

»Vielleicht sollte ich es ihr lieber sagen«, wandte Meg sich leise an Claire.

»Ihr was sagen?«, entgegnete diese.

Meg deutete mit dem Kopf hinauf zur Bühne des DJs.

»Dass es bei mir genauso war. Erst entflammt der Junge dein Herz, und dann trampelt er darauf herum, bis das Feuer erloschen ist.«

»Oh«, machte Claire und wiegte bedächtig den Kopf. »Ich bin sicher, das ist genau das, was Jodi jetzt gern hören möchte.«

Mit einem Seufzer fuhr Meg sich durch das Haar. »Ich weiß, ich sollte loslassen«, gab sie zu. »Aber es ist nicht leicht. Und außerdem: Er ist morgen wieder weg. Und Jodi wird hier sein. Allein.« Sie atmete tief durch. »Meinst du, sie weiß, was sie tut?«

Claire verstand nicht, was Meg meinte. Fragte man sich als junges Mädchen denn, ob man sich verlieben wollte? Soweit Claire sich erinnern konnte, geschah es einfach. »Ich glaube nicht«, antwortete sie mit einem Schulterzucken.

»Genau das denke ich auch«, stimmte Meg zu. Dann ließ sie Claire stehen und ging davon.

Claire sah sich um. Wo steckte eigentlich Alex? Sie hätte durchaus Lust auf eine weitere Runde Rock'n Roll gehabt. Auch Tess war schon seit geraumer Zeit verschwunden. Ein wenig gelangweilt stieß Claire sich von der Wand ab und ging hinüber zu Jodi, die gleich die Kerzen auf ihrem Geburtstagskuchen ausblasen sollte. Der Kuchen stand bereits auf einem kleinen Tisch in der Mitte des Raumes. Troy fasste Jodi gerade von hinten um die Taille und flüsterte ihr etwas ins Ohr. Jodi grinste selig.

»Was meinst du?«, fragte jemand von der Seite. »Ob sie es schafft, alle Kerzen auszublasen? In einem Atemzug?« Nick stand neben Claire und deutete nickend zu Jodi hinüber.

In diesem Moment wurde die Metalltür der Scheune ein wenig aufgeschoben. Tess kam herein. Hinter ihr ging Alex.

Ohne auf Nicks Frage zu antworten, zog Claire sein Gesicht an ihres heran. Sie presste ihre Lippen auf seinen Mund und küsste ihn, bis ihnen beiden der Atem stockte.

Als sie ihn wieder losließ, sah Nick sie an. »So ein Kuss kann einen ganz schön in Verlegenheit bringen«, meinte er verstört.

Ohne zu wissen, was Nick ihr damit sagen wollte, glitt Claires Blick zu Alex und Tess hinüber. Die beiden starrten sie fassungslos an.

»Tut ... tut mir leid. Entschuldigung«, stammelte Claire. Damit wandte sie sich von Nick ab und verließ eilig die Scheune.

Irgendwann tief in der Nacht endete die Party. Claire, Tess, Becky und die Ryan-Brüder halfen beim Aufräumen.

Tess stellte gerade einige Teller aufeinander, als Claire hinzukam, um die Gläser einzusammeln.

»Na?«, begann Tess und sah ihre Schwester mit einer Mischung aus Neugier und Argwohn an. »Was war denn das vorhin? Das mit Nick.«

Claire sah nur kurz auf. »Was war denn das mit Alex?«, entgegnete sie.

»Wir haben bloß geredet«, antwortete Tess und schob einige Essensreste auf einem Teller zusammen.

»Vierzig Minuten lang?«, hakte Claire nach.

Tess grinste. »Hast du vielleicht die Zeit gestoppt?«

Mit einer heftigen Bewegung stapelte Claire ein weiteres Glas auf den Turm, den sie bereits aufgehäuft hatte. Dann ging sie wortlos weg.

»Claire! Sei doch nicht so empfindlich!«, rief Tess ihrer Schwester nach. »Das war ein Scherz.« Dann setzte sie ihre Arbeit mit einem Schulterzucken fort.

Vielleicht lag es an der Uhrzeit, aber die Stimmung kühlte merklich ab. Irgendetwas musste wohl in der Luft liegen. Aus den Augenwinkeln beobachtete Tess gerade eine intensive Unterhaltung zwischen Jodi und Meg. Jodi stand – mit der Rose in der Hand, die Troy ihr überreicht hatte – in der Nähe der Bühne und wartete darauf, dass der DJ seine Anlage fertig verpackt hatte. Mit ihrem kleinen Diadem in den Haaren sah sie aus wie eine Prinzessin, die hoffte, in dieser Nacht von ihrem Prinzen erlöst zu werden. Genau das war aber möglicherweise das Problem – für Meg zumindest.

Anscheinend weigerte sich Jodi, mit Meg nach Hause zu gehen – das konnte sich Tess aus einigen aufgeschnappten Gesprächsfetzen zusammenreimen. Viele junge Leute waren in großen Wagen zu der Party gekommen und wollten nun auf der Farm übernachten. Troy hatte sogar ein richtiges Wohnmobil. Und ganz offenbar hatte Jodi vor, dieses Wohnmobil näher zu besichtigen und sich von Troy seine Plattensammlung zeigen zu lassen.

Sie ist achtzehn!, schoss es Tess durch den Kopf. Sie ist erwachsen. Auch wenn Meg es nicht wahrhaben will.

In diesem Moment sah sie jedoch, wie Meg kurz in den Ausschnitt ihres Etuikleides griff. Sie zog ein blaues Tütchen hervor. Nein, zwei Tütchen! Sie teilte sie an einer Stanznaht und steckte eines der Tütchen in Jodis Ausschnitt. Das andere behielt sie für sich.

Kondome?, fuhr es Tess durch den Kopf. Jodi bekommt von ihrer Mutter zum Geburtstag ein Kondom geschenkt?

Jodi jubelte und fiel ihrer Mutter begeistert um den Hals. Es schien sich also tatsächlich um ein besonderes Geburtstagsgeschenk zu handeln. Jodi durfte erwachsen werden...

Trotz der langen Nacht begann der nächste Tag wie immer mit frühem Aufstehen. Noch schlaftrunken zog Tess mit ihren zwei Zinkeimern in den Stall, um Madonna zu melken.

Ich hätte Madonna einfach mit zur Party bringen sollen, überlegte Tess. Dann hätten wir beide heute Morgen ein bisschen später angefangen.

Sie war gerade fertig geworden mit dem Melken und wollte die Milch in die Küche bringen, als Claire ihr auf dem Hof entgegenkam. Anscheinend hatte sie nach den Kühen und Kälbern geschaut. Und sie sah nicht gerade fröhlich aus.

»Kannst du mir bitte mal sagen, was du dir dabei gedacht hast?«, fuhr sie ihre Schwester an.

Tess wusste nicht, wovon sie sprach.

»Wobei? Beim Melken vielleicht? Okay, ist ein bisschen später geworden als sonst«, antwortete sie. »Kein Wunder, nach der Party.«

»Das meine ich nicht«, antwortete Claire verärgert. »Du hast die Kälber herausgelassen und zurück zu ihren Müttern gebracht. Sie stehen alle zusammen in einem Gehege.«

Tess stellte verblüfft die Zinkeimer ab. »Was? Was soll ich getan haben?«

»Natürlich warst du es!«, schimpfte Claire. »Du hast doch die ganze Zeit genervt, wie leid sie dir tun, weil sie jetzt getrennt sind.«

»Aber ... aber ich war es nicht«, beteuerte Tess. »Bestimmt nicht.«

Claire wandte sich ab und stapfte wütend davon. »Wer sonst sollte denn so etwas Bescheuertes tun?«

Unterdessen erwachte auch in den Autos der Partygäste wieder Leben. Viele von ihnen schienen mit Kopfschmerzen und Übelkeit zu kämpfen. Vor allem einige der Jungs hatten sich wohl ziemlich betrunken.

Auch Jodis Strahlen war an diesem Morgen wieder verschwunden. Allerdings schien sie nicht verkatert zu sein. Dass sie sich jetzt leise mit Becky austauschte, die schon bei der Arbeit war, sprach jedoch dafür, dass es zumindest einen Misserfolg am Abend zuvor gegeben haben musste. Und der hatte sich nicht auf der Tanzfläche zugetragen.

Meg, Claire und Tess machten sich unterdessen an die Arbeit, die als Erstes erledigt werden musste. Die Kälber mussten erneut von den Kühen abgesetzt werden, wie es bereits vor einigen Tagen geschehen war. Claires Laune war derart auf dem Nullpunkt, dass sie schon nicht mehr messbar war.

Während Meg die Gatter der jeweiligen Gehege öffnete und schloss, trieben Tess und Claire die Tiere auseinander. Tess war in ihren Bemühungen deutlich weniger erfolgreich als ihre Schwester. Immer wieder schlugen die Kälber Haken und rannten kurz vor ihrem neuen Gehege zurück zu ihren Müttern.

Als Claire wieder einmal die von wenig Erfolg gekrönten Anstrengungen ihrer Schwester sah, schnaubte sie herablassend. »Unglaublich!«, raunte sie Meg zu. »Wenn man so etwas einmal gemacht hat, dann sollte man es doch können!«

Tess hetzte gerade wieder einem Kalb hinterher. »Das habe ich gehört!«, rief sie Claire atemlos zu. »Aber ich kann nichts dafür. Ich habe eben nicht mein ganzes bisheriges Leben lang Kühe getrieben.«

»Mach bloß das Gatter gut zu«, fuhr Claire an Meg gewandt fort. »Am besten mit einem Vorhängeschloss. Und den Schlüssel dazu werfen wir in den Fluss. Damit Tess ihn nicht findet.«

Megs Stirn lag schon seit einiger Zeit in tiefen Falten. »Claire, nun hör doch auf«, bat sie. »Woher willst du denn so genau wissen, dass Tess es war?«

»Wenn man einen Autoaufkleber mit der Aufschrift ›Ich bremse auch für Tiere‹ hat, dann ist doch eigentlich alles klar. Wahrscheinlich bremst sie auch für Mücken.« Claire lief seitlich an eine Kuh heran, die gerade zurück zu ihrem Kalb traben wollte.

»Dort hinein«, sagte sie und leitete die Kuh mit einem Stab in das für sie vorgesehene Gehege. »Man kann mit Tieren wirtschaften, ohne grausam zu sein. Aber übertrieben sentimental – das geht ganz und gar nicht.«

Tess hatte die Tirade ihrer Schwester komplett mit angehört. »Ich habe die Kälber nicht herausgelassen. Es sei denn, im Schlaf. Hast du schon mal daran gedacht, dass eine ganze Reihe aufgedrehter Teenies heute Nacht auf der Farm übernachtet haben?«

»Claire, ehrlich gesagt ...«, versuchte Meg zaghaft einen Einwand.

In diesem Moment kam Jodi, so schnell sie konnte, angelaufen. »Mom, Claire, Tess!«, rief sie. »Ihr müsst sofort kommen! Die Jungs – die prügeln sich!«

In aller Eile verschlossen die Frauen die Gatter, dann liefen sie hinüber auf den Hof der Farm.

Craig Woodland und Troy wälzten sich auf dem Boden und schlugen aufeinander ein.

»Auseinander!«, rief Meg. »Aufhören, sofort! Schämt euch!« Aber weder Craig noch Troy ließen sich davon beeindrucken.

»Feuer!«, schrie Tess aus Leibeskräften. »Feuer!« Dann zuckte sie die Schultern, als die Jungs weiterkämpften. »Manchmal hilft es«, meinte sie ratlos.

Niemand hatte auf Tess' Warnrufe geachtet. Dennoch schien die Feuerwehr eingetroffen zu sein, denn ein Wasserstrahl ergoss sich plötzlich über Craig und Troy.

Claire hatte schnell entschlossen den Schlauch geholt und verpasste den Kämpfern eine Abkühlung. »So, Leute, die Party ist zu Ende«, kommentierte sie ihr Vorgehen. »Jetzt packen alle ihre Sachen und fahren nach Hause. Und zwar ein bisschen plötzlich!«, setzte sie hinzu und schwang den Wasserstrahl ein Stück weit zu den Zuschauern.

Im Handumdrehen löste sich die Versammlung auf. Craig und Troy rappelten sich vom Boden hoch. Troy schenkte Claire noch einen provozierenden Blick. Craig hingegen hatte Mühe, sich ein Grinsen zu verkneifen. Irgendwie schien ihm Claires Einsatz gefallen zu haben.

Sobald sich die jungen Leute verzogen hatten, wandte Tess sich an ihre Schwester. »Wirklich beeindruckende Aktion, Claire«, meinte sie.

Claire grinste. »Etwa so eindrucksvoll, wie vierzig Minuten mit Alex Ryan zu verbringen«, gab sie zurück, während sie den Schlauch aufwickelte und ein Stück abseits ins Gras legte.

Jodi stand bei den Frauen und sah nachdenklich auf die Stelle, wo sich eben noch die Jungs geprügelt hatten. »Was sollte das eigentlich?«, fragte sie.

»Na, was wohl?«, erwiderte Tess. »Sie wollten angeben. Vor dir. Sie wollten beweisen, was für tolle Kerle sie sind.«

»Ach? Ehrlich?«, fragte Jodi skeptisch.

»Na klar, was denn sonst?« Meg klopfte ihrer Tochter auf die Schulter. Sie konnte einen Hauch von Mutterstolz kaum verbergen. »Du hast eine großartige Zukunft vor dir, mein Kind. Kaum achtzehn Jahre alt, und schon prügeln sich die Jungs um dich.«

Jodi sah noch einmal nachdenklich auf den Schauplatz der Prügelei. Dann huschte ein Grinsen über ihr Gesicht. »Eigentlich nicht schlecht, oder?«

An diesem Abend zündete Claire im Kamin des Büros ein Feuer an. Sie setzte sich davor und machte ein paar Eintragungen in das Wirtschaftsbuch der Farm.

Tess stand neben ihr und starrte in die Flammen. Sie dachte nach. Immer wieder war Claire ihr ein Rätsel. Was war das für eine merkwürdige Rivalität rund um das Wohlwollen der Ryan-Brüder? Allem Anschein nach hatte Claire sich doch aus ihnen überhaupt nichts gemacht, bis Tess nach Drover's Run gekommen war. Nun war sie mit einem Mal so verärgert gewesen, nachdem Tess sich draußen mit Alex unterhalten hatte.

Sie hatte es Tess den ganzen Morgen spüren lassen. Nachdem sie ihrem Ärger nun nochmals Luft gemacht und ihr die vierzig Minuten mit Alex noch einmal vorgehalten hatte, schien alles wie verflogen. Tess seufzte lautlos. Vielleicht musste sie mehr Geduld haben. Vielleicht würde sie eines Tages mehr von ihrer Schwester wissen.

»Jodi wird ihren achtzehnten Geburtstag bestimmt nicht so bald vergessen«, versuchte Tess einfach wieder ein Gespräch anzuknüpfen.

Claire sah nicht auf. »Nein. Wer tut das schon?«, entgegnete sie. »Auch wenn es vielleicht hier und da kleine Pannen gab.«

»Bedauerst du es, dass Jack dir keine Party ausgerichtet hat?«, hakte Tess vorsichtig nach.

»Nein«, antwortete Claire überzeugt und schüttelte den Kopf. »Für mich war es okay, so wie es war. Wir waren chinesisch essen. Vor uns lag ein Haufen Besteck, und wir wussten nicht, womit wir anfangen sollten.« Ihr Blick war jetzt warm und freundlich.

»Für mich war mein achtzehnter Geburtstag auch okay«, pflichtete Tess lächelnd bei. »Nur als zum dritten Mal die Polizei kam, weil es so laut war, da hat Mom sich versteckt.«

Claire lachte leise.

Jetzt holte Tess ein wenig tiefer Luft. »Ich habe an meinem Geburtstag an dich gedacht«, gestand sie. »Ich weiß noch, ich habe die Kerzen ausgeblasen und mir gewünscht, dass du da wärst.«

Claire zog skeptisch die Augenbrauen zusammen. »Bist du dir sicher?«

Tess nickte. »Oh ja. Ich weiß genau, dass es so war. Ich habe es mir nämlich jedes Jahr gewünscht.« Sie sah ins Feuer, in dessen Widerschein ihr Gesicht wie ein Scherenschnitt erschien. Dann sah sie ihre Schwester an.

Claire wusste plötzlich nicht, wohin sie blicken sollte. Ihre Augen wurden feucht. Sicher war es die Hitze des offenen Feuers, der Geruch des brennenden Holzes.

Dann griff sie schnell in ihre Hemdtasche. »Hier. Ich habe etwas für dich«, sagte sie. Sie holte ein kleines Cellophantütchen heraus und reichte es Tess.

Tess betrachtete das Tütchen. »Ohrstöpsel?«, fragte sie ungläubig.

Claire nickte. »Die einzig wirksame Methode, um die Absetzzeit zu überstehen und nicht vor Mitleid umzukommen.«

»Aber ich ... ich habe die Kälber nicht aus dem Gehege gelassen«, beteuerte Tess noch einmal. »Wirklich nicht.«

Claire sah ihre Schwester zweifelnd an. »Aber wenn du es nicht warst, wer soll es denn dann gewesen sein?«

Plötzlich fiel Tess die blonde, weibliche Gestalt wieder ein, die gestern Abend auf dem Gatter bei den Kühen gesessen hatte. Tess hatte sie für einen Teenager mit Liebeskummer gehalten. Aber gab es nicht auch andere Sorten von Kummer? Den Kummer von Müttern, wenn sie einsehen müssen, dass ihre Kinder allmählich erwachsen werden?

Tess zuckte die Schultern und steckte die Ohrstöpsel in ihre Tasche. »Ich kann es nicht beweisen«, sagte sie. »Aber ich habe da so einen Verdacht.«

Und sie nahm sich vor, gleich am nächsten Morgen mit Meg zu sprechen: Sie sollte zugeben, dass es ihr schwerfiel, Jodi loszulassen. Aus diesem Grund hatte sie die Kühe und die Kälber wieder zusammengebracht.

10. Kapitel

Schon seit einiger Zeit hatte Claire vorgehabt, wieder einmal auf Killarney vorbeizuschauen. Soviel sie wusste, gab es dort einen jungen Hengst, Wildfire, der etwas Besonderes zu sein versprach. Er war der Nachkömmling des Hengstes Lucky Devil, des dreimaligen Siegers des National Drafting Camp, und das wohl berühmteste Tier, das Killarney je besessen hatte. Claire hatte Harry auf das Tier angesprochen, und voller Besitzerstolz hatte er sie gleich eingeladen, sich den Hengst einmal anzusehen.

Wenige Tage später fanden sich Tess und Claire auf Killarney ein. Wildfire stand auf der kleinen Koppel hinter den Ställen. Alex war bei ihm. Harry saß auf dem Gatter der Koppel, während Nick sich dagegenlehnte und einen Fuß auf die untere Strebe stellte.

»Ein wunderbares Tier«, stellte Claire fasziniert fest. »Perfekt gebaut.«

Alex, der das Pferd am Halfter hielt, wandte sich kurz zu Claire und Tess um. »Stimmt. Er kommt auf uns«, bemerkte er lachend. Sofort tänzelte das etwas unruhig wirkende Pferd einige Schritte rückwärts und wieherte.

Der Hengst war nicht eingeritten. Claire hatte in ihrem Leben schon genügend Pferde trainiert, um zu erkennen, dass in diesem Tier ein großes Potential steckte – wenn man es vernünftig anpackte. Dazu gehörten ein ruhiger Umgang, keine plötzlichen Bewegungen und kein lautes Sprechen.

»Gib ihm nicht so viel Spielraum!«, wies Harry Alex an. »Du musst ihn kürzer halten.«

»Ich weiß«, antwortete Alex. Er klang wenig begeistert.

»Dann konzentrier dich doch«, gab Harry brummig zurück. »Was ist mit dem Longiergurt? Willst du nicht allmählich mal damit anfangen? Nick, bring deinem Bruder den Longiergurt«, wandte Harry sich an seinen jüngeren Sohn, ohne Alex' Antwort abzuwarten.

»Was ist das denn? Das habe ich bei Claire noch nie gesehen«, fragte Tess interessiert, als Nick Alex den Gurt reichte.

»Ich benutze so etwas nicht«, antwortete Claire mit gerunzelter Stirn, während sie zusah, wie Alex den Gurt um den Bauch des Pferdes legte. »Ich habe andere Methoden.«

»Ach«, machte Harry verächtlich. »Das ist doch alles Unsinn. Die Pferdeflüsterei und all das. Das Pferd muss wissen, wer der Boss ist, und Schluss.«

Claire schüttelte den Kopf. »Das sehe ich anders. Es gibt bessere Methoden, als die Tiere einzuschüchtern.«

»Lass gut sein, Claire«, antwortete Harry großzügig. Gleichzeitig klang er ein wenig herablassend. »Du machst es auf deine Weise und wir auf die unsere.«

In diesem Moment zog Alex den Gurt an, den er um Wildfires Bauch gelegt hatte. Offenbar zu fest: Das Pferd wieherte, dann machte es plötzlich einen unerwarteten Sprung nach vorn und stieß Alex um.

Alex fiel rücklings zu Boden und schlug mit dem Kopf auf, während Wildfire hektisch ausbrach und in der Koppel herumgaloppierte.

»Alex!«, rief Tess erschrocken auf. »Um Himmels willen!«

»Nick!«, rief Harry seinem jüngeren Sohn zu. »Geh rein! Beruhig ihn!« Seine Sorge galt offenbar vor allem dem Pferd.

Nick kletterte über das Gatter und versuchte Wildfire zu beruhigen, indem er seine Hände auf halber Höhe hielt. Alex rappelte sich schon wieder auf.

»So ein grantiges Vieh«, meinte er und kam ein wenig humpelnd zum Gatter herüber. »Aber das werde ich ihm noch abgewöhnen.«

»Tatsächlich? Da habe ich aber meine Zweifel«, meinte Claire mit einem Blick auf Wildfire. Nick hielt ihn jetzt am Halfter, aber der Hengst tänzelte nervös auf und ab, wieherte immer wieder oder schnaubte verärgert. »Wenn du ihm Angst machst, wehrt er sich. Ganz einfach.«

Harry sah von seinem Sitz auf dem Gatter spöttisch auf Claire herab. »Meinst du denn, du kannst es besser?«, fragte er.

Claire wiegte den Kopf. »Ich denke schon.«

Tess lachte auf. »Wie das klingt! Soll das vielleicht eine Wette sein?«

»Eine Wette? Auf keinen Fall«, wehrte Alex ab.

»Nein«, meinte Claire ebenfalls. »Ein Pferd wird ja nicht zum Vergnügen eingeritten.«

»Dann gehen wir die Sache doch geschäftlich an«, schlug Harry vor. »Wenn du ihn einreitest – wie viel willst du dafür haben?«

Claire sah sich Wildfire gut an. Er war wirklich ein wunderbarer Hengst, hervorragend gebaut, elegant, temperamentvoll ... »Ich will kein Geld«, antwortete Claire auf Harrys Frage. »Nur das erste Fohlen von ihm und Blaze.«

Harry riss überrascht die Augen auf. »Du willst Blaze von ihm decken lassen? Weißt du, welche Decktaxe ich für ihn vorgesehen habe? Zweitausend Dollar!«

Claire ließ sich einen Augenblick Zeit. »So wild, wie er im Moment ist, ist er überhaupt nichts wert«, antwortete sie dann ruhig.

Anscheinend war sich Harry über diese Tatsache durchaus im Klaren. Er schwieg einen Moment. »Wie lange brauchst du?«, fragte er.

»Na, vier Tage vielleicht?«, warf Alex spöttisch ein.

Claire schüttelte langsam den Kopf. »Nein. Drei«, sagte sie ohne jede Regung.

»Du meinst, du brauchst drei Tage, um diese Bestie einzureiten? Um sie so zahm und zutraulich zu machen, dass sie dich auf ihrem Rücken sitzen lässt? Du bist verrückt, Claire«, platzte Alex heraus. »In drei Tagen hast du nicht den Hauch einer Chance.«

Harry schien sich für die Worte seines Sohnes nicht zu interessieren. Er kletterte vom Gatter herunter und sah Claire mit zusammengekniffenen Augen an. »Wenn du meinst, Claire, okay, abgemacht«, sagte er. »Was haltet ihr davon, wenn ihr zum Abendessen bleibt?«, wandte er sich jetzt auch an Tess. »Dann besprechen wir die Einzelheiten.« Damit ging er voraus ins Haus, um seiner Frau Liz die Gäste anzukündigen.

Obwohl sie auf Gäste nicht eingestellt war, zauberte Liz Ryan ein fabelhaftes Abendessen auf den Tisch. Schon bei ihrem ersten Besuch auf Killarney war Tess aufgefallen, dass hier alles so gediegen und gepflegt war. Liz war eine ausgezeichnete Hausfrau. Trotzdem hatte Tess von Zeit zu Zeit das Gefühl, dass eine Art Eishauch durch das Haus strich. Und das galt nicht nur für die kleinen Gemeinheiten, die Liz Tess gegenüber immer wieder anbrachte. Es gab Momente, in denen glaubte Tess, auf einem Vulkan zu sitzen, der unter der Oberfläche grollte. Sie hatte nur noch nicht herausgefunden, was der Grund für diese offenkundige Feindseligkeit war.

»Claire, wie hast du dir die Sache mit Blaze denn vorgestellt?«, übernahm Harry das Gespräch, sobald das Essen begonnen hatte. »Natursprung oder Besamung?«

»Natursprung ist doch völlig ausgeschlossen«, schaltete Alex sich ein, bevor Claire antworten konnte. »Wildfire würde Blaze im Handumdrehen niedertrampeln.«

»Kommt darauf an«, antwortete Claire ausweichend. »Wenn er ein paar Tage bei mir war, vielleicht nicht ... Aber wir müssten uns auf jeden Fall einigen, wer für den Tierarzt und das ganze Drumherum aufkommt.«

»Ach, ich liebe diese Art von Gesprächen«, warf Liz Ryan ein. Ihrem Tonfall war nicht anzumerken, ob sie ihre Bemerkung ironisch oder ernst meinte. »Sie sind so kultiviert.«

Harry warf nur einen kurzen Blick auf seine Frau, ging aber auf ihre Worte nicht weiter ein.

»Bevor wir ihn zu dir schaffen, muss er auf jeden Fall eine Beruhigungsspritze bekommen. Ich werde Greg anrufen.«

»Das ist ja alles ganz schön kompliziert«, schaltete Tess sich jetzt ein. »Und nur weil sich Wildfire nicht zähmen lässt. Hast du es denn eigentlich schon mal versucht, Nick? Vielleicht hast du mehr Glück als Alex.«

Nick hatte sich bislang nicht weiter an der Unterhaltung beteiligt. Jetzt sah er überrascht auf. Er schüttelte den Kopf. »Nein, ich halte mich da weitgehend raus. Ich reite schon lange nicht mehr.«

»Ach, nein?«, fragte Tess nach. »Hat das mit deiner Beinverletzung zu tun?« Sie erinnerte sich deutlich an die Narbe, die sie neulich beim Tennisspielen an Nicks Bein entdeckt hatte. »War das vielleicht ein Reitunfall?«

Augenblicklich spürte Tess wieder diesen eisigen Hauch. Zugleich schien der Boden unter ihren Füßen zu brodeln. Die Ryans starrten konzentriert auf ihre Teller. Sogar Claire schien von der Frage ihrer Schwester peinlich berührt zu sein.

»Ja. War es«, antwortete Nick schließlich kurz und knapp in einem Ton, der weitere Fragen verbot.

»Wir möchten über dieses Thema nicht sprechen«, sagte Liz jetzt. Sie versuchte kontrolliert zu wirken. Dennoch erlaubte ihr Tonfall kein weiteres Nachfragen. »Dürfte ich bitte mal die Kartoffeln haben?«, wandte sie sich mit einem unterdrückten Seufzen an ihren Mann.

Als Tess und Claire an diesem Abend zurück nach Drover's Run kamen, berichtete Meg ihnen kurz, dass während ihrer Abwesenheit nichts Besonderes vorgefallen war. Nur Bill Tilson hatte am Morgen auf der Weide vorbeigeschaut, während Meg mit Becky und Jodi die Zäune abgeritten war. Das tat Bill derzeit jeden Tag.

Claire hatte seit kurzem eine Weide an Bill Tilson verpachtet. Bisher hatten sie versucht, ohne Verpachtung auszukommen, weil sie das Land selbst nutzen wollten. Vor allem aber auch, weil es sicherer in Bezug auf Krankheiten und Parasiten war, wenn nur die eigenen Tiere auf den eigenen Weiden standen. So konnte weitestgehend vermieden werden, dass Krankheitserreger, die auf einer Farm vielleicht aufgetaucht waren, auf die andere Farm übertragen wurden.

Aber die Pacht brachte Geld, und aus diesem Grund hatte Claire sich auf das Geschäft eingelassen. Nun kam Bill Tilson jeden Tag auf die Weide, um nach seinen Tieren zu sehen. Jodi begann sich schon darüber lustig zu machen. Sie überlegte, warum er nicht gleich ein Zelt bei seinen Kühen aufstellte. Aber ob die Frauen von Drover's Run es albern fanden oder nicht – Bill hatte das Recht, nach seinen Tieren zu sehen, und niemand konnte es ihm verwehren.

Nachdem Meg ihren Bericht beendet hatte, gingen die Frauen zu Bett. Nach einiger Zeit klopfte es aber noch einmal an Claires Tür.

»Claire, ich bin es, Tess. Kann ich hereinkommen?«

Claire sah auf. Sie war gerade dabei, ihre Fingernägel zu schneiden. »Natürlich«, antwortete sie, während sie den Nagel ihres kleinen Fingers abzwickte, und Tess trat ein.

Genau wie Claire hatte auch Tess schon ihren Schlafanzug an. Ohne lang zu fragen, setzte sie sich an das Fußende des Bettes und schob ihre nackten Füße unter die Bettdecke.

Fast wie früher, schoss es Claire einen Moment durch den Kopf. Und sie ahnte auch schon, was die kleine Schwester auf dem Herzen hatte. Die ungute Atmosphäre, die ihre Frage auf Killarney hervorgerufen hatte.

Tess kam gleich zur Sache. »Woher sollte ich wissen, dass über Nicks Reitunfall nicht gesprochen werden darf?«, fragte sie.

Claire lehnte sich an das Kopfende ihres Bettes. Sie hatte ihr ganzes Leben hier draußen auf dem Land verbracht und die gesellschaftlichen Regeln, die hier herrschten, mit der Muttermilch aufgesogen.

»Man redet einfach nicht darüber. Und jeder hält sich daran«, antwortete sie.

»Ich bin aber nicht jeder«, gab Tess zurück. »Und ich dachte, es wäre eine Form von Anteilnahme, wenn man sich nach solchen Dingen erkundigt.«

Claire zuckte die Schultern. Sie griff nach dem Nagelschneider, den sie kurz auf ihrem Nachttisch abgelegt hatte, und fuhr fort, ihre Nägel zu kürzen. »Hier ist es eine Form von Indiskretion, das Aufreißen alter Wunden.«

»Das habe ich nicht gewusst«, entschuldigte sich Tess mit einem Schulterzucken. »Gesellschaftliche Regeln dringen nun mal nicht von außen in die Haut ein, wenn man in einem neuen Landstrich lebt. Und unter neuen Leuten. Was gibt es noch, was nicht erwähnt werden darf?«

Claire überlegte einen Augenblick. »Dass Fred Smith sich erschossen hat, zum Beispiel«, antwortete sie. »Seine Tochter glaubt, es sei ein Unfall gewesen. Sie kennt die Wahrheit nicht.«

Tess schwieg kurz. »Und was ist die Wahrheit über Nicks Verletzung?«, fragte sie dann. »Kannst du es mir wenigstens sagen?«

Claire ließ ihre Nagelschere sinken. »Ich weiß nur, dass es ein Reitunfall war«, erklärte sie. »Die Jungs waren irgendwo unterwegs. Irgendwann kam Alex wieder. Und Nick blieb eine Weile im Krankenhaus. Mehr weiß ich nicht.«

»Hast du denn nie weiter gefragt?«, hakte Tess nach. »Was genau passiert ist und wie?«

Claire sah ihre Schwester mit hochgezogenen Augenbrauen an. »Du hast es doch erlebt, heute Abend. Wie Liz reagiert hat. Hättest du weiterfragen wollen?«

Tess fixierte einen Punkt auf der Bettdecke ihrer Schwester. »Nein«, sagte sie nachdenklich. »Wohl eher nicht.«

Der nächste Tag begann mit einer Routinemaßnahme. Ein Zaun musste wieder einmal geflickt werden, diesmal an der Weide, die Bill für seine Kühe gepachtet hatte. Meg, Jodi und Becky hatten es am Tag zuvor entdeckt. Jetzt waren sie zusammen mit Tess dabei, einen neuen Pfosten zu setzen und den Draht zu spannen, als Claire auf einem der Pferde zu ihnen kam.

»Schlechte Nachrichten«, sagte sie, und ihr Gesicht wirkte angespannt. Sie sprach vor allem zu Meg, die unter den Frauen neben Claire die meiste landwirtschaftliche Erfahrung hatte. »Wir haben ein Kalb, das roten Harn lässt.«

Meg antwortete zunächst nicht, aber ihr Blick verdüsterte sich. Offenbar wusste sie, wovon Claire sprach.

Tess hingegen wusste es nicht.

»Roter Harn?«, fragte sie nach, um ihr Wissen wieder einmal zu vertiefen. »Das klingt nicht gut. Was bedeutet es denn genau? Blut im Urin?«

Claire nickte. »Genau das.«

»Was willst du tun?«, fragte Meg jetzt. Wie immer wirkte sie vollkommen ruhig und kontrolliert.

»Greg Watson kommt nachher herüber. Er bringt Wildfire. Dann kann er sich das Kalb gleich ansehen«, antwortete Claire mit einem Blick über die Weide.

»Na, großartig«, schaltete Jodi sich jetzt ein. »Wenn seine Kühe krank werden, dann werden wir Bill wahrscheinlich überhaupt nicht mehr los.«

Claire, die ihr Pferd schon gewendet hatte und davonreiten wollte, drehte sich noch einmal um. »Bevor wir nichts Genaues wissen, werden wir Bill nichts davon sagen«, verkündete sie. »Wenn etwas ist, wird er es früh genug erfahren. Ansonsten können wir uns die Aufregung sparen.«

Es war schon später Vormittag, als der Hengst Wildfire von Alex nach Drover's Run gebracht wurde. Das Pferd hatte vor dem Transport vom Tierarzt eine Beruhigungsspritze bekommen. Jetzt führte Alex es am Halfter in die Koppel, in der auch Blaze eingeritten worden war.

Während der Tierarzt schon zu den Rindern fuhr, um sie sich anzusehen, holte Tess Blaze aus dem Stall und band sie in Sichtweite der Koppel an einem Gatter fest. »Sieh ihn dir gut an«, flüsterte Tess der Stute zu. »Das ist dein Zukünftiger. Der bestaussehende Hengst der ganzen Gegend.« Sie klopfte Blaze auf den Hals, dann ging sie hinüber zu Alex.

Alex' Stimmung war alles andere als heiter. »Weißt du eigentlich, wie viel Zeit es mich gekostet hat, Wildfire hierherzubringen?«, rief er Claire zu.

Claire hatte Wildfire gerade einen kurzen Besuch in seiner Koppel abgestattet. Das Beruhigungsmittel des Tierarztes schien allmählich nachzulassen, denn der Hengst stampfte unruhig im frisch aufgeschütteten Sand herum. Er fühlte sich unwohl in der neuen Umgebung. Es war wohl besser, wenn er sich erst mal ein wenig abreagierte. Deshalb verließ Claire die Koppel und ging auf den Nachbarn zu.

Alex war ganz und gar nicht damit einverstanden, dass der Hengst nach Drover's Run gebracht worden war. Das konnte man seiner grimmigen Miene ansehen. »Du hättest ihn genauso gut bei uns einreiten können«, meinte er.

»Wirklich? Während du mir dabei über die Schulter siehst? Wohl kaum«, gab Claire lachend zurück. »Kommst du, Tess?«, wandte sie sich dann an ihre Schwester. »Greg wartet schon.« Damit ging sie voraus zu den Reitpferden.

Tess war sofort bereit, ihrer Schwester zu folgen. Nur diesen kurzen Moment mit Alex wollte sie nutzen. Seit gestern Abend wusste sie ja, dass ihre harmlos gemeinte Frage gegen die gesellschaftlichen Regeln der Gegend verstoßen hatte. An diesem Vormittag hatte sie schon versucht, sich telefonisch bei Liz zu entschuldigen – dafür, dass sie offenbar unsensibel gewesen war. Liz hatte ihr geantwortet, sie möge sich darüber bitte keine weiteren Gedanken machen. Allerdings hatte sie sehr unterkühlt geklungen und gleich wieder aufgelegt. Nun wollte Tess wenigstens die Gelegenheit nutzen, sich bei Alex zu entschuldigen. Und natürlich setzte sie voraus, dass ihre Entschuldigung angenommen werden würde.

»Alex, wegen gestern ...«, begann Tess.

»Vergiss es«, unterbrach Alex sie.

»Ich möchte mich entschuldigen«, fuhr Tess dennoch fort. »Ich weiß nicht genau, was ich getan habe, aber offensichtlich habe ich alle vor den Kopf gestoßen ...«

»Vergiss es«, sagte Alex wieder mit unbeweglicher Miene.

»Ich kann es aber nicht vergessen«, beharrte Tess. »Weil ich Angst habe, dass ich beim nächsten Mal wieder ...«

Alex' Gesicht wurde mit einem Mal dunkelrot. »Halt die Klappe, Tess! Halt bitte endlich die Klappe!«, platzte er heraus. Dann rückte er seinen Rodeo-Hut gerade und ging davon.

Tess sah ihm nach. »Okay«, sagte sie betreten. »Okay, okay.«

Während Greg Watson sich die Rinder ansah, versuchte Tess erneut mit ihrer Schwester über das, was man auf dem Lande sagte und was nicht, ins Gespräch zu kommen.

»Man stellt keine mitfühlenden Fragen. Okay. Entschuldigen darf man sich auch nicht«, zählte sie auf. »Kannst du mir nicht einfach mal erklären, was man sagen darf?«

Claire achtete nicht auf ihre Schwester. Für sie war im Augenblick das, was der Tierarzt zu sagen hatte, weitaus wichtiger.

»Und? Wie sieht es aus?«, fragte sie, als er sich alle Tiere angesehen hatte.

Greg Watson machte eine abwägende Bewegung mit der Hand, als wäre er sich seiner Sache noch nicht ganz sicher.

»Zu wenig Phosphat? Oder haben sie ein falsches Kraut gefressen?«, versuchte Claire seine Geste zu deuten.

»Nein«, sagte der Tierarzt bestimmt. »Dazu sind es zu viele Tiere. Ich fürchte, es ist Leptospirose.«

»Leptospirose?«, wiederholte Tess, während Claire mit einem Seufzer hinter dem Tierarzt das Gatter verschloss. »Was ist das?«

»Eine bakterielle Infektion mit verschiedenen Symptomen, unter anderem Blutungen der Schleimhäute«, erklärte Greg Watson. »Sehr ansteckend. Die Erreger überleben in feuchten Milieus, das heißt, zum Beispiel in Tränken. Aber auch ganz einfach im Boden.«

»Das Problem ist: Es ist eine meldepflichtige Krankheit«, ergänzte Claire. »Und wenn sich herumspricht, dass wir hier auf Drover's Run Leptospirose haben – dann sind wir ruiniert.«

Greg säuberte sich die Hände an einem Tuch, das er aus dem offenen Kofferraum seines Wagens nahm. »Ich rate dazu, sie alle zu impfen. Allerdings ist das nicht ganz billig – leider.« Er stellte einige Mittel in einer Kiste zusammen und drückte sie Claire in die Arme. Dann ging er zum Fahrersitz seines Wagens, um die Rechnung zu schreiben.

Claire seufzte wieder. Sie betrachtete die Medikamente in ihren Armen. »Die Weidepacht sollte uns Geld einbringen und nicht auch noch Geld kosten.«

»Dann müssen wir Bill jetzt also doch Bescheid sagen«, vermutete Tess.

»Nein.« Claire schüttelte entschieden den Kopf. »Erst wenn wir wirklich sicher sind, was es ist. Und wenn wir wissen, woher es kommt.«

Bereits an diesem Morgen hatte Becky verschnupft geklungen und gehustet. Als die Frauen jetzt in der Küche standen, sah sie geradezu jämmerlich aus. Sie war bleich und hatte tiefe Ringe unter den Augen. Claire war gerade dabei, die Aufgaben zu verteilen, die eine weitere Verbreitung der Seuche unmöglich machen sollten. Becky meldete sich, um die Tränken zu desinfizieren. Als sie aber schon wieder ein heftiger Husten schüttelte, entschloss Claire sich, Becky lieber ins Bett zu schicken, um ihre Erkältung, die sie sich offensichtlich zugezogen hatte, auszukurieren. Womit allerdings eine Arbeitskraft ausfiel, die eigentlich dringend gebraucht wurde, um die Ausbreitung der Seuche zu verhindern.

Es war schon Nachmittag, als Claire und Tess auf die Farm zurückkehrten. Gemeinsam hatten sie den eigenen Rinderbestand überprüft, zu ihrer Erleichterung aber kein Tier mit Blut im Urin angetroffen. Sie hatten sämtliche Tränken desinfiziert. Und schließlich hatten sie noch Köder mit Rattengift ausgelegt, um die Übertragung der Krankheit durch Rattenurin zu unterbinden.

»Wenn unser Vieh morgen auch noch nichts hat, haben Bills Tiere die Seuche eingeschleppt, oder?«, fragte Tess.

Ihre Schwester nickte. »Sehr richtig.«

»Und wie geht es dann weiter? Werden wir Bill darauf ansprechen, oder nicht? Ist es unhöflich, ist es zu privat ...?«

»Nein, natürlich werden wir es ihm sagen«, antwortete Claire. »Warum denn nicht?«

Tess schüttelte den Kopf. »Ich gebe es auf. Ich werde diese Regeln, was man sagen darf und was nicht, nie verstehen.«

Jetzt näherten sie sich der kleinen Koppel von Wildfire.

Es war nicht zu übersehen, dass die Wirkung des Beruhigungsmittels deutlich nachgelassen hatte. Sobald der Hengst die Frauen sah, schlug er wütend aus. Claire ging dennoch zu ihm auf die Koppel.

Unbemerkt kam auch Meg dazu. Nachdem sie Becky ins Bett gebracht hatte, hatte sie ebenfalls rund um das Haus herum Rattenköder ausgelegt. »Da hat sie sich ein schönes Stück Arbeit vorgenommen«, stellte sie mit einer Kopfbewegung zu dem Hengst fest, als sie neben Tess am Gatter stand.

Claire und Wildfire standen sich nun in dem kleinen Rund der Koppel gegenüber. Die Szene erinnerte Tess an ein Duell. Was Wildfire betraf, so hatte er dabei sicher nicht mit dem Tod zu rechnen. Für Claire aber war die Angelegenheit höchst riskant. Ein Tritt des Hengstes mit seinen Hufen vor Claires Brust oder an ihren Kopf – und ärztliche Hilfe wäre eventuell nicht mehr nötig.

Wieder schlug das Pferd in Claires Richtung aus. Es wieherte und schnaubte. Dazu warf es seinen Kopf immer wieder in die Höhe.

»Um Himmels willen!«, stieß Tess aus, als Wildfire wieder besonders kräftig in Claires Richtung austrat. »Was ist denn sein Problem?«

»Was sein Problem ist?«, antwortete Claire sehr leise aus dem Inneren der Koppel. »Die Ryans sind sein Problem. Die Ryans.«

Claire war vollkommen klar, dass der nächste Tag Unannehmlichkeiten mit sich bringen würde. Wie jeden Morgen, so kam auch heute wieder Bill Tilson auf Drover's Run vorbei, um nach seiner Herde zu sehen. Noch bevor er zu den Weiden hinauffuhr, hielt Claire ihn an und berichtete ihm, was sie entdeckt hatte. Nämlich dass Bills Tiere Blut im Urin hatten, die von Drover's Run hingegen nicht.

Claire und Bill kannten sich von Kindheit an. Die Farm der Tilsons war ebenso alteingesessen wie die Farmen der Ryans und der McLeods. Die Tilsons lebten seit Generationen auf ihrem Land. Bei einem Blick auf Bills alten Pick-up durchzuckte Claire allerdings der Gedanke, dass offenbar nicht nur ihre eigene Farm schon bessere Zeiten gesehen hatte, sondern auch die der Tilsons. Die Landwirtschaft durchlebte eine schwere Phase, und es gab wohl nur wenige Farmer wie Harry Ryan, denen es gelang, in dieser Krise ihr Ergebnis sogar noch zu verbessern.

Wie Claire schon erwartet hatte, geriet Bill bei der Nachricht von den erkrankten Tieren außer sich. »Wie bitte?«, fragte er. »Meine Tiere haben Leptospirose?«

»Bisher ist es nur ein Verdacht«, versuchte Claire ihn zu beruhigen. »Aber Greg Watson empfiehlt, vorbeugend alle Tiere zu impfen.«

Bill schüttelte den Kopf, als weigere er sich, der Tatsache ins Auge zu sehen. »Von mir aus können sie geimpft werden«, gestand er allerdings zu. »Aber nicht auf meine Kosten. Als ich die Tiere hierher gebracht habe, waren sie gesund«, sagte er mit Nachruck. »Das hier ist dein Land«, fuhr er fort und deutete mit dem Finger auf den Boden, auf dem er stand. »Und meine Tiere haben sich hier angesteckt.«

»Aber das kann doch nicht sein!«, rief Tess. »Unsere Tiere sind gesund! Wenn sie deine angesteckt hätten, müssten sie doch die gleichen Symptome haben.«

Jetzt kniff Bill ärgerlich die Augen zusammen. »Was soll das heißen? Dass meine Viecher die Seuche hier bei euch eingeschleppt haben?«

Claire merkte, dass sie sich auf gefährliches Terrain begaben. Es war Zeit, die Wogen zu glätten, bevor die Situation noch mehr aus dem Ruder lief. Wenn Bill in seinem Ärger in Gungellan herumerzählte, dass sich auf Drover's Run Leptospirose ausbreitete, dann würde es über kurz oder lang keine Rolle mehr spielen, woher die Tiere die Krankheit wirklich hatten.

»Ich will nur eines sagen«, begann sie daher ganz ruhig. »Bisher hat kein anderes Tier auf Drover's Run diese Symptome. Von hier können es deine Tiere also nicht haben.«

Bill sah sie einen Moment schweigend an. Er nickte, wie um Claires Worte zu bestätigen. Dann aber wurden seine Augen wieder schmal, als wollte er sagen: Ich habe es immer schon gewusst, dass du mich eines Tages hereinlegen wirst!

»Beweis es doch«, schleuderte er Claire entgegen. »Meine Tiere waren gesund, als sie hierherkamen. Und alles andere ... erfährst du von meinem Anwalt«, endete er. Damit stieg er in seinen klapperigen Wagen und fuhr davon.

Die Schwestern sahen ihm ratlos hinterher. »Wir haben einen Fehler gemacht«, seufzte Tess. »Wir hätten es ihm wohl doch nicht sagen sollen.«

11. Kapitel

Obwohl Becky schon einen Tag im Bett gelegen hatte, war ihre Erkältung über Nacht noch schlimmer geworden. Meg überredete sie, zum Arzt zu gehen, und Tess erklärte sich bereit, sie mit dem Wagen dorthin zu fahren. Bei dieser Gelegenheit wollte sie einen neuen Anlauf nehmen, sich bei den Ryans, vor allem bei Liz Ryan, zu entschuldigen. Tess hatte in der Zwischenzeit versucht, mehr über Nicks Unfall aus Meg herauszubekommen. Meg wusste aber nur zu berichten, dass Liz in dieser Zeit beinahe zerbrochen war. Nun fühlte Tess sich nicht wirklich schlauer, aber sie dachte, dass es auf keinen Fall schaden könne, Liz zu versichern, dass sie ihr weder zu nahe treten noch an schlimme Zeiten hatte erinnern wollen. Nach allem, was Tess gelernt hatte, gehörten solche Formfragen einfach zum zivilisierten Leben dazu.

Sobald Bill Tilson wieder weg war, stieg Tess daher mit Becky ins Auto und fuhr nach Gungellan. Der Besuch beim Arzt dauerte nicht lange. Becky hatte tatsächlich nur eine Erkältung, wenn auch eine heftige. Vor allem Claire würde über diese Nachricht erleichtert sein. Denn eine Übertragung der Leptospirose vom Tier auf den Menschen begann häufig mit grippeartigen Symptomen.

»Ist es dir recht, wenn wir auf dem Rückweg kurz auf Killarney Halt machen?«, fragte Tess, sobald sie und Becky wieder im Auto saßen. »Ich muss etwas abgeben.« Sie deutete auf die Rückbank des Pick-ups, auf der ein Blumenstrauß lag. Tess hatte ihn in der Stadt gekauft, während Becky beim Arzt gewesen war. »Ich bin da neulich in einen Fettnapf getreten«, erklärte sie.

»Kein Problem«, krächzte Becky. »Aber ehrlich gesagt, Tess«, fuhr sie mit näselnder Stimme fort, »du kannst dir die Mühe sparen.«

Tess wandte ihr den Kopf zu. »Warum denn das?«

Becky zuckte die Schultern. »Weil es an den Ryans liegt. Die sind einfach komisch. Dagegen ist meine Familie fast normal, und das will etwas heißen.«

Tess grinste. Dass Becky nicht allzu gut auf ihre Familie zu sprechen war, war kein Geheimnis. Die Howards waren weit von dem entfernt, was man als ›geordnete Verhältnisse‹ bezeichnen konnte. Und je länger Becky auf Drover's Run lebte, umso deutlicher war ihr anzumerken, wie glücklich sie darüber war, dem tristen Dasein ihrer eigenen Familie entronnen zu sein.

»Lassen wir uns mal überraschen«, meinte Tess im Hinblick auf ihren Besuch auf Killarney. »Änderungen treten meistens unerwartet ein.«

Als sie den Wagen vor dem Haus der Ryans stoppte, kam Liz gerade aus der Tür. Sie hatte ein Putztuch über der Schulter und schien ziemlich beschäftigt zu sein.

»Guten Morgen, Mrs Ryan«, rief Tess ihr entgegen. »Ist Nick da?«

Liz Ryan sah Tess geradezu verschreckt an. »Nein, tut mir leid. Er ist nicht da.« Sie schien keinen Augenblick mit Tess sprechen zu wollen. Stattdessen eilte sie über die Veranda zu einem Nebeneingang.

»Mrs Ryan!«, versuchte Tess sie aufzuhalten. Sie lief schnell zurück zum Wagen, holte den Blumenstrauß und kam damit wieder zu Liz. »Hier«, sagte sie. »Die sind für Sie. Ich habe das Gefühl, mich danebenbenommen zu haben. Bitte entschuldigen Sie.«

Mit erstauntem Gesichtsausdruck nahm Liz die Blumen entgegen. Vielleicht war dies der entscheidende Moment, in dem sie sich kurz aussprechen konnten, dachte Tess hoffnungsvoll. Stattdessen sagte Liz: »Warum müssen Sie alles durcheinanderbringen?«

»Oh, ich … ich versuche eigentlich nur, alles richtig zu machen«, antwortete Tess verstört.

»Oh, versuchen können Sie es«, antwortete Liz. »Sie können in die richtigen Clubs eintreten, und alle werden sehr nett zu Ihnen sein. Aber Sie werden niemals wirklich dazugehören.«

Tess war sprachlos. Sie konnte nicht glauben, was sie da hörte, und fühlte sich völlig vor den Kopf gestoßen.

»Das sind sehr hübsche Blumen«, sagte Liz jetzt und roch kurz an dem Strauß. »Entschuldigung, ich habe zu tun.« Damit drehte sie sich um und verschwand.

Einen Augenblick blieb Tess noch benommen stehen, dann ging sie langsam und sehr nachdenklich zurück zu ihrem Auto.

Als Claire auf dem Weg in die Küche die Geschichte von Tess' Begegnung mit Liz hörte, hätte sie sich die Haare raufen können. Tess war gerade angekommen und hatte ihre Schwester auf dem Weg ins Haus abgepasst.

»Das darf doch wohl nicht wahr sein«, stöhnte Claire. Sie stürmte zum Küchenregal und holte sich ein Glas. Sie musste dringend etwas trinken. An diesem Vormittag prasselte schon wieder eine ganze Menge auf sie ein. »Wie oft willst du dich denn noch so demütigen lassen?«

Tess zog ihre Jacke aus und hängte sie über einen Küchenstuhl.

»Ich verstehe das System einfach nicht«, gab sie zu. »Du kannst Bill mehr oder weniger ins Gesicht sagen, dass er lügt. Aber ich darf mich nicht danach erkundigen, was mit Nicks Bein passiert ist.«

»Ist doch klar: Bei der einen Sache geht es ums Geschäft. Und das andere ist eine Privatangelegenheit«, antwortete Claire.

»Das heißt, wenn es um Geld geht, ist alles erlaubt?«, fasste Tess zusammen.

»So ungefähr«, antwortete Claire.

»Ach so.« Tess verschränkte die Arme und starrte vor sich hin. Sie hatte nicht das Gefühl, dass sie diese Regelungen jemals verstehen würde.

»Hast du gerade Zeit?«, fragte Claire unvermittelt. »Du könntest mir helfen.«

Tess sah auf. Dass Claire sie um Hilfe bat, kam äußerst selten vor. »Ja, klar«, antwortete sie bereitwillig und griff nach ihrer Jacke. Dann folgte sie ihrer Schwester, die bereits voranging.

Claire setzte sich ans Steuer des Pick-ups, und sie fuhren los. Nach einer kurzen Strecke erreichten sie die Stelle, die das Land von Drover's Run von dem der Tilson-Farm trennte. Normalerweise bogen sie hier ab. Heute aber fuhr Claire weiter geradeaus.

»Wenn du mir gesagt hättest, dass wir das Land von Bill betreten, hätte ich mich vielleicht nicht ganz so begeistert bereit erklärt, dir zu helfen«, stellte Tess fest, als Claire den Wagen vor einer Weide hielt.

»Von Begeisterung habe ich sowieso nichts bemerkt«, meinte Claire lakonisch. »Komm mit.« Sie stieg aus, und Tess folgte ihr in geringem Abstand.

Die Farm der Tilsons war in etwa so groß wie Drover's Run. Vor allem an Grund waren sich die Anwesen immer ziemlich gleich gewesen. Irgendwann hatte Bill aber seinen Viehbestand deutlich aufgestockt. Damit wurden die Weideflächen knapper, und Claire war daher nicht verwundert gewesen, als Bill sich um die Weidepacht bei ihr bemühte.

Als sie jetzt aber sah, dass eine vergleichsweise kleine Herde auf Tilsons Land zurückgeblieben war, kam sie ins Grübeln. Selbst zusammen mit den Tieren, die momentan auf Drover's Run weideten, hätte die Fläche ausreichen müssen. Es sei denn, das Weideland der Tilsons wäre verseucht – zum Beispiel mit Krankheitskeimen.

»Tess!«, rief Claire jetzt unvermittelt. »Tess, siehst du etwas?«

Tess nickte. »Ja. Kuhärsche. Und zwar jede Menge.«

»Das meine ich nicht«, antwortete Claire aufgebracht. »Sieh dir ihre Hinterbeine an. Das Fell, die Schwänze!«

Jetzt bemerkte auch Tess, was ihre Schwester meinte. Ein großer Teil der Tiere hatte braunrote Flecken im Fell. Dort, wo der Urin den Körper streifte.

»Das sieht aus wie Blut«, entfuhr es Tess. »Haben die Tiere etwa alle Leptospirose?«

Claire hatte die Lippen fest zusammengekniffen. »Ja«, sagte sie, »sieht so aus. Und Bill wusste es. Die ganze Zeit.«

Auf einmal lag Brandgeruch in der Luft. Tess hob die Nase, und Claire versuchte herauszufinden, woher der Geruch kam. Es war ein unangenehmer, beißender Gestank. Eine Mischung aus Benzin und noch etwas ... möglicherweise Kadaver. Die Schwestern sahen sich um. Von einer der benachbarten Weiden stieg dichter Rauch auf.

»Aha«, meinte Claire wissend. »Auch das noch. Na warte! Du kannst was erleben!« Damit wandte sie sich um und stapfte zurück zum Wagen.

»Was hast du vor?«, fragte Tess, die sich beeilen musste, um ihrer Schwester zu folgen.

Claire stieg bereits in den Wagen. Sie warf einen Blick auf ihr Gewehr, das auf der hinteren Sitzbank lag. »Dem brenn ich eins aufs Fell! Er wollte uns seinen Mist anhängen.«

Tess war sich nicht ganz sicher, ob das der richtige Weg war. »Wollen wir nicht erst einmal mit ihm verhandeln?«

Ihre Schwester schüttelte entschieden den Kopf. »Da gibt es nichts zu verhandeln.«

»Aber mit 'ner Knarre löst man doch keine Konflikte!«, entfuhr es Tess.

»Keine Ahnung. Aber ich werde ihn dazu bringen, überall zu erzählen, dass auf Drover's Run alles in Ordnung ist«, sagte Claire. »Alle sollen wissen, dass er lügt.«

»Siehst du, darüber reden«, sagte Tess erleichtert. »Das ist doch eine viel bessere Lösung.«

»Und danach brenn ich ihm eins aufs Fell«, schloss Claire grimmig.

Sie waren bereits auf der Weide angekommen, und Claire stieg aus. »Du bleibst hier!«, wies sie Tess an, ohne eine Antwort ihrer Schwester zu dulden. In Sekundenschnelle kletterte sie über den Weidezaun aus Stacheldraht. Mitten auf der Weide stand ein Traktor mit Grabeschaufel. Davor lagen zwei tote Rinder. Sie waren offenbar mit dem Traktor zusammengeschoben worden.

Die Brandstelle, von der dunkler Rauch aufstieg, lag ein kleines Stück weiter entfernt auf einem Abhang. Von dort kam Bill Tilson jetzt mit einem Gewehr in der Hand zum Traktor zurück.

»Bill!«, schrie Claire ihn an. »Was sollte das? Du wolltest mir die Schuld an der Leptospirose deiner Tiere zuschieben. Dabei ist dein restlicher Bestand auch befallen!«

Bill sah Claire schuldbewusst an. »Ich wusste es nicht. Ich schwöre es. Ich hätte nie krankes Vieh auf dein Land geschickt.«

»Aber du hast mir die Verantwortung dafür gegeben«, beharrte Claire wütend. »Und du wolltest mir auch noch die Impfkosten anhängen.«

Bill hielt Claires Blick nicht länger stand. Seine Augen glitten zu Boden, schienen Halt an seinen Unebenheiten zu suchen. »Claire, ich ... ich habe kein Geld für die Impfkosten«, gab er zu.

»Das ist blanker Unsinn. Die Tiere sind viel mehr wert als die Impfkosten. Sie sind dein gesamtes Kapital«, erwiderte Claire aufgebracht.

Bill zuckte hilflos die Schultern. »Und wenn man so verschuldet ist, dass selbst dafür kein Geld mehr da ist ...?«

Claire spürte, wie sie diese Worte bis ins Mark trafen. Die Tilsons und die McLeods – ihre Farmen waren stets vergleichbar gewesen. Die Generationen der Väter und Großväter hatten sie gleichzeitig zur Blüte gebracht. Und anscheinend hatten sie nun ebenso gleichzeitig ums Überleben zu kämpfen. War das, wo Bill jetzt angekommen war, der nächste Schritt, der Drover's Run bevorstand?

»Du ... du hättest es mir sagen können, Bill«, sagte Claire leise. »Ehrlich, du hättest es mir sagen können.«

»Es ... es tut mir leid, Claire«, sagte Bill und blickte auf seine toten Tiere hinab.

Für einen Moment wusste Claire nichts zu sagen. Vor ihr lagen zwei tote Kühe. Wie viele ein Stück weiter unterhalb des Hügels brannten, wusste sie nicht. Für Drover's Run wäre jedes nicht verkaufte Rind eine herbe Einbuße gewesen. Für die prekäre Situation, in der sich Bill befand, war der Verlust wahrscheinlich noch schlimmer.

Sie nickte nur. »Okay«, flüsterte sie. »Okay.« Dann ging sie zurück zum Wagen.

Der Hengst Wildfire stand in seiner Koppel. Nach wie vor wirkte er angespannt. Sobald Claire die Koppel betrat, begann er zu wiehern und auszuschlagen. Für einen kurzen Augenblick bäumte er sich sogar auf.

»Ruhig, mein Freund, ruhig«, sagte Claire, als sie an diesem Nachmittag wieder auf der Koppel stand. Jodi und Tess lehnten am Gatter und sahen ihr zu.

»Du hast nur noch zwei Tage Zeit, um Wildfire zu zähmen«, sagte Jodi. »Meinst du, du schaffst es bis dahin?«

Claire ließ den Hengst nicht aus den Augen. Gleichzeitig achtete sie darauf, ihn durch ihren Blick nicht zu provozieren. »Natürlich werde ich es schaffen«, antwortete sie. »Ich muss nur hinter sein Geheimnis kommen.«

Als hätte der Hengst das Wort »Geheimnis« verstanden, bäumte er sich wieder auf.

»Siehst du?«, lachte Claire unterdrückt. »Ich wusste doch, dass du ein Geheimnis hast. Und ich möchte zu gern wissen, was es ist.«

Trotz aller Selbstgefälligkeit musste Claire sich eingestehen, dass es keineswegs ungefährlich war, mit diesem Pferd zu arbeiten. Wildfire machte seinem Namen alle Ehre. Aber er war nicht nur wild, sondern auch aggressiv. Das war es, was ihn von vielen anderen, nicht eingerittenen Pferden unterschied. Trotzdem glaubte Claire, dass sich das Risiko lohnen würde. Wenn Blaze ein Fohlen von Wildfire bekam, wäre dies ein fulminanter Beginn für die neue Zuchtlinie auf Drover's Run.

Tess und Jodi waren mittlerweile gegangen. Claire hoffte, dass die Arbeit ohne Zaungäste leichter werden würde.

»Woher hast du diese Aggressivität?«, fragte Claire den Hengst mit leiser Stimme. »Woher kommt dieser Druck, der auf dir lastet?«

Anstelle einer Antwort bäumte Wildfire sich wieder auf.

»Warum willst du kämpfen?«, fragte Claire. »Hast du das auf Killarney gelernt? Gegeneinander zu kämpfen, anstatt miteinander zu arbeiten?«

Mehr als eine Stunde sprach Claire nun in beruhigender Weise auf Wildfire ein, ohne ihn dabei anzurühren oder ihm zu nahe zu treten. Und auf einmal vollzog sich eine Wandlung mit dem Tier. Der Hengst beruhigte sich. Er drehte die Ohren in die Richtung, aus der Claires Stimme kam.

»Brav«, sagte Claire. »So bist du ein braver Junge. Komm her. Komm zu mir«, raunte sie leise. Und zögernd kam der Hengst auf sie zu.

Claire ließ ihn an ihrer Hand schnuppern, strich dann vorsichtig mit der Hand über die Nase des Tiers. »Siehst du, wir verstehen uns«, sagte sie. Sie holte vorsichtig eine Leine aus ihrer Jackentasche und hakte den Karabiner am Halfter des Pferdes ein.

»Alles wird gut«, sagte sie.

Es dauerte nur noch kurze Zeit, dann wagte Claire schon den nächsten Schritt. Sie legte den Sattel auf den Rücken des Pferdes. Jede ihrer Aktionen begleitete sie mit beruhigenden Worten. »Siehst du«, sagte sie, nachdem sie den Sattel aufgelegt hatte. »So schlimm ist es gar nicht.«

In diesem Moment klangen aufgeregte Stimmen über den Hof. Claire sah auf. Die Ryan-Brüder kamen auf die Koppel zugelaufen. Alex lief vorneweg, und Nick, dem bei der schnelleren Bewegung anzumerken war, dass er etwas hinkte, folgte ihm.

»Alex, lass es!«, rief Nick seinem älteren Bruder nach. »Und hör endlich auf, Dad und mir immer etwas beweisen zu wollen!«

»Wer wollte denn hier etwas beweisen?«, entgegnete Alex, ohne seinen Schritt zu verlangsamen. »Wer hat denn gerade versucht, noch mal aufs Pferd zu steigen? Weil du meinst, der bessere Reiter von uns beiden zu sein.«

Mit einem kurzen Blick bemerkte Claire die schmutzigen Hosenbeine von Nick. Anscheinend war er in den Dreck gefallen.

»Jedenfalls lasse ich meine Arbeit nicht von einer Frau erledigen«, antwortete Nick.

»Ich auch nicht!«, gab Alex zurück. »Diese alberne Wette war Dads Idee. Und jetzt ist sie gestrichen.«

»Könnt ihr mal ruhig sein!«, zischte Claire die Ryan-Brüder an. »Ich arbeite hier.«

Wildfire hatte auf die lauten, aufgebrachten Stimmen von Alex und Nick sofort reagiert. Eine merkwürdige Spannung durchlief seinen Körper, und er tänzelte nervös.

»Du kannst aufhören zu arbeiten. Ich hole ihn wieder ab«, sagte Alex, indem er das Gatter der Koppel überstieg. »Die Wette ist beendet.«

»Warum? In einem Tag bin ich so weit«, antwortete Claire ruhig. Sie stellte sich wie eine schützende Wand zwischen Alex und Wildfire, in der Hoffnung, dadurch dem Pferd ein wenig an Nervosität zu nehmen.

»Es ist mein Job, ihn einzureiten. Und ich werde es schaffen«, beharrte Alex wütend.

Claire zog fragend die Augenbrauen in die Höhe. »Denkst du vielleicht, ich schaffe es nicht?«

»Du kannst es mir ja beweisen.« Alex stand jetzt in der Koppel und stemmte die Hände in die Seiten.

»Lass dich nicht unter Druck setzen, Claire!«, rief Nick. »Du tust dir keinen Gefallen. Lass ihn einfach reden!«

Tess, die laute Stimmen gehört hatte, kam nun auch vom Haus herüber. »Nick! Alex!«, begrüßte sie die Männer. »Was ist denn los? Oh, nein«, sagte sie gleich darauf erschrocken. Sie hatte bemerkt, was ihre Schwester jetzt vorhatte. »Er ... er ist doch noch gar nicht so weit.«

Claire wusste, dass sie sich nicht provozieren lassen sollte. Dennoch konnte sie der Herausforderung nicht widerstehen. Die Menschen um Drover's Run herum machten seit dem Tod Jack McLeods keinen Hehl daraus, dass eine Frau ihrer Ansicht nach keine Farm führen konnte. Dass all die Dinge, die Claire mit Selbstverständlichkeit von Jugend an verrichtet hatte, Männeraufgaben waren, bei denen eine Frau nur versagen konnte.

Sie trat näher an Wildfire heran, setzte vorsichtig einen Fuß in den Steigbügel.

»Claire!«, flüsterte Tess bittend. »Claire, lass das doch.«

Aber schon schwang Claire sich in den Sattel. Für einige Augenblicke saß sie auf dem Pferd. Es schien sogar einige Schritte unter ihrer Führung tun zu wollen.

Dann aber lief ein Zucken durch das Tier, und es begann zu buckeln und wie wild umherzuspringen. Nur kurz hielt Claire sich noch im Sattel, dann warf Wildfire sie ab. Sie stürzte hart zu Boden.

»Claire!«, schrie Tess auf. »Um Himmels willen! Bist du okay?« Sie kletterte über das Gatter und lief zu Claire, die einen Moment reglos auf dem Boden lag, während Wildfire wiehernd am rückseitigen Gatter der Koppel entlanglief.

Auch Nick war, so schnell er konnte, über das Gatter geklettert. Er lief zu Wildfire und versuchte das Pferd im hinteren Teil der Koppel zu halten, damit es die am Boden liegende Claire nicht verletzen konnte.

»Alles okay, alles okay«, versicherte Claire, während Tess ihr auf die Beine half. »Es ist nichts passiert.«

Dennoch schien sie den Sturz zu spüren. Sie ging zum Gatter hinüber, um die Koppel zu verlassen.

»Bist du jetzt zufrieden?«, warf sie Alex im Vorübergehen zu.

»Du bist so ein Idiot!«, hörten Tess und Claire Nicks Stimme in ihrem Rücken. Im gleichen Moment, als sie sich herumdrehten, sahen sie, wie Nick auf Alex zustürmte und ihm einen Faustschlag ins Gesicht verpasste.

»Halt! Aufhören!«, rief Tess. Aber die Ryan-Brüder waren schon in eine heftige Prügelei verwickelt. Alex, nun erst recht wütend geworden, schlug zurück. Nick taumelte, fing sich aber augenblicklich wieder und setzte zum nächsten Faustschlag an.

Jetzt warf Claire sich dazwischen. »Nick! Alex!«, schrie sie. »Auseinander!«

Völlig unverhofft fühlte sich Claire gegen das Gatter der Koppel gedrängt. Eine Hand umfasste ihren Hals, drückte gegen ihren Kehlkopf. Alex' wutverzerrtes Gesicht stand wie eine Fratze vor ihr.

»Alex!«, schrie Tess aus Leibeskräften. »Alex! Lass los! Sofort!«

Augenblicklich ließ der Mann seine Hand sinken. Sein Gesicht war schweißbedeckt. Er konnte nichts sagen, schien verstört.

»Entschuldigung«, stammelte er. »Entschuldigung…«

Claire atmete hechelnd ein. Ihr Herz raste. Noch immer spürte sie den Klammergriff um ihren Hals. »Was zum Teufel sollte das?«, fragte sie, nach Luft und nach Fassung ringend. Sie stieß sich vom Gatter ab. Sie sah zuerst Alex in die Augen, dann Nick. »Könnt ihr mir mal verraten, was hier eigentlich los ist?«

Die Geschichte, die Nick und Alex zu erzählen hatten, handelte zwar nicht von Brudermord, besaß aber dennoch geradezu alttestamentarische Tragik. Claire saß mit Alex neben Wildfires Koppel, während Nick und Tess sich ins Haus zurückgezogen hatten.

»Es ist lange her«, begann Alex. »Nick und ich, wir waren vierzehn und fünfzehn Jahre alt. Wir sind damals Rodeo geritten, alle beide. Wir waren berühmt. Die berühmten Ryan Brothers. Du wirst dich daran erinnern.«

»Ja«, antwortete Claire und nickte. »Ich erinnere mich gut daran.«

»Zwei Jahre hintereinander waren wir die nationalen Rodeo-Champions. Nick war der bessere Reiter«, fuhr Alex fort. »Aber das hätte ich natürlich niemals zugegeben. Dabei war es eigentlich klar. Immer war er derjenige, der die Pokale und Auszeichnungen holte – die Sachen, die bei unseren Eltern auf dem Kaminsims stehen und im Büro unseres Vaters hängen.«

Claire kannte die Trophäen sehr gut. Sie hatte oft Gelegenheit gehabt, sich diese Dinge anzusehen.

»Ich hatte von einem Rodeo nördlich von Adelaide gehört. Nick und ich waren ganz verrückt darauf, dorthin zu fahren. Aber unser Vater erlaubte es uns nicht. Deswegen klauten wir einfach sein Auto und fuhren ohne Erlaubnis los. Dass wir den Wagen gestohlen hatten, darüber verlor merkwürdigerweise nie jemand ein Wort«, stellte Alex versonnen fest. »Auch nicht darüber, dass ich die Unterschrift unseres Vaters für die Teilnahme am Rodeo fälschen musste. Denn Nick und ich, wir waren ja beide leider noch minderjährig...«

»Das Rodeo begann gut für uns«, kam Nick in diesem Augenblick vor dem Kaminfeuer des Hauses an die gleiche Stelle der Erzählung. »Wir hatten ein paar Ochsen geritten, vergleichsweise zahme Burschen«, setzte er mit einem kleinen Lachen hinzu. »Und wir hatten beide gut abgeschnitten. Vielleicht wäre es besser gewesen, wenn es nicht so gut gelaufen wäre. Für mich zumindest«, setzte er mit einem Schulterzucken hinzu. »Ich fing an, mich für den Größten zu halten, für unverletzbar und für unsterblich. Ich war eben erst vierzehn und unreif.«

Tess nickte zustimmend. »Wer denkt mit vierzehn nicht so?«

»Auf einem Zaun saß ein Typ«, fuhr Nick fort. »Anscheinend fiel ich ihm mit meiner Überheblichkeit auf die Nerven. Er meinte, wenn ich so gut sei, sollte ich mein Können unter Beweis stellen: mit einem Bullen. Alex fand die Idee großartig und ermunterte mich ebenfalls. Eigentlich hatte ich wirklich Angst. Aber ich konnte die Herausforderung nicht ablehnen. Darum begann ich, den Bullenschutz anzuziehen. Als er das sah, lachte Alex mich aus. Er sagte, das sehe mädchenhaft aus.«

»Ich hatte ihn nur ein bisschen ärgern wollen«, gab Alex in diesem Moment im Gespräch mit Claire zu. »Ich war immer eifersüchtig darauf, dass er der bessere Reiter war.«

»Und er hat sich provozieren lassen?«, fragte Claire nach, die eben erst selbst erfahren hatte, wie schwierig es war, in solchen Momenten zu widerstehen.

Alex nickte betreten. »Er hat sich von mir provozieren lassen...«, sagte er leise.

»Ich habe den Bullenschutz also nicht angezogen«, erzählte Nick weiter. »Und es kam, wie es kommen musste. Der Bulle warf mich ab, noch bevor ich richtig auf ihm gesessen hatte. Dann ging er auf mich los. Es wurde ein schreckliches Blutbad. Ein Bulle von zweihundert Kilo richtet einen übel zu.« Er machte eine kleine Pause. »Ich habe hier eine Platte, dort ein paar Schrauben und da auch«, sagte er dann und zeigte auf allerlei Stellen an seinem rechten Bein. »Hier ist noch eine Platte und die Kniescheibe ist aus ... aus Kunststoff.«

Tess sah Nick mitfühlend an. »Aber du hast überlebt«, stellte sie fest.

»Ja«, bestätigte Nick. »Auch wenn es im Moment wohl nicht danach aussah.«

»Ich dachte, Nick sei tot«, bekannte Alex draußen vor der Koppel. Seine Augen bekamen einen merkwürdigen feuchten Glanz. »Ich dachte, jetzt habe ich meinen Bruder umgebracht. Voller Panik bin ich weggelaufen. Nur gelaufen. Erst viel später bin ich zum Rodeo-Platz zurückgekehrt. Und irgendjemand hat mich in das Krankenhaus gefahren, in das Nick gebracht worden war.«

»Ich erinnere mich nur sehr verschwommen«, fuhr Nick an Tess gewandt fort. »An Sanitäter und Ärzte, an die Feuerwehr. Dann, im Krankenhaus, kamen noch mehr Ärzte hinzu. Und Schwestern. Nur Alex – Alex war nirgends zu sehen.«

»Als ich schließlich im Krankenhaus war und auf dem Flur darauf wartete, dass Nick aus dem Operationssaal geschoben wurde, kam Dad«, erzählte Alex. »Er fragte, wo sein Sohn sei. Ich saß direkt dort. Aber mit ›Sohn‹ hatte er wohl nicht mich gemeint.« Er schluckte angestrengt.

»Was hat Harry getan? Hat er dich geschlagen?«, fragte Claire.

Alex schüttelte den Kopf. »Nein. Obwohl ich es erwartet hatte. Und vielleicht wäre es besser gewesen, er hätte seine Wut und Verzweiflung an mir ausgelassen. Aber er sagte nur: ›Was ist passiert?‹ und ›Lüg mich nicht an!‹. Und er hat nie wieder von dem Vorfall gesprochen.«

»Ich lag monatelang im Krankenhaus«, erzählte Nick. »Mom kam fast jeden Tag. Sie litt schrecklich. Ich glaube, ihr Leben war zu der Zeit noch gefährdeter als meins«, setzte er mit einem Lächeln hinzu. »Dad kam auch ab und zu. Nur Alex hat mich kein einziges Mal besucht«, endete er bitter.

»Nick, er hatte Angst«, sagte Tess sanft.

Nick lachte auf. Ein unechtes Lachen. »Etwa davor, was ich mit ihm machen würde? Von meinem Bett aus? Und von der Hüfte abwärts in Gips?«

»Nein«, antwortete Tess. »Nicht davor. Aber vor dem, was er dir angetan hatte.«

»Ich weiß, dass Dad immer noch mir die Schuld an allem gibt«, fuhr Alex zu Claire gewandt fort. »Immer, wenn er mich wieder anbrüllt, wenn er mich fertigmacht, wegen Kleinigkeiten. Meine Arbeit zählt nichts für ihn. Und nur was Nick tut, ist immer richtig. Deswegen wollte ich nicht, dass du Wildfire einreitest. Ich wollte Dad beweisen, dass ich etwas kann.«

»Aber es war nicht deine Schuld, dass der Bulle Nick verletzt hat. Es war ein Unfall«, warf Claire ein.

Alex sah zu Boden. »Erzähl das mal Dad. Und Nick.«

»Was mir aus dieser Zeit geblieben ist?«, resümierte Nick jetzt. »Ich hinke seitdem. Und dafür, dass mein Körper für die Farmarbeit nicht mehr geeignet ist, dafür hasst mein Vater mich. Aber ich habe mir meinen eigenen Weg gesucht«, stellte er mit einem Seufzen fest. »Ich bin Geschäftsmann geworden. Auf diese Weise respektiert Dad mich – und Alex kann nicht mehr eifersüchtig auf mich sein.«

Tess sah auf. »Du machst Geschäfte? Was denn für Geschäfte?«

Nick lachte verlegen. »Autovermietung. Ich habe vier Trucks laufen«, erklärte er. »Und ein Darlehen von einer halben Million am Hals.«

Tess stieß einen kleinen bewundernden Pfiff aus. »Nicht schlecht«, meinte sie.

»Aber weißt du was?«, fragte Nick jetzt und beugte sich ein Stück zu Tess vor. Sein Gesicht wurde seitlich vom Kaminfeuer angestrahlt. Es schien zu glühen. »In meinen Träumen reite ich noch immer. Und du darfst raten, wer der bessere von uns beiden ist: Alex oder ich.«

Es war bereits später Nachmittag, als die Ryan-Brüder Drover's Run verließen. Claire und Tess sahen ihnen nach, wie sie in den beiden Autos, mit denen sie gekommen waren, wieder davonfuhren. »Man müsste sie alle zusammen in einen Raum sperren«, fand Tess. »Und sie dazu bringen, über diese Sache zu reden.«

Claire sah ihre Schwester zweifelnd an. »Meinst du, dass damit etwas besser würde?«

»Zumindest wäre es mal ein Anfang. Ich verstehe einfach nicht, wie man so leben kann. So nebeneinanderher und ohne Verständnis für das Leben und die Gefühle des anderen. Sie sind doch immerhin eine Familie.« Sie schwieg einen Moment. »Wenn wir das wären«, meinte sie dann. »Was würden wir tun?«

Claire dachte einen Moment nach. »Ganz einfach«, meinte sie. »Nicht darüber reden.«

Tess sah ihre Schwester verwirrt an. Das war mal wieder typisch Claire. Sie hatte ihre Antwort vollkommen ernst gemeint.

Jetzt blickte sie wieder den letzten Staubwolken hinterher, die die Autos der Ryan-Brüder aufgewirbelt hatten. »Der arme Nick«, seufzte sie voller Mitgefühl für den jüngeren der beiden Brüder.

Claire stutzte. »Der arme Alex«, drückte sie dann ihre Sympathien für den älteren Ryan-Sohn aus.

Der nächste Tag begann mit einem frischen, ruhigen Morgen. Heute lief die Frist ab, die Harry Ryan Claire zur Zähmung Wildfires eingeräumt hatte. Sollte das Vorhaben von Erfolg gekrönt sein, stand einer Zusammenführung ihrer Stute Blaze mit dem wunderbarsten Hengst der Gegend nichts mehr im Wege.

Mit klopfendem Herzen holte Claire den Sattel und ging zur Koppel. Meg und Tess begleiteten sie.

Wildfire sah Claire entgegen. »Guten Morgen, Schöner«, flüsterte Claire, sobald sie die Koppel erreicht hatte.

Der Hengst drehte seine Ohren in ihre Richtung und lauschte.

Mit ruhigen, gleichmäßigen Bewegungen legte Claire dem Pferd den Sattel auf. Ebenso ruhig schloss sie den Gurt um seinen Bauch. Jeden Anflug eigener Nervosität unterdrückte sie durch gleichmäßiges Atmen.

Tess und Meg lehnten am Gatter. Tess biss sich auf die Lippen, und Meg zog skeptisch die Augenbrauen zusammen.

»Glaubst du, es wird heute funktionieren?«, fragte Tess.

Claire gab keine Antwort. Sie setzte einen Fuß in den Steigbügel – genau wie am Tag zuvor.

»Ruhig, Wildfire, ganz ruhig«, sprach sie schmeichelnd auf den Hengst ein. Dann zog sie sich mit einer geschmeidigen Bewegung in den Sattel.

Tess und Meg hielten den Atem an. Auch gestern hatte Wildfire zunächst stillgehalten. Sicher wird er im nächsten Moment buckeln und versuchen, seine Reiterin abzuwerfen, dachten beide Frauen. Stattdessen senkte der Hengst entspannt den Kopf.

Claire machte einen Schnalzlaut. Gleichzeitig hob sie ein wenig die Zügel an und drückte ihre Fersen sanft in den Bauch des Hengstes.

Und mit langsamen, majestätischen Schritten setzte sich Wildfire mit Claire auf seinem Rücken in Bewegung.

Ihre Stars im Softcover

Die TV-Topserien von vgs - jetzt im Sonderformat!

CSI - ISBN 978-3-8025-3613-7

McLeods Töchter - ISBN 978-3-8025-3612-0

Gilmore Girls - ISBN 978-3-8025-3611-3

* **Mehr Inhalt:** > 400 Seiten Lesespaß
* **Exklusive Covergestaltung**
* **Attraktiver Preis:** Jeder Band nur € 9,95

Mehr TV zum Lesen gibt es auf www.vgs.de

MCLEODS TÖCHTER

Die Kult-Serie geht weiter

Band 5 & 6
ab Januar 2007
im Handel

Mehr TV zum Lesen gibt es auf www.vgs.de